L'ART ROMAIN

DE ROMULUS À CONSTANTIN

L'ART ROMAIN

DE ROMULUS À CONSTANTIN

Nancy H. Ramage
et Andrew Ramage

Ithaca College et Cornell University

KÖNEMANN

En mémoire
Paul Michael Hirschland
John Ramage

Faux-titre Antinoüs incarnant le Printemps, 130-138 apr. J.-C.
Relief en marbre provenant de la villa d'Hadrien, trouvé en
1735. Villa Albani, Rome.

Frontispice Poissons, poulpes et autre faune marine, provenant
de Pompéi, vers 100 av. J.-C., motif réutilisé au début de
l'Empire, env. 90 x 90 cm. Museo Archeologico Nazionale,
Naples.

Sommaire

Préface

Ce livre est issu de trois sources : premièrement, notre enseignement, qui s'est toujours révélé un terrain fertile pour continuer à apprendre et pour s'exercer à expliquer un problème de façon aussi simple que possible ; deuxièmement, notre expérience directe d'un travail sur des sites romains, principalement en Angleterre, en Italie et en Turquie ; et, troisièmement, les nombreuses discussions que nous avons eues sur tout ce qui touche à Rome, que ce soit au fond d'une tranchée ou autour d'une table. La participation de Nancy Ramage aux travaux de la British School à Rome lui a permis de vivre, en quelque sorte, avec l'art et avec les ruines ; et notre travail commun à Sardis, en Turquie, nous a donné l'occasion de prendre part à des fouilles en cours, et de voir se déployer les résultats d'un effort collectif sur de nombreuses années.

Ce livre est destiné d'abord et avant tout aux étudiants et aux lecteurs qui se lancent dans l'étude de l'art romain pour la première fois. Nous supposons le lecteur intelligent, mais nous avons néanmoins essayé d'expliquer ce qui a trait à l'arrière-plan et qui pourrait ne pas aller de soi, que ce soit d'ordre linguistique, historique ou religieux. Dans le dessein de montrer un peu ce qu'a été la longue étude des monuments romains, nous avons choisi certaines des illustrations parmi des photographies, des gravures et des dessins plus anciens, qui semblent mieux en saisir l'esprit que leurs équivalents modernes.

Parmi les nombreux universitaires qui nous ont fait découvrir l'art romain, nous aimerions surtout saluer chaleureusement ici, pour l'inspiration qu'ils nous ont apportée, plusieurs mentors aujourd'hui disparus : Doris Taylor Bishop, George M.A. Hanfmann, A.H. McDonald et John B. Ward-Perkins. Pour certaines idées spécifiques, nous remercions Ellen, Roger et Edward Hirschland, David Castriota, J. Stephens Crawford, Caroline Houser, Barbara K. McLauchlin, Elizabeth J. Sherman, Andrew Stewart, Susan Woodford et les lecteurs anonymes qui ont fait de nombreuses et précieuses suggestions. Nous sommes également reconnaissants à Norwell F. Therien Jr., à Prentice Hall, et à Rosemary Bradley et Ursula Sadie chez John Calmann and King, Londres, pour leur aide exceptionnelle. Nos enfants, Joan et Michael, nous ont témoigné patience et soutien. Nous remercions également les amis et collègues avec qui nous avons débattu de problèmes relatifs à l'art romain, sans leur faire porter pour autant la responsabilité des positions que nous avons prises ici. Et, enfin, nous dédions ce livre à la mémoire de nos pères respectifs, *optimis patribus*, qui nous ont mis sur la voie romaine.

PRÉFACE À LA DEUXIÈME ÉDITION

Les auteurs aimeraient remercier les amis et universitaires qui leur ont apporté idées et suggestions pour la deuxième édition, notamment Frederick M. Ahl, Elizabeth Bartman, Larissa Bonfante, Richard Brilliant, Nancy T. de Grummond, James Higginbotham, Catherine Hobey-Hamsher, Mary Hollinshead, Eric Hostetter, Michael Koortbojian, Roberto Marini, Robert D. Markham, Carol C. Mattusch, Christopher Parslow, John G. Pedley, Christopher Simon, E. Marianne Stern, Alice Taylor, Rolf Winkes, Susan Wood et Susan Woodford ; et aussi Elisabeth Ingles, pour son aide aux étapes finales.

Nancy Ramage aimerait également témoigner sa reconnaissance au National Endowment for the Humanities, ainsi qu'à Elaine Gazda et à Miranda Marvin, qui lui ont donné la possibilité de participer à un séminaire à Rome sur « L'art romain de l'émulation ».

Enfin, nous remercions nos étudiants, pour leurs commentaires utiles et gratifiants ; après tout, c'est en premier lieu pour eux que nous avons écrit ce livre.

Introduction

Dans les cultures occidentales, nous vivons sous des institutions et des lois romaines. Nos édifices, nos pièces de théâtre et notre philosophie, qu'on en ait conscience ou non, doivent beaucoup à l'ampleur et à la puissance de cet Empire depuis longtemps disparu. Il n'en demeure pas moins que beaucoup, alors même qu'ils vivent quotidiennement cet héritage, ne connaissent ni nos ancêtres classiques, ni les vestiges laissés par l'histoire – textes grecs et latins, œuvres en terre cuite, en bronze ou en pierre.

Le témoignage de l'art et de l'architecture est muet, et par conséquent difficile à interpréter si l'on n'a pas certaines notions de la manière dont il fonctionne et de ce à quoi il se rapporte. Il n'est cependant pas moins éloquent que les textes écrits, en tant que source historique. Ce livre est conçu pour être accessible à ceux qui n'ont que peu de connaissances préalables sur le monde classique, et se propose de conduire le lecteur à travers le labyrinthe des témoignages laissés au fil des siècles, par des peuples aux langues et aux cultures les plus diverses.

Définir l'art romain est un défi fascinant, parce que cette question apparemment simple exige une réponse compliquée. Comme nous le verrons, il ne suffit pas de dire que ce sont les Romains qui l'ont produit. Ils employaient régulièrement des artistes et des architectes originaires de terres qu'ils avaient intégrées à leur Empire (ill. 0.1) et reconnaissaient volontiers leur suprématie dans le domaine des beaux-arts. Pourtant on trouve partout, sauf dans les copies les plus serviles de chefs-d'œuvre grecs, des qualités dans le sujet ou dans la démarche qui définissent ces monuments comme romains, et leur ensemble comme un art romain. Il faut donner du mot « romain » une définition plus large, qui aille au-delà de la ville de Rome ou même des habitants de l'Italie telle que nous la connaissons aujourd'hui. L'art romain a évolué à mesure que de nouveaux

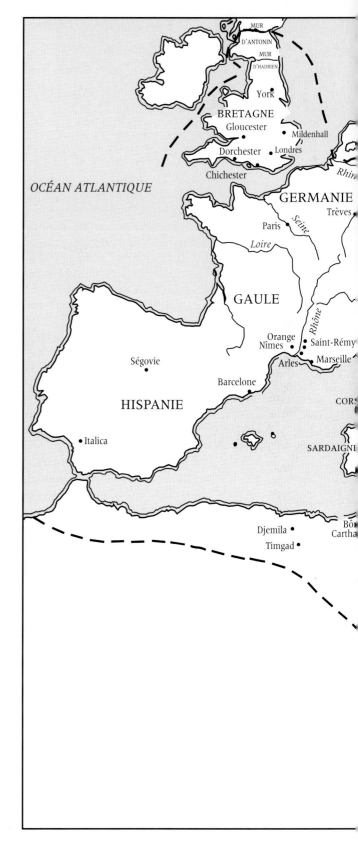

0.1 Le monde romain au IIᵉ siècle apr. J.-C.

N

0   800 km

Danube

Budapest

ILLYRIE

DALMATIE

Sarmizegetusa

DACIE

Ravenne

Split

ITALIE

MER ADRIATIQUE

Tibre

Rome

Adamklissi

MER NOIRE

THRACE

Naples

Bénévent

Tarente

MACÉDOINE

Istanbul

BITHYNIE

Pompéi

Thessalonique

Nicomédie

Ankara

MER
TYRRHÉNIENNE

GRANDE -
GRÈCE

ASIE MINEURE

PARTHES

Palerme

*MER
ÉGÉE*

Pergame

Tigre

MÉSOPOTAMIE

Actium

Delphes

Sardes

Smyrne

Ninive

SICILE

Corinthe

Éphèse

Aphrodisias

Aspendos

Al Mina

Piazza Armerina

Athènes

DÉLOS

Olympie

Side

Antioche

SYRIE

Doura-Europos

Syracuse

Sparte

COS

CHYPRE

Palmyre

Euphrate

CRÈTE

PHÉNICIE

MER MÉDITERRANÉE

Byblos

Baalbek

Sidon

Damas

Tyr

PALESTINE

Gerasa

Césarée

Jérusalem

Apollonia

Canope

Cyrène

Alexandrie

Pétra

AFRIQUE

Babylone

Leptis Magna

CYRÉNAÏQUE

FAYOUM

ÉGYPTE

FRONTIÈRE DE L'EMPIRE ROMAIN AU IIᵉ SIÈCLE APR. J.-C.

Antinooupolis

Nil

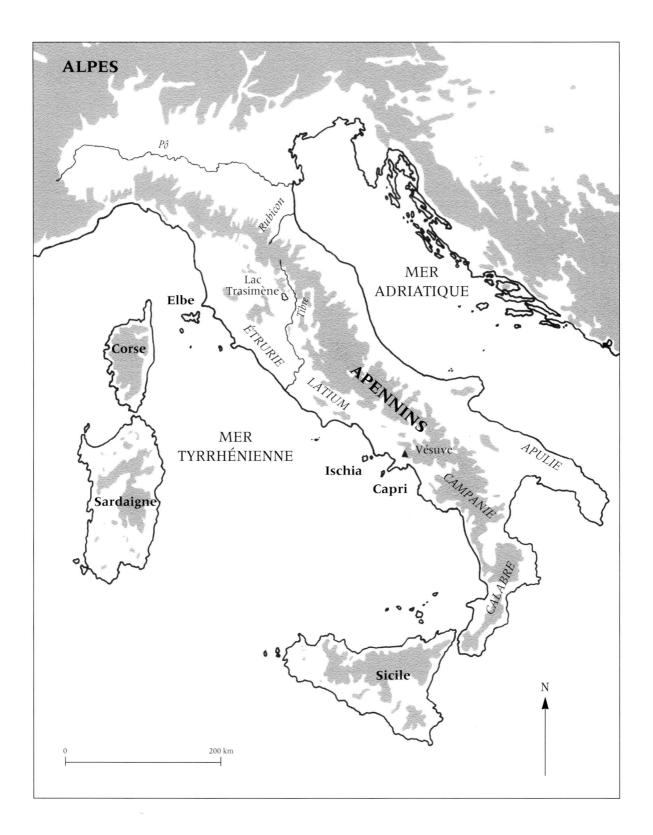

ALPES

Pô

Rubicon

MER
ADRIATIQUE

Lac
Trasimène

Elbe

Tibre

ÉTRURIE

Corse

APENNINS

LATIUM

MER
TYRRHÉNIENNE

Vésuve

APULIE

Ischia

CAMPANIE

Sardaigne

Capri

CALABRE

Sicile

N

0   200 km

peuples furent incorporés à l'Empire et que de nouvelles institutions furent créées pour répondre aux besoins administratifs changeants. L'art romain est le sujet premier de ce livre, que ce soit la sculpture, l'architecture ou la peinture ; mais, dans notre effort pour comprendre la contribution romaine, nous ne passerons sous silence ni l'histoire, ni la politique, ni la littérature.

Le pays

La péninsule Italienne se projette dans la Méditerranée, bordée d'eau de tous les côtés sauf au nord, où elle est murée par les Alpes (ill. 0.2). La terre y est riche et fertile dans de nombreuses régions, où un mode de vie agricole s'est développé à partir du VIe millénaire av. J.-C. À partir de la première moitié du IIe millénaire av. J.-C., on a commencé à exploiter activement les filons de cuivre dans les collines côtières au nord-ouest de Rome, et même jusque sur l'île d'Elbe, riche en minerai. On a extrait ensuite le fer à partir du début du Ier millénaire. Comme souvent, dans l'histoire des civilisations, la recherche de métaux rares ou utiles a stimulé une intense activité économique et d'importants changements culturels – ce qui contribue pour beaucoup à expliquer les débuts d'une culture urbaine dans cette région d'Italie.

Une chaîne montagneuse escarpée, l'Apennin, traverse l'Italie sur presque toute sa longueur, telle une épine dorsale, et forme une barrière entre l'est et l'ouest ; aujourd'hui encore, le franchissement de ces montagnes reste difficile, surtout en hiver. Les villes à l'ouest des montagnes se tournaient vers la mer Tyrrhénienne pour commercer, tandis que celles de l'est regardaient vers l'Adriatique. Les cours d'eau jouèrent aussi un rôle dans le développement de la culture et de l'économie italiennes, offrant un réseau de voies navigables sur leurs parties les plus basses.

L'accès facile à la mer fut un facteur crucial dans l'assimilation des influences étrangères qui eurent tant d'incidence sur le développement de l'art de Rome et de ses ancêtres. Les nombreuses villes qui

prospérèrent parce qu'elles étaient situées près de la côte ou parce qu'elles avaient accès à la mer par des voies fluviales témoignent de l'importance du commerce maritime. La situation de Rome même offrait plusieurs avantages. Ses sept collines (ill. 0.3) la rendaient facile à défendre, et sa position stratégique à une confluence favorisait les voyages dans plusieurs directions à l'intérieur des terres. Cet emplacement au centre d'une région agricole bordée de collines, un peu à l'écart de la mer, mais sur un fleuve navigable, est incontestablement l'un des facteurs qui ont contribué à sa puissance et à son rayonnement.

Chronologie

Dans ce livre, nous aborderons les monuments dans l'ordre chronologique, persuadés que c'est la manière la plus commode et la plus instructive de commencer toute étude. Pour les époques primitives, la division conventionnelle entre périodes culturelles et historiques semble de mise, mais par la suite il est plus significatif d'organiser la matière par empereur ou par groupe d'empereurs de la même famille, car les souverains semblent avoir eu une très forte influence sur le goût et le mécénat tout au long de l'Empire romain.

Notre point de départ n'est pas une date fixée, mais se situe quelque part aux alentours de 1000 av. J.-C., de manière à nous permettre de planter le décor en Italie avant que les Romains n'y affirment leur présence. En ces temps lointains, Rome n'était guère qu'un groupe de petits hameaux qui ressemblait aux autres villages disséminés dans de nombreuses régions d'Italie centrale. À partir de ces humbles débuts, nous retracerons l'histoire de l'art à Rome, tout en regardant en même temps les arrière-plans politique et historique qui contribuent à expliquer l'émergence de la ville elle-même.

L'art romain, de Romulus à Constantin, couvre une période de bien plus de mille ans. En fait, on ne peut qualifier tout cela de vraiment « romain », car les premiers siècles appartiennent aux ancêtres et aux rivaux, dont les Romains partageaient peut-être la culture matérielle, mais sans l'avoir créée. On peut considérer que l'héritage de ces groupes forme le fonds italique commun des institutions romaines. Les Villanoviens constituent le plus ancien groupe,

0.2 Carte topographique de l'Italie.

ils vécurent du Xᵉ siècle av. J.-C. jusqu'en 700 av. J.-C. environ. Ensuite, le groupe dit des Étrusques créa une culture distincte, et plus prospère, dans une grande partie de l'Italie centrale, qui dura de 700 av. J.-C. environ jusqu'au Iᵉʳ siècle av. J.-C. à peu près, époque où cette culture fut absorbée par les Romains. De nombreuses caractéristiques de l'art romain ont leurs racines dans l'art et l'architecture étrusques ; il est donc essentiel de revenir sur la culture étrusque (voir chapitre 1).

Nous concluons notre étude avec la mort de l'empereur Constantin le Grand en 337 apr. J.-C. ; toutefois, comme l'on n'est pas vraiment d'accord sur la date où l'art romain arrive à son terme, nous évoquerons quelques objets plus tardifs pour illustrer le développement de tendances amorcées par la politique de Constantin.

Le cadre politique

LA RÉPUBLIQUE

Politiquement, l'ère romaine se divise en deux périodes. La première est la République, qui, selon la tradition, débuta en 509 av. J.-C. avec l'expulsion du roi Tarquin le Superbe. Les citoyens étaient divisés en patriciens (les aristocrates, établis pour la plupart à la campagne) et plébéiens (la population urbaine, associée par la suite aux classes inférieures). Au début de la période républicaine, la distinction était bien marquée entre les deux groupes, et source de beaucoup de tension. Les plébéiens obtinrent néanmoins de plus en plus de partager le pouvoir, et par la suite la distinction n'eut plus grand sens, sinon qu'elle séparait les riches des pauvres, ou l'élite des masses.

Sous la République, le peuple était gouverné par un ensemble de magistrats exerçant différentes fonctions administratives et élus tous les ans. Les plus importants d'entre eux étaient les deux consuls, qui à l'origine reprirent les fonctions du roi expulsé, Tarquin le Superbe ; ils étaient responsables devant le Sénat, l'assemblée suprême de l'État romain. Ce

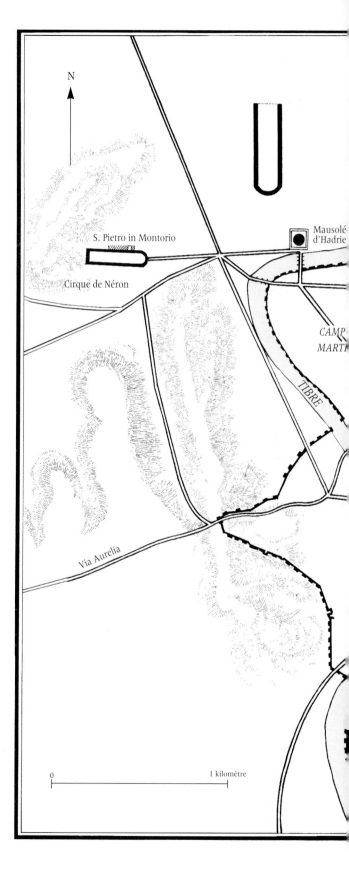

0.3 Plan de la ville de Rome.

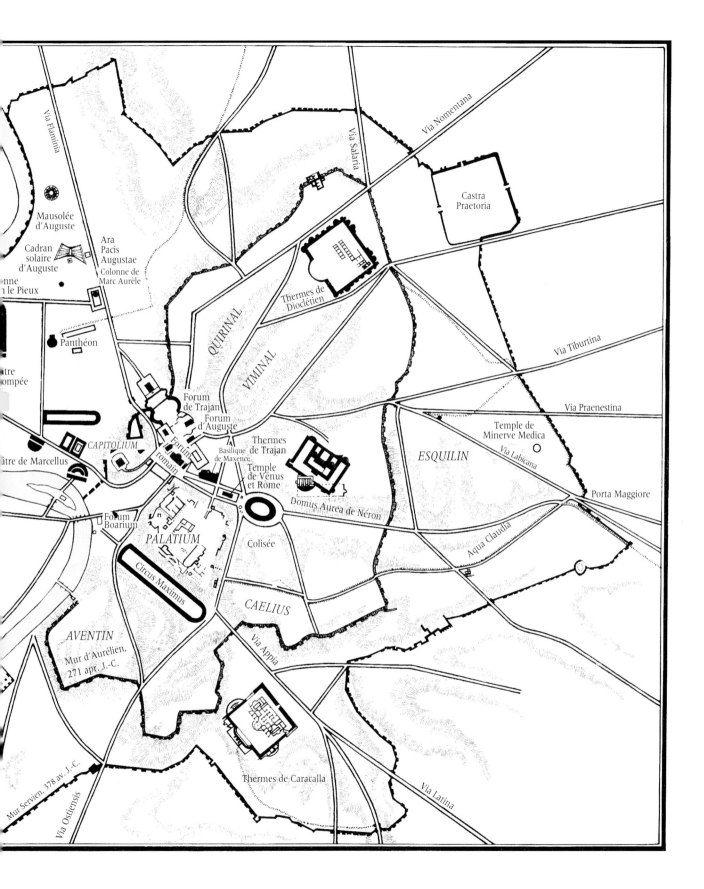

Via Flaminia

Mausolée
d'Auguste

Cadran
solaire
d'Auguste

Ara
Pacis
Augustae
Colonne de
Marc Aurèle

nne
n le Pieux

Panthéon

tre
ompée

Via Nomentana

Via Salaria

Castra
Praetoria

Thermes de
Dioclétien

QUIRINAL

VIMINAL

Via Tiburtina

Via Praenestina

Forum
de Trajan

Forum
d'Auguste

Thermes
de Trajan

Temple de
Minerve Medica

Via Labicana

CAPITOLIUM

Forum
romain

Basilique
de Maxence

ESQUILIN

tre de Marcellus

Temple
de Vénus
et Rome

Porta Maggiore

Forum
Boarium

Domus Aurea de Néron

PALATIUM

Colisée

Aqua Claudia

CAELIUS

Circus Maximus

AVENTIN

Via Appia

Mur d'Aurélien,
271 apr. J.-C.

Mur Servien, 378 av. J.-C.

Via Ostiensis

Thermes de Caracalla

Via Latina

système s'effondra à la fin du IIe siècle et au Ier siècle av. J.-C., lorsque plusieurs généraux, après avoir exercé le pouvoir absolu en tant que dictateurs, légalement nommés pour faire face à une situation d'urgence, refusèrent de renoncer à leurs fonctions une fois la crise passée. Les luttes pour le pouvoir débouchèrent sur des guerres civiles, entre 100 et 42 av. J.-C. environ, mais la victoire d'Octave (futur Auguste) sur Marc Antoine à la bataille d'Actium, en 31 av. J.-C., y mit un terme.

L'EMPIRE

Le résultat de cette bataille fut de laisser Octave seul à la tête du monde romain, mais cette fois-ci sans rivaux sérieux. Sous son règne, la Constitution fut modifiée à plusieurs reprises, mais le changement crucial se fit en 27 av. J.-C., lorsqu'il reçut le titre d'*augustus*, et plusieurs honneurs importants conférés par le Sénat. Ce fut le début de l'Empire. Des membres de sa famille ou de celle de son épouse – encore qu'aucun ne fût son descendant direct – régnèrent jusqu'en 68 apr. J.-C., et la période est appelée ère julio-claudienne, du nom des familles régnantes : les Jules et les Claudes. Après Auguste, les empereurs accédèrent au pouvoir par filiation, par adoption ou par le pouvoir militaire, mais sans jamais oublier de se concilier les bonnes grâces du Sénat.

Les souverains qui se succédèrent sont souvent groupés par dynasties, bien que certains d'entre eux, tels Trajan et Hadrien, ne s'intègrent pas à d'anciennes familles, et que d'autres soient classés en termes politiques et groupés sous des noms comme les « empereurs-soldats » ou les « tétrarques ». La première expression renvoie au fait que la plupart d'entre eux ont accédé au pouvoir à la suite d'un coup de force militaire ; et le second terme fait référence à la tétrarchie, nouveau régime constitutionnel répartissant le pouvoir entre quatre souverains de l'Empire romain, chacun ayant ses propres responsabilités : deux augustes (au sommet) et deux césars (plus jeunes, héritiers présomptifs). L'empereur Constantin fut le dernier survivant de la tétrarchie, et il y renonça après avoir conquis seul le pouvoir, encore qu'il ait partagé un peu de son autorité avec ses fils. Son règne marque la fin d'une ère, car l'Empire n'était plus gouverné de Rome. C'était le début du triomphe du christianisme à Constantinople (l'Istanbul actuel), la nouvelle capitale créée sur l'ancien site de Byzance, au carrefour de l'Europe et de l'Asie.

L'art au service de l'État

Pour les Romains, l'art et la politique étaient intimement liés. Les monuments en hommage aux services rendus et les édifices qui répondaient aux besoins du public forment le cœur de l'art romain à ses débuts. Beaucoup d'entre eux doivent être reconstitués à partir de fragments soigneusement et patiemment réunis à la suite d'innombrables fouilles, ou imaginés à partir de descriptions schématiques d'historiens ou de commentateurs. En outre, une étude attentive d'œuvres d'art exécutées pour des commanditaires privés et d'objets utilitaires, habituellement ornés de motifs comparables à ceux des monuments publics, permet de mieux savoir quels étaient les styles en vogue.

Les dirigeants avaient bien conscience que le pouvoir de l'art était capable de promouvoir leurs propres fins, à l'époque tant républicaine qu'impériale. Le Sénat et les empereurs érigeaient des statues et installaient des reliefs commémoratifs sur les places publiques, et ils parrainaient de nouveaux édifices ou en réparaient d'anciens. Le parrainage était presque toujours explicitement rappelé sur une inscription d'accompagnement, qui figurait en bonne place. La réalisation des statues honorifiques était normalement votée par le Sénat, et l'autopromotion manifeste n'apparut qu'au début du Ier siècle av. J.-C., lorsque Sulla et ensuite Pompée utilisèrent des techniques de propagande pour se glorifier eux-mêmes. Jules César fut l'un des maîtres de cet art, et l'usage se perpétua sous la plupart des empereurs. Lorsqu'on regarde une statue romaine, ou encore une peinture ou une œuvre architecturale, il faut songer aux circonstances dans lesquelles elle a vu le jour, au sens qu'elle exprime, et aux intentions du commanditaire. Malgré les nombreuses caractéristiques partagées avec l'art grec, la signification pour le commanditaire romain était souvent différente.

0.4 L'empereur Trajan s'adresse à ses troupes *(adlocutio)*, scène 42 de la colonne Trajane, Rome. 113 apr. J.-C. Relief en marbre. Hauteur de la frise : 1,1 m.

À l'époque impériale, on aimait à orner les murs des monuments publics de sculptures en relief. On montrait ainsi les empereurs ou des membres de leur famille dans des postures imposantes, à la tête de leur armée, ou distribuant de la nourriture aux pauvres. Bon nombre de ces effigies étaient répétées souvent, presque comme une formule, et étaient donc facilement reconnaissables. L'un des thèmes qui revient fréquemment dans l'art romain est celui de l'empereur qui s'adresse à la foule (ill. 0.4). Dans ce motif, qu'on appelle *adlocutio* en latin, l'empereur est toujours identifiable, du fait de sa position prééminente – soit surélevé au-dessus des autres, soit debout devant un large groupe. On le trouve souvent sur les reliefs sculptés, mais aussi sur les monnaies, car il attire l'attention sur l'une des fonctions premières de la charge impériale.

Les Romains se plaisent à souligner l'« ici et maintenant », à dépeindre les détails d'événements véritables. Ainsi, sur le pectoral de l'empereur Auguste (ill. 0.5), un soldat romain, qui représente en fait toute l'armée ou le peuple, reçoit un étendard militaire romain d'un homme de Parthie en Mésopotamie, qui représente également sa nation tout entière. Le message est clair, car le Romain porte l'uniforme militaire typique, tandis que la seconde figure est vêtue d'un pantalon large – signe immédiatement reconnaissable de ce qu'il est un étranger de l'Est. L'événement était bien connu. Les étendards avaient été perdus lors d'un désastre militaire, et Auguste avait fait grand cas de ce qu'il avait pu les reprendre en 20 av. J.-C. sans effusion de sang. Ce genre de récit condensé permettait aux souverains de transmettre au peuple des messages clairs par l'intermédiaire des arts visuels, sous forme de propagande directe. Il n'était pas confiné aux monuments statiques tels que reliefs historiques ou statues commémoratives, mais était diffusé dans tout le monde romain par l'intermédiaire des pièces de monnaie. On ne saurait assez estimer l'influence de ces images de puissance et de succès, créées par les souverains romains et diffusées auprès de tous leurs citoyens et sujets.

0.5 L'Auguste de Prima Porta, détail de la tête et du pectoral. Début Iᵉʳ siècle apr. J.-C. Marbre. Musei Vaticani, Rome.

Rome et l'art grec

Au cours de ce livre, nous ferons souvent référence aux emprunts faits par les Romains aux formes et aux styles grecs. Les Romains possédaient des œuvres d'art véritables provenant de Grèce ou des villes grecques du sud de l'Italie et de la Sicile. La plupart arrivèrent entre leurs mains comme butin de guerre ; mais certaines, comme la collection de bronzes du grand orateur Cicéron, furent achetées ou commandées. Dans l'analyse et l'évaluation de l'art romain, il y a une constante tension entre les apports qu'on qualifie parfois de grecs (ou importés) et d'italiques (ou natifs). On peut observer un clivage apparenté entre art patricien et art plébéien, fondé sur le niveau de culture et le degré de proximité avec les prototypes classiques. Sans vouloir approuver entièrement cette terminologie, nous utiliserons parfois le terme « plébéien » pour caractériser une œuvre qui semble rejeter les canons classiques. Il est indéniable qu'il y a des différences entre les styles, mais les explications théoriques ne sont pas tout à fait convaincantes. Il peut être utile de voir le dualisme évoqué ci-dessus, mais sans exagérer ce clivage.

On a également interprété les différences de style en fonction des exigences du sujet. Autrement dit, le caractère de la scène détermine la manière dont elle est représentée. Les divinités et les allégories sont ainsi plutôt présentées sous une forme classique, alors que les hommes sont plus souvent montrés sous un jour plus humble. Ce débat n'est pas réglé, et il pourrait demeurer toujours une question idéologique ; mais il est important de comprendre les problèmes, même si l'on ne dispose pas de solution facile.

Ces difficultés surgissent souvent parce que les Romains s'approprièrent les formes grecques pour les utiliser fréquemment à des fins différentes ; superficiellement, le résultat est proche, mais, fondamentalement, il est différent. Une grande partie de la romanité réside dans la transformation du vocabulaire grec, dans tous les genres, pour exprimer la situation romaine ; en fin de compte, les Romains ont pu utiliser toute la gamme des styles grecs sans égard pour la chronologie historique.

D'un autre côté, les Romains étaient parfois sensibles à la destination ou au cadre premier des œuvres qu'ils empruntaient, et il en résulte souvent une espèce de citation visuelle d'époques antérieures, qui rehausse la signification de la nouvelle pièce. Autrement dit, ils attendaient du spectateur qu'il reconnaisse la source et que la statue ou la peinture prenne de ce fait davantage de poids ou un éclairage nouveau. Nous verrons ce genre de chose, par exemple, dans une statue d'Auguste fondée sur un célèbre modèle grec datant du Ve siècle av. J.-C., la période classique (voir ill. 3.14 et 3.15).

LES TROIS PÉRIODES DE L'ART GREC

L'art grec est, pour l'essentiel, divisé en trois périodes principales : archaïque, classique et hellénistique. Le terme « archaïque » renvoie à une époque, entre 600 et 480 av. J.-C. environ, au cours de laquelle s'imposèrent bon nombre des manières fondamentales de représenter la figure humaine (et d'autres sujets). De même, la plupart des formes architecturales fondamentales furent définies dans cette même période.

Le terme « classique », synonyme d'excellence, évoque une norme à l'aune de laquelle se juge tout l'art postérieur. Les artistes et les connaisseurs depuis la Renaissance pensent que l'art grec et romain avait atteint les idéaux les plus élevés. Au fil du temps, le terme en est venu à désigner spécifiquement la période qui va de 480 à 330 av. J.-C. environ, c'est-à-dire depuis l'échec de l'invasion d'Athènes par les Perses, en 480, jusqu'à l'époque où Alexandre le Grand bouleversa l'équilibre des pouvoirs dans l'est de la Méditerranée. Autrement dit, pour nous, aujourd'hui, la Grèce classique est celle de la plus grande partie des Ve et IVe siècles av. J.-C. Certaines conventions, par exemple la manière dont on rendait les visages et les représentations du corps humain dans la fleur de l'âge, sont caractéristiques de cette période.

Que signifie donc « classicisme » ? Le mot fait référence à la propension des artistes et des architectes ultérieurs à recourir à des citations de la période classique. Il identifie également une tendance de l'art à reproduire le genre de représentations idéalistes associé à cette période.

Le terme « hellénistique » renvoie à la diffusion de la culture grecque à l'étranger, et vient du mot grec *Hellên*, nom que se donnaient les Grecs. Il désigne la période tardive de l'art grec, de la suprématie d'Alexandre le Grand, aux environs de 330 av. J.-C., jusqu'à l'époque où le pouvoir

0.6 Jeune faune avec grappes de raisin, provenant de la villa d'Hadrien, Tivoli. 130 apr. J.-C. env. Restauré par B. Cavaceppi au XVIIIe siècle. Marbre rouge *(rosso antico)*. Hauteur : 1,67 m. Museo Capitolino, Rome.

militaire et politique de Rome eut raison de l'indépendance des Grecs. Les opinions divergent quant à la date à laquelle cette période se termine, mais, suivant la convention habituelle, nous la situons vers le début du Ier siècle av. J.-C. En fait, bon nombre d'aspects de l'art hellénistique furent absorbés dans la tradition romaine.

WINCKELMANN ET LES RESTAURATIONS DU XVIIIe SIÈCLE

Jusqu'au XVIIIe siècle, on ne faisait pas de grande distinction entre art grec et romain, qu'on regroupait sous le terme « antique ». La première tentative sérieuse pour distinguer les différentes périodes de l'art grec et les différencier de l'art romain est due à Johann Joachim Winckelmann, souvent considéré comme le premier historien de l'art. Pour lui, l'art romain était la phase finale de l'art grec, et marquait un déclin après les grandes périodes. Beaucoup sont encore fortement influencés par ses opinions, mais nous avons aujourd'hui la chance de pouvoir admirer ses remarquables dons intellectuels et ses observations judicieuses, sans pour autant considérer l'art romain comme inférieur à l'art classique ou hellénistique.

Winckelmann était un érudit du XVIIIe siècle qui, après avoir commencé comme maître d'école dans une ville de province, réussit à devenir le bibliothécaire privé du plus grand collectionneur d'antiquités d'Europe, le cardinal Albani. Un voleur, qui tentait de s'emparer des richesses de Winckelmann, l'assassina et mit un terme à sa brillante carrière ; mais son incidence sur l'histoire de l'art en général, et sur les études classiques en particulier, fut immense.

Winckelmann aimait la beauté des sculptures anciennes dans leurs formes fragmentaires, telles qu'elles provenaient des fouilles ; mais la plupart des collectionneurs du XVIIIe siècle préféraient avoir des statues entières, même si cela supposait d'importantes restaurations. C'est ainsi qu'une grande partie de la statue du « Faune rouge », sculptée en marbre rouge foncé *(rosso antico*, ill. 0.6), n'est pas ancienne, mais l'œuvre de Cavaceppi, sculpteur du XVIIIe siècle, et de l'un de ses collègues. Les parties originales, trouvées à la villa d'Hadrien à Tivoli (voir p. 183), comprennent le torse du faune, sa tête, les fruits qu'il porte sur sa poitrine et de petits morceaux de la corbeille et de la chèvre à ses pieds. L'essentiel du reste, dont les bras et les jambes, fut sculpté par les restaurateurs. C'étaient d'habiles sculpteurs, qui prirent plaisir à exécuter non seulement la peau lisse, mais aussi les textures de la chevelure, de la chèvre et de la corbeille. Leur travail nous rappelle cependant que, lorsqu'on admire l'art romain dans les musées, une grande partie n'est pas du tout ancienne, mais l'œuvre « néoclassique » du XVIIIe ou du XIXe siècle. Les œuvres provenant de collections plus anciennes sont souvent ambiguës sur ce point, alors que celles qui ont été restaurées récemment n'ont généralement pas de pièces rapportées, et les restaurateurs précisent clairement ce qui est moderne.

INTERRELATIONS

La péninsule Italienne fut au contact de l'art grec avant que la ville de Rome ne devienne prospère et ne s'étende, comme en témoigne à l'évidence le grand nombre d'objets importés dans les tombeaux d'Étrurie et du Latium. La fabrication simultanée d'imitations locales, particulièrement facile à suivre dans la céramique, est non moins importante. Les Étrusques semblent avoir été le principal groupe italique à commercer avec la Grèce et l'est de la Méditerranée. L'une des importantes lignes d'influence de l'art grec vient donc indirectement des traditions étrusques adoptées par Rome. D'autres lignes sont plus directes, mais différentes, en ceci que Rome fut d'abord au contact de la culture matérielle et de la richesse des Grecs par la conquête et l'assimilation de villes du sud de l'Italie et de la Sicile (ill. 0.1). Beaucoup de biens et de territoires dans l'ouest de la Méditerranée, y compris en Sicile et en Espagne, furent acquis lorsque Carthage, la rivale de Rome sur la côte d'Afrique du Nord, fut conquise. Les incursions dans le nord de la Grèce et en Asie Mineure se firent ensuite (au IIe siècle av. J.-C.) ; et finalement le sac de Corinthe en 146 av. J.-C. et celui d'Athènes en 86 av. J.-C. permirent aux Romains de mettre la main sur de nombreux et célèbres chefs-d'œuvre sculptés et peints.

L'expansion de Rome autour de la Méditerranée ne changea pas simplement les goûts dans le domaine de l'art ; elle eut une profonde incidence sur toute la culture et le mode de vie des classes aisées. Rome évolua de plus en plus vite, et la ville rurale, dont les habitants avaient des aspirations locales, se transforma en un centre administratif international de plus en plus important. Une grande partie des richesses amassées par les Grecs à l'Est se déversa à Rome, et l'ostentation et le luxe se généralisèrent chez les riches. Les descriptions des intérieurs de maisons particulières, de dons généreux ou d'œuvres publiques onéreuses en témoignent. Le service à l'étranger, les biens et les objets artisanaux confisqués, le grand nombre d'artisans habiles et spécialisés, tout cela se combina dans une floraison artistique nouvelle et variée destinée au marché romain.

La culture grecque n'était pas admirée par tous, et l'adoption des manières grecques était souvent dénoncée comme décadente et antiromaine. On invoquait alors la tradition et l'existence rustique des fondateurs de la cité, et l'on opposait la rectitude des sénateurs au mode de vie hédoniste des Grecs et de leurs voisins orientaux. À la fin, toutefois, les traditions grecques, surtout en littérature, philosophie et art, se greffèrent aux romaines dans les milieux cultivés, tandis que les parvenus les imitaient parfois sans les comprendre.

1
Les précurseurs villanoviens et étrusques
1000-200 av. J.-C.

Pour comprendre la longue histoire qui sous-tend la formation de l'art et de la culture du peuple romain, lesquels ensuite devaient être transportés si loin, il faut se pencher sur leurs prédécesseurs qui vivaient sur la péninsule Italienne. Bien avant qu'on ne puisse rien identifier de spécifiquement romain, les ancêtres des Romains développaient leur propre culture matérielle, leur langue, leurs organisations sociales et politiques, dont certains éléments allaient avoir une incidence sur la culture des Romains eux-mêmes. Cette période formatrice en Italie, après 1000 av. J.-C. environ, est appelée l'âge de fer.

Des peuples indigènes qui vivaient dans le sud de l'Italie, nous avons conservé très peu de chose, à l'exception de ce qu'on a trouvé dans leurs tombes. Il subsiste cependant suffisamment de témoignages pour montrer qu'ils connaissaient bien l'agriculture et l'élevage. Riches et pauvres étaient enterrés côte à côte, dans le même genre de tombes, lesquelles ne se distinguent que par leur contenu qui consiste normalement en pots en argile, armes en métal et ornements personnels. Nous savons maintenant qu'ils étaient en contact direct avec les peuples qui vivaient dans la partie nord de la péninsule.

1.1 Louve du Capitole. Vers 500 av. J.-C. Bronze. Hauteur : 85 cm. Museo Capitolino, Rome.

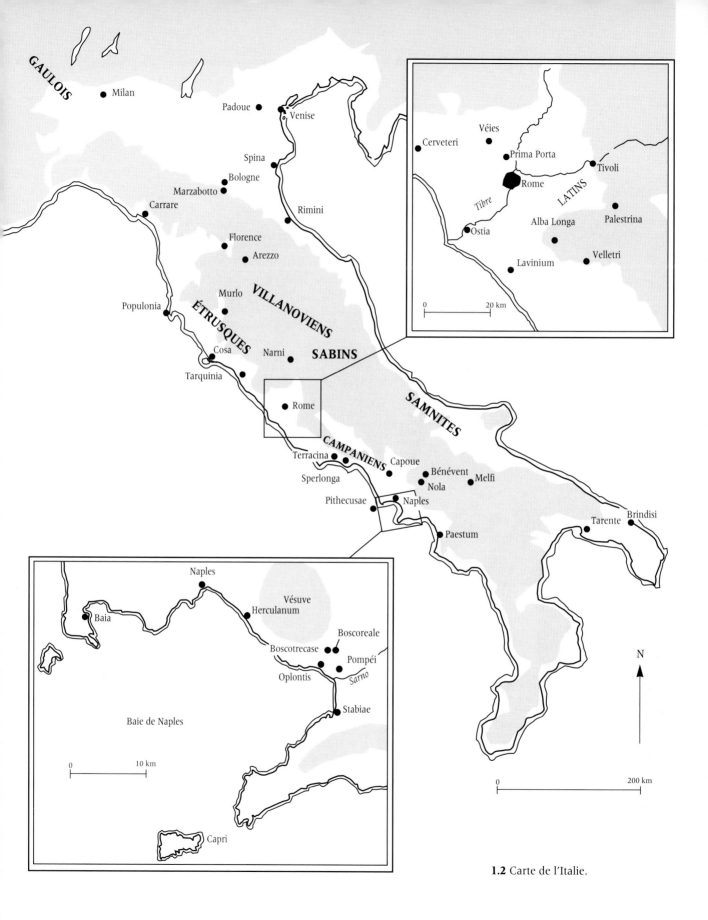

1.2 Carte de l'Italie.

Les Villanoviens

Les peuples de l'âge du fer qui vivaient pour la plupart dans le nord et l'ouest de l'Italie sont appelés Villanoviens, du nom d'une ville près de Bologne (ill. 1.2) où l'on découvrit, pour la première fois, en 1853, des objets artisanaux entreposés dans leurs tombes, faits en argile, en bronze, en fer, en os et en ambre. Les hommes étaient enterrés avec des ceintures et des casques en bronze élaborés (ill. 1.3), ainsi que des rasoirs, des couteaux et des épées en fer. Les femmes portaient des épingles à cheveux et des peignes en os. Hommes et femmes furent trouvés avec des céramiques et des ornements personnels, notamment des fibules (agrafes ou broches) qui servaient à tenir leurs vêtements.

Certains récipients en terre cuite trouvés en Étrurie et dans les environs de Rome, destinés à recueillir les cendres des défunts, avaient la forme d'une maison (ill. 1.4) et sont appelés « urnes-cabanes ». Les recherches archéologiques ont confirmé que ces urnes étaient faites sur le modèle de constructions domestiques contemporaines. Les fouilles sur le Palatin à Rome, et plus récemment sur le Forum de Rome lui-même, ont permis de découvrir des trous creusés dans la roche pour des poteaux servant de supports verticaux à de simples unités d'une seule pièce, avec les toits

1.3 Casque villanovien. VIIIe siècle av. J.-C. Bronze. Hauteur : 33 cm env. Museo nazionale di Villa Giulia, Rome.

1.4 Urne-cabane villanovienne, provenant de Tarquinia. IXe-VIIIe siècle av. J.-C. Terre cuite. Hauteur : 28 cm. Museo archeologico, Tarquinia.

1.5 Cabane palatine ; reconstitution.

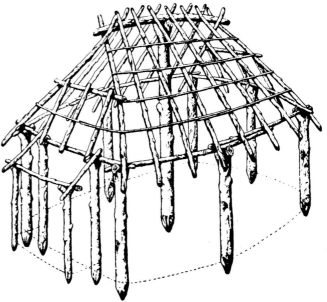

1.6 Fibule étrusque, de la tombe de Regolini-Galassi, Cerveteri. 700-650 av. J.-C. Or. Longueur : 8,3 cm. Musei Vaticani, Rome.

en chaume que l'on retrouve sur les urnes (ill. 1.5).

Il est maintenant clair que les Villanoviens étaient les ancêtres des Étrusques. Beaucoup d'objets trouvés dans les tombes villanoviennes peuvent être directement rattachés à des objets provenant de contextes étrusques, telle cette fibule (ill. 1.6) ; en outre, bon nombre des objets découverts dans les tombes associées aux habitations des collines de Rome sont du même type. On peut donc reconstituer un substrat commun dans la vie quotidienne et dans les pratiques religieuses, quelles qu'aient pu être les différences de langue ou de type ethnique. C'est en ce sens que les Villanoviens sont considérés comme les ancêtres tant des Étrusques que des Romains.

Les Étrusques

Au VIIe siècle av. J.-C., dans la région au nord-ouest de Rome, on commence à voir apparaître, parmi les objets artisanaux traditionnels de style villanovien, de nombreux objets qui témoignent clairement d'influences venues de Grèce, de Phénicie, d'Assyrie et d'autres pays du Proche-Orient. Dans le même temps, ces influences étrangères s'introduisirent également dans les terres méridionales d'Italie, où plusieurs villes-États grecques avaient établi des colonies, dont beaucoup furent prospères et contribuèrent au développement de l'art romain.

Bien que la composition de la population au nord de Rome n'ait pas fondamentalement changé à cette époque, le caractère de l'art évolua ; des éléments natifs se mêlèrent aux influences étrangères, et la culture devint plus cosmopolite. Une forme écrite de la langue apparaît également pour la première fois

à cette époque. Ces peuples, qui se sont épanouis autour du VIIe siècle, ont été conventionnellement baptisés d'un nom différent de celui de leurs prédécesseurs : le terme « Villanoviens » semblait trop large ; comme les Romains, nous les appelons les Étrusques, et leur pays l'Étrurie.

L'Étrurie était une confédération de douze villes-États qui s'étendait au nord de l'Italie jusqu'aux environs de Florence, mais dont l'influence se fait sentir encore plus au nord, jusque dans la vallée du Pô, ainsi que dans des régions plus méridionales, autour de Capoue et de Nola. Le commerce était important avec certaines des villes fondées au sud par les colons grecs, ainsi qu'avec les populations indigènes de cette région.

Bien qu'on admette aujourd'hui que les populations étaient dans une large mesure indigènes, les origines des Étrusques ont autrefois suscité bien des débats. Le plus ancien témoignage est celui de l'historien grec Hérodote, au Ve siècle av. J.-C. [I, 94]. Il explique que les Étrusques descendent des anciens Lydiens, dont la capitale, Sardes, était située sur l'autre rive de la mer Égée, en Asie Mineure, dans l'actuelle Turquie. Selon son récit, après que le peuple lydien eut souffert d'une longue famine, le roi décida que la moitié de la population resterait à Sardes sous son autorité, tandis que l'autre moitié ferait voile en quête d'une nouvelle patrie, sous la conduite de son fils, Tyrrhénos (qui donna son nom à la mer Tyrrhénienne). Après un tirage au sort, l'un des deux groupes partit à la recherche de nouvelles terres vers l'ouest.

Dès l'époque romaine, Denys d'Halicarnasse contesta cette théorie, mais les découvertes des archéologues nous ont permis récemment d'en apprendre bien davantage. Nous savons désormais que les Étrusques ne sont pas des Lydiens transplantés, mais des Villanoviens qui réagissaient, avec enthousiasme, aux influences extérieures venues de l'est. Cette relation entre Villanoviens et Étrusques a notamment été établie grâce à la similitude de leur céramique. L'amphore (vase à deux anses) illustre les fortes ressemblances entre les formes de poterie villanovienne (ill. 1.7) et étrusque (ill. 1.8). Cette similitude et d'autres sont suffisantes pour témoigner d'une certaine continuité dans l'art de la céramique, même si de nouveaux éléments vinrent s'ajouter aux techniques traditionnelles de préparation et de décoration de l'argile. L'un de ces éléments est le *bucchero*, l'un des types de céramique étrusque les plus carac-

1.7 *À gauche :* Amphore villanovienne, de la tombe de Bocchoris, Tarquinia. Vers 700 av. J.-C. *Impasto.* Hauteur : 39,4 cm. Museo nazionale, Tarquinia.

1.8 *Ci-dessous :* Amphore étrusque. Fin VIIᵉ siècle av. J.-C. *Bucchero.* Hauteur : 22,9 cm. Musei Vaticani, Rome.

téristiques. Le mode de cuisson noircissait l'argile, et le polissage avant la cuisson lui donnait un aspect brillant et métallique. La différence est nette, dans la finition et le raffinement général, entre le *bucchero* étrusque (ill. 1.8) et la poterie villanovienne typique qu'on appelle *impasto*, qui a une surface mate et une couleur gris-brun (ill. 1.7).

Le premier témoignage matériel sur l'arrivée des Grecs en Italie date du début du VIIIᵉ siècle av. J.C., lorsque des habitants de l'île d'Eubée établirent une colonie commerciale à Pithécusses (Ischia), juste à l'ouest de Naples. Cet établissement marquait le début de longs échanges entre peuples grecs et italiques qui leur furent mutuellement profitables. La poterie grecque, ornée de motifs géométriques peints, et remarquable pour la forme des vases eux-mêmes, servit de modèle aux potiers italiques, qui l'imitèrent en utilisant l'argile locale. Il y avait également un grand centre d'extraction à Pithécusses, et les minerais étrusques étaient certainement une matière première d'une importance cruciale.

L'influence du Proche-Orient fut un peu moins directe que celle des Grecs. Dans une large mesure, c'est par l'intermédiaire de marchands et de fabricants comme les Phéniciens que les objets furent apportés en Italie. Beaucoup de petits objets, tels les peignes en ivoire décorés et les coupes à boire, ou les plaques en métal destinées à être cousues sur les vêtements, voyageaient facilement sur les navires phéniciens. De grands chaudrons, avec une décoration martelée en relief et des figures attachées aux bords, faisaient également partie de ce commerce. Les plus importants centres commerciaux étaient sans doute les villes comme Tyr, Sidon et Byblos en Phénicie même, et Carthage, une colonie de Tyr en Afrique du Nord. Des villes plus petites, comme Al Mina, sur la côte près d'Antioche (Antakya dans la Turquie actuelle), ont fait l'objet de fouilles plus exhaustives, et nous donnent une image de certains de ces comptoirs.

Les Étrusques assimilèrent ces influences venues de Grèce et du Proche-Orient et les intégrèrent à leur art et à leur culture. Leurs villes prirent des proportions impressionnantes ; leur force militaire était considérable ; et les plus riches tout du moins possédaient des objets de luxe et d'onéreux ornements personnels. Beaucoup de ces ornements ont été retrouvés dans les grands tertres circulaires, ou tumulus, où était enterrée l'aristocratie étrusque, et qui sont parmi leurs monuments les mieux conservés. Par-dessus tout, les Étrusques étaient célèbres dans d'autres régions du monde antique pour leur richesse en métaux, qu'on venait leur acheter de très loin.

Architecture

TOMBEAUX

Des tumulus bordaient les rues des cimetières étrusques où étaient enterrés les plus riches (ill. 1.9), tandis que les plus pauvres étaient souvent inhumés dans des cavités rectangulaires creusées directement dans la roche. Les tombeaux de grandes dimensions, qui sont en eux-mêmes d'impressionnants monuments, nous ont également livré un précieux témoignage sur les maisons étrusques, qu'ils imitent, et sont une riche source qui nous permet de mieux connaître la peinture antique et même la vie quotidienne.

L'un des plus grands parmi les tombeaux anciens de Cerveteri (la tombe de Regolini-Galassi, du nom des premiers fouilleurs) comportait des allées et des chambres qui étaient, pour une part, creusées dans la roche et, pour l'autre, construites en pierre taillée (ill. 1.10). Le contenu en était particulièrement riche, avec non seulement la fibule traditionnelle (ill. 1.6), mais aussi un exemple beaucoup plus élaboré (ill. 1.11), qui montre ce dont les artistes étaient capables en créant des ornements pour leur clientèle fortunée. Cette immense agrafe en or, qui se pliait en deux à la charnière centrale, est ornée d'un côté de lions martelés dans l'or et, de l'autre, de

1.9 Le cimetière étrusque à Cerveteri. Vue de la route passant entre les tumulus.

1.10 Tombe de Regolini-Galassi, intérieur. Cerveteri. VIIᵉ siècle av. J.-C.

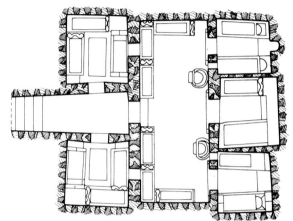

minuscules lions tridimensionnels. Des gouttelettes d'or, appliquées selon une technique raffinée qu'on appelle granulation, témoignent de toute l'habileté de ces artisans du métal.

La tombe des Boucliers et des Sièges de Cerveteri, datée de 600 av. J.-C. environ (ill. 1.12 et 1.13), est un bon exemple de complexe de chambres funéraires au sein d'un tumulus. Ici, une entrée avec des marches conduit à un couloir flanqué d'une chambre funéraire de part et d'autre ; puis, une pièce plus

1.11 Fibule étrusque, de la tombe de Regolini-Galassi. Seconde moitié du VIIe siècle av. J.-C. Or. Hauteur : 32 cm. Musei Vaticani, Rome.

1.12 Tombe des Boucliers et des Sièges, Cerveteri, plan.

1.13 Tombe des Boucliers et des Sièges, Cerveteri. À droite, derrière le fauteuil en pierre, entrée de la chambre arrière. Vers 600 av. J.-C. Tuf.

1.14 Tombe des Reliefs, Cerveteri. Début IIIᵉ siècle av. J.-C. Lit, coussins et reliefs sculptés en pierre locale.

large, bordée de couches funéraires, donne accès à trois chambres supplémentaires.

Taillées dans la pierre poreuse locale, ces chambres servaient de tombe, mais aussi de maison pour les âmes dans l'au-delà. Les sièges et les boucliers sculptés qui bordent les murs (ill. 1.13) leur donnent un parfum domestique, et l'architecture en forme de maison est une version grandeur nature, et plus complexe, des formes miniatures que sont les urnes-cabanes (ill. 1.4) des époques antérieures.

La tombe des Reliefs (ill. 1.14) hellénistique est un exemple plus tardif, avec davantage de diversité et d'élaboration dans les sculptures murales. Les murs du tombeau sont ornés d'objets de la vie quotidienne, tels que haches, couteaux de cuisine, corde, ainsi que d'armes telles qu'épées et boucliers. Les sculpteurs ont également représenté des coussins là où les têtes reposaient sur les couches funéraires.

TEMPLES

Le temple étrusque servit de modèle au temple romain plus tardif. L'un des plus importants parmi les premiers temples étrusques, datant de 500 av. J.-C. environ, est celui de Véies, le village étrusque le plus proche de Rome. Bien qu'il ne subsiste pas grand-chose de la structure du temple de Véies, les pierres des fondations nous en révèlent le plan, qu'on peut compléter avec une reconstitution fondée sur la description que donne l'architecte romain Vitruve [IV, 7] des proportions des temples étrusques (ill. 1.15). Le temple avait un *pronaos*, porche profond avec deux rangs de colonnes devant l'édifice. Le sanctuaire, appelé *cella*, était à l'arrière du temple, et l'on y accédait par une porte donnant sur le porche. Les petits temples n'avaient qu'une seule *cella*, et les grands avaient trois chambres

1.15 Reconstitution du temple de Véies.

1.16 Temple d'Athéna, Paestum. Vers 500 av. J.-C. Calcaire et grès.

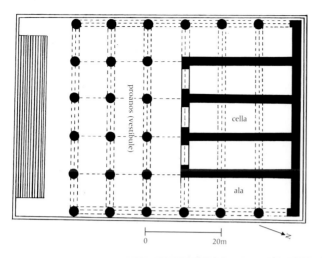

longues et étroites, contiguës, donnant toutes sur le porche.

S'il reste si peu de chose des temples étrusques, en dehors de leurs fondations, c'est parce que les Étrusques continuaient de les construire en bois, en brique crue et en terre cuite bien longtemps après que les Grecs eurent commencé à utiliser la maçonnerie en pierre. On ne trouvait pas en Étrurie, où la roche volcanique locale, le tuf, est relativement

1.17 *À gauche :* Temple de Jupiter Capitolin, Rome, plan. Étrusque. Fin VIe siècle av. J.-C. Soubassement : 4 x 62 x 53 m env.

1.18 *Ci-dessous :* Tuiles provenant de Murlo (Poggio Civitate). VIe siècle av. J.-C. Terre cuite. Hauteur : 23 cm ; largeur : 54 cm. Museo di Murlo.

tendre et poreuse, les carrières de marbre et de calcaire qui sont si nombreuses en Grèce. Si bien qu'ils préféraient sans doute continuer à utiliser des matériaux périssables.

Le temple de Véies reposait sur un soubassement élevé. On ne pouvait y accéder qu'en gravissant une série de gradins à l'avant, à la différence du temple grec typique, qui se dressait sur trois gradins accessibles des quatre côtés (ill. 1.16). Dans les temples étrusques, comme celui de Véies, seul le porche avait des colonnes, alors que les temples grecs en avaient normalement sur les quatre côtés. Dans les temples étrusques, les murs qui entouraient le sanctuaire s'étendaient généralement jusqu'à l'extrémité de l'édifice, à peu près jusqu'au bord du soubassement.

Le temple de Jupiter Capitolin à Rome était un monument célèbre, sur la colline à laquelle il donna son nom – le Capitole. Il fut construit dans le style étrusque par des bâtisseurs étrusques, et un célèbre sculpteur étrusque du nom de Vulca exécuta la statue cultuelle. Le temple n'a pas survécu, mais son plan montre que le porche comportait trois rangées de colonnes, et que les côtés des murs de la *cella* étaient bordés de colonnes (ill. 1.17). Ces passages latéraux sont appelés *alae*, ou ailes. Des blocs massifs provenant des murs survivent sous ce qui est maintenant le Palazzo dei Conservatori. Le temple était très grand, avec un immense soubassement, d'environ 4 m de haut, 62 m de long et 53 m de large. Sa largeur – on ne connaît pas de temple étrusque plus large – est presque comparable à celle des plus grandioses temples grecs.

BÂTIMENTS DOMESTIQUES

À la différence des nombreux cimetières que nous connaissons, très peu d'établissements étrusques ont été fouillés, notamment parce que beaucoup d'entre eux se trouvent sur des sites au sommet d'une colline qui ont été continuellement occupés et qui sont donc inaccessibles, mais aussi parce que les sites d'habitation préservent moins d'objets complets que les tombeaux. Cependant, au cours des trente dernières années, les vestiges de bâtiments domestiques ont été découverts sur plusieurs sites, dont Acquarossa, près de Viterbe, et Murlo (Poggio Civitate), près de Sienne. À Murlo, de nombreuses tuiles moulées en terre cuite, avec des scènes comme des courses de chevaux et

d'élégants banquets, ornaient les bords des toits des maisons (ill. 1.18). Peintes de couleurs gaies, elles donnaient certainement beaucoup de vie au village.

Sculpture

Les Étrusques étaient tout aussi habiles sculpteurs qu'architectes. L'une de leurs plus anciennes formes de sculpture était l'urne canope en argile (ill. 1.19), qui servait à recueillir les cendres des défunts après la crémation. Elle avait souvent un couvercle en forme de tête humaine, et parfois l'urne tout entière adoptait une forme humaine. Bien que ces représentations ne soient pas exactes, certains pensent que ces têtes témoignent de la part des Étrusques d'un intérêt précoce pour le visage humain, intérêt qui se développa en une grande habileté dans les portraits individuels.

1.19 Urne canope. Étrusque. 650-600 av. J.-C. Terre cuite. Hauteur : 44,5 cm. Museo archeologico, Florence.

TERRES CUITES

À Véies, bien qu'il reste si peu de chose du temple lui-même, nous avons la chance d'avoir conservé un groupe de figures en terre cuite qui ornait à l'origine le toit (ill. 1.15). Pline, auteur d'une encyclopédie d'histoire naturelle au Iᵉʳ siècle apr. J.-C., nous apprend que, lorsqu'un riche aristocrate du nom de Demaratus fut expulsé de Corinthe, il emmena avec lui certains artistes qui travaillaient l'argile et se rendit en Italie ; ces sculpteurs pourraient avoir contribué au développement de la sculpture monumentale en argile en Étrurie. L'emploi de sculptures en terre cuite pour orner les temples pourrait également témoigner de liens avec le sud de l'Italie, où les ornements en terre cuite étaient prisés depuis longtemps.

Les figures du temple de Véies, qui représentent des dieux, avaient l'air de marcher le long du faîtage où elles étaient fixées. L'une d'elles représente Apollon (ill. 1.20), qui fait un pas en avant, vêtu d'un long vêtement aux plis vifs. Le montant orné de volutes, entre ses deux jambes, renforce la statue. En la comparant à une statue grecque (ill. 1.21) de la même époque environ (fin du VIᵉ siècle av. J.-C.), on voit que, bien que les Étrusques aient emprunté d'importantes idées aux Grecs, ils les adaptèrent pour en faire quelque chose de typiquement étrusque, et que leur art a un caractère vivant qui leur est propre.

Le jeune homme debout provenant de Grèce est baptisé Kouros d'Anavysos. Le mot *kouros* signifie « jeune garçon », et Anavysos est le lieu en Grèce où fut trouvée la statue. Elle marquait l'emplacement d'une tombe, et représentait sans doute le défunt. On notera qu'il a le pied gauche placé en avant du droit, comme s'il marchait, alors que ses deux pieds sont à plat au sol et que le haut de son corps ne trahit aucun mouvement et reste parfaitement symétrique. Ces traits, ainsi que les grandes dimensions, furent copiés par l'artiste étrusque. En comparant les visages on voit que les deux bouches se relèvent de façon peu naturelle aux coins. La statue étrusque reprend très fidèlement ce « sourire archaïque ». Mais la figure grecque est nue, tandis que l'étrusque

1.20 Apollon de Véies. Étrusque. Vers 500 av. J.-C. Terre cuite peinte. Hauteur : 1,8 m env. Museo nazionale di Villa Giulia, Rome.

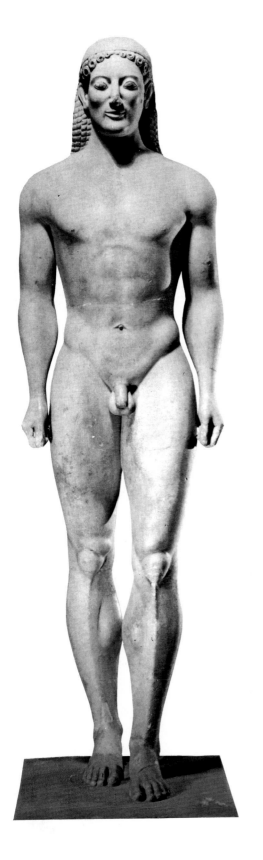

est vêtue. En outre, les Grecs utilisaient le marbre, alors que les Étrusques, qui n'avaient pas de carrières de marbre, ont employé la terre cuite. Il faut garder cette distinction présente à l'esprit, car les techniques de travail des deux matériaux sont très différentes. Dans l'ensemble, le *kouros* grec pourrait sembler d'une plus grande assurance, mais il y a davantage de mouvement dans la statue étrusque, qui paraît plus animée et plus vivante.

SCULPTURE ANIMALIÈRE

Les Étrusques sont particulièrement renommés pour leur sculpture en bronze. Ils étaient en effet de subtils observateurs du monde animal, dont ils savaient saisir la nature tout en soulignant dans le même temps le genre de détails décoratifs qu'ils affectionnaient. Un magnifique exemple en est la louve en bronze, plus grande que nature, avec ses mamelles bien rondes et ses flancs décharnés (ill. 1.1, p. 20). Le soin apporté à son anatomie s'allie à une expression de férocité rendue par sa gueule ouverte, ses dents acérées et son attitude tendue. Pourtant, des éléments décoratifs qu'on ne trouverait pas dans la nature font intrusion, notamment les motifs de la fourrure sur sa nuque et son dos.

Cette statue, qu'on appelle la *Louve du Capitole*, a souvent été associée à la célèbre légende de Romulus et Remus (voir p. 49). Nous ne savons pas si la statue était à l'origine destinée ou non à représenter cette histoire, car les deux nourrissons qui tètent ont été ajoutés à la Renaissance. Le récit et ses nombreuses variantes étaient si appréciés des Romains que la louve allaitant les jumeaux devint le symbole de Rome. On gardait également une louve vivante sur la colline du Capitole, et le grand orateur Cicéron, au milieu du Ier siècle av. J.-C., rapporte dans l'un de ses discours [*Catilinaires*, III, 8-19] que les Romains possédaient une statue de louve avec des jumeaux qui fut frappée par la foudre.

La *Louve du Capitole* fut exécutée dans la période archaïque, probablement en guise de monument public. Cette combinaison de détails anatomiques et d'un intérêt pour les motifs décoratifs se retrouve

1.21 Kouros d'Anavysos, provenant d'Anavysos, près d'Athènes. Grec. Fin VIe siècle av. J.-C. Marbre. Hauteur : 1,94 m. Musée archéologique national, Athènes.

dans un animal de la période classique : une statue de la Chimère, trouvée dans la ville plus septentrionale d'Arezzo (ill. 1.22). Il s'agit de la représentation d'un animal de la mythologie grecque qui avait une tête et un corps de lion, une queue en forme de serpent, et une tête de chèvre au milieu du dos. Il était blessé, comme le montre l'entaille à la gorge de la chèvre. Cet animal composite était traditionnellement femelle, et si féroce qu'il soufflait du feu. D'après le récit de l'épopée grecque d'Homère, l'*Iliade*, un héros de Corinthe nommé Bellérophon tua le monstre. Dans des versions postérieures à Homère, Bellérophon affronta la Chimère sur le cheval ailé Pégase.

L'agressivité féroce de l'animal, avec sa gueule qui gronde et son corps tendu dans l'action, est peut-être encore plus manifeste que dans la louve. Ici

encore, les côtes transparaissent sous la peau, et même les veines du ventre semblent battre sur le corps élancé. La crinière en forme d'artichaut, avec chacune de ses pointes soulignée par des lignes profondément incisées, forme une espèce de cercle d'épines autour de la tête du monstre ; et une rangée de poils lui borde également le dos ; mais cette fois, à la différence de la louve, les touffes sont dressées et projetées dans l'espace comme autant de dents-de-scie. La période classique accordait en effet plus d'importance à la profondeur, que l'époque archaïque où fut exécutée la louve.

L'inscription sur la patte avant droite, écrite à l'envers (de droite à gauche), « tinscvil », signifie « dédié aux dieux » ou « offrande ». La statue était donc une offrande votive à quelque divinité étrusque.

1.22 Chimère blessée, provenant d'Arezzo. Étrusque. Début IVᵉ siècle av. J.-C. Bronze. Hauteur : 80 cm. Museo archeologico, Florence.

1.23 Sarcophage étrusque, provenant de Cerveteri. Fin VIe siècle av. J.-C. Terre cuite. Longueur : 2,06 m. Museo nazionale di Villa Giulia, Rome.

SCULPTURE FUNÉRAIRE

Les Étrusques excellaient dans la représentation non seulement des animaux mais aussi des êtres humains. Ils faisaient déjà des études de têtes humaines sur leurs urnes canopes (voir p. 31) depuis le VIIe siècle av. J.-C. ; puis, à la fin du VIe siècle, en 520 av. J.-C. environ, ils commencèrent à enterrer leurs morts dans des sarcophages en terre cuite. Ils aimaient à placer une effigie du défunt couché sur le couvercle, ce qui leur donnait une autre occasion d'étudier la tête. Les défunts, seuls ou par deux, étaient parfois représentés avec une coupe ou d'autres accessoires. Ces figures placées sur le couvercle des sarcophages sont une invention des Étrusques qui fut ensuite reprise par les Romains. Le sarcophage en terre cuite d'un couple de Cerveteri (ill. 1.23), étendu sur son lit nuptial, en est un exemple étrusque précoce. L'affection qui les unit est bien exprimée par leur position, serrés l'un contre l'autre, et par la manière dont le mari semble envelopper sa femme. On notera le « sourire archaïque » et les motifs de la draperie, deux éléments caractéristiques de la fin du VIe siècle av. J.-C.

Du VIe au milieu du IVe siècle av. J.-C., les représentations des défunts sur les couvercles de sarcophage avaient normalement des traits idéalisés ou généralisés ; mais ensuite la plupart des têtes prirent des traits plus ou moins spécifiques, qui identifiaient

1.24 *Page ci-contre :*
Urne d'Arnth
Velimnas, tombe
des Volumnii,
Pérouse. Étrusque.
150-100 av. J.-C.
Calcaire et stuc.
Hauteur : 1,59 m.

1.25 *À droite :*
Couple étendu
sur un couvercle
de sarcophage,
provenant de
Vulci. Étrusque.
Début IIIᵉ siècle
av. J.-C.
Pierre volcanique.
Longueur : 2,11 m.
Museum of Fine
Arts, Boston,
don de Mr et
Mrs Cornelius C.
Vermeule III.

STATUAIRE

La figure de guerrier grandeur nature ou presque qu'on appelle le *Mars* de Todi (ill. 1.26) est une statue étrusque particulièrement bien conservée de l'ère classique (début IVᵉ siècle av. J.-C.). Il porte une coupe plate sacrificielle, ou *patère*, de la main droite, et s'appuie sur une lance qu'il tenait de sa main gauche.

Ce type est surtout connu grâce aux peintures ornant les vases grecs, mais ici on relève des caractéristiques étrusques. La plus remarquable est

probablement le défunt aux yeux de sa famille et de ses amis. L'urne d'Arnth Velimnas, de la tombe des Volumnii à Pérouse (ill. 1.24), montre un homme aux traits bien individualisés étendu sur sa couche, soutenu par des coussins aux deux extrémités, et tenant une coupe de sa main gauche. Un sarcophage peu ordinaire représente un couple étendu ensemble sous une couverture légère, enlacé sur la couche nuptiale ; le visage de l'homme ressemble à un portrait individualisé, tandis que celui de la femme est plus idéalisé (ill. 1.25). Cette sculpture est une version en pierre, datant du IIIᵉ siècle av. J.-C., du couple archaïque en terre cuite représenté sur le sarcophage de Cerveteri (ill. 1.23).

1.26 *Mars* de Todi.
Étrusque.
Début IVᵉ siècle
av. J.-C. Bronze.
Hauteur : 1,41 m.
Musei Vaticani,
Rome.

l'importance accordée aux motifs décoratifs de sa cuirasse et aux plis de sa tunique. Sa pose relâchée est statique, et le montre debout, et non en train de marcher. Son poids repose avant tout sur la jambe droite, avec la gauche tirée sur le côté. Le sculpteur a traité l'anatomie et la draperie de manière formelle, sans toutefois donner à la statue le genre de vie qu'on trouve habituellement dans l'art étrusque.

PORTRAITS

Dans les portraits, certaines têtes sont idéalisées, comme la tête de garçon, en bronze, de Florence, de la fin du IVe siècle av. J.-C. (ill. 1.27) ; plusieurs détails sont néanmoins individualisés, tel le menton marqué, la lèvre inférieure saillante et les épais sourcils, qui lui donnent beaucoup de caractère. Les portraits étrusques sont souvent très vivants, comme s'ils avaient été inspirés de moulages en plâtre pris

1.27 Tête de garçon. Étrusque. Fin IVe siècle av. J.-C. Bronze. Hauteur : 22,9 cm. Museo archeologico, Florence.

1.28 Portrait étrusque, provenant de Manganello. Ier siècle av. J.-C. Terre cuite. Hauteur : 30,5 cm. Museo nazionale di Villa Giulia, Rome.

sur le visage humain. Un bon exemple en est la tête en terre cuite de Manganello (ill. 1.28), où non seulement les traits physiques sont très naturels, mais évoquent en outre le caractère de l'homme – doux mais résolu. Les cheveux, les yeux et la bouche étaient peints, ce qui lui donnait une apparence encore plus naturelle.

Un autre portrait réaliste, intitulé *Brutus*, est une tête en bronze d'un homme anonyme, de 300 av. J.-C. environ (ill. 1.29). Il semble symboliser les vertus associées aux grands hommes romains : force de caractère, sagacité, intelligence et beauté. On notera en particulier les yeux profonds et pénétrants avec les épais sourcils ; le nez fort, légèrement aquilin ; et la bouche résolue, fine, descendante. La tête, découverte au XVIe siècle, fut bientôt identifiée par les connaisseurs comme Brutus, le célèbre premier consul de Rome et fondateur de la République, qui chassa le dernier tyran, Tarquin le Superbe, de la ville

1.29 *Ci-dessous :* Tête d'un homme barbu, dit « Brutus ». Vers 300 av. J.-C. Bronze. Hauteur : 31,8 cm. Palazzo dei Conservatori, Rome.

1.30 *À droite :* Orateur (portrait d'Aulus Metellus), provenant des environs du lac de Trasimène. Début Iᵉʳ siècle av. J.-C. Bronze. Hauteur : 1,8 m. Museo archeologico, Florence.

en 509 av. J.-C. Bien qu'il n'y ait en réalité aucun lien avec Brutus lui-même, la tête est encore désignée sous ce nom.

Autre exemple de portrait étrusque aux traits naturalistes : une figure d'orateur debout, grandeur nature (ill. 1.30). Les yeux sont creux, car à l'origine il y aurait eu de la coquille et de la pierre, ou de la pâte de verre, insérée dans les trous pour lui donner une expression encore plus vivante. La statue fut trouvée au lac de Trasimène, dans le nord de l'Italie centrale, juste à l'ouest de Pérouse. Comme elle était en bronze, elle n'aurait certainement pas survécu si elle n'avait pas été perdue sous l'eau dans l'Antiquité, car la plupart des statues en bronze ont été fondues au Moyen Âge pour être transformées en pièces de

monnaie, en canons, en panneaux de porte ou en d'autres objets utilitaires.

L'*Orateur* est l'un des meilleurs exemples à révéler un mélange d'influences étrusques et romaines. Nous savons qu'il se considérait comme étrusque, puisque son nom est inscrit sur l'ourlet de sa toge, Aulus Metellus, en écriture étrusque. D'un autre côté, le nom lui-même est romain. Les bottes hautes à lacet, sous la toge courte, sont typiques d'un sénateur romain. Et le visage inquiet, la peau relâchée et la chevelure courte et réaliste semblent trahir une influence romaine. En fait, la statue paraît être la transformation d'un type étrusque hellénistique en quelque chose de plus spécifiquement romain. Au début du Ier siècle av. J.-C., lorsque cette statue fut probablement exécutée, l'intérêt des Romains pour les types réalistes ordinaires avait commencé à s'affirmer. Au reste, la statue pourrait avoir été érigée lorsqu'une ville près de Pérouse reçut le titre de *municipium*, qui établissait un lien politique et social officiel avec Rome.

On a souvent comparé les statues romaines d'hommes politiques à des photographies d'hommes du xxe siècle dans la vie publique, à cause des fortes similitudes. Comme la photographie moderne, elles tendent en effet à souligner les détails particuliers. La statue d'un orateur, avec le bras droit (restauré) levé, s'adressant à la foule sur quelque affaire publique (dans la pose de l'*adlocutio*), pourrait être n'importe quel homme politique moderne, dans un geste soulignant son argumentation.

Chacun des types de sculpture étrusque examinés ici – animaux, sculptures funéraires et portraits – eut une importante influence sur l'art romain. Ce sont de bons exemples de la manière dont les objets étrusques, et les traditions qui leur étaient associées, servirent de modèles aux artistes romains au cours des générations suivantes.

Peinture

Il subsiste très peu de peintures murales provenant d'autres régions du monde antique que l'Égypte, ce qui rend d'autant plus précieuses les peintures murales bien conservées des tombes étrusques de Tarquinia, dans le sud de l'Étrurie. Non seulement elles illustrent les traditions étrusques, et peut-être

en même temps les traditions italiques plus larges d'Italie centrale, mais elles fournissent des exemples, à grande échelle, de certains des mythes et des thèmes qui ne sont préservés, par ailleurs, que dans la littérature ou sur les vases grecs. Les mythes spécifiques sont rares, mais des thèmes comme le banquet, les concours d'athlétisme ou les exécutions musicales sont fréquents. Tous sont certainement liés aux rites funéraires des Étrusques.

L'emprunt de mythes grecs dans les peintures étrusques, et dans leurs petits bronzes et sculptures, est intéressant parce que les Romains ont eux aussi utilisé des mythes grecs du cycle troyen, entre autres, dans leur sculpture funéraire. Comme les Étrusques, les Romains trouvèrent dans le contenu symbolique de ces mythes une riche source de messages liés à la vie des défunts et à l'espérance en la vie dans l'au-delà.

La peinture de la tombe des Taureaux à Tarquinia, qui représente Achille tendant une embuscade au prince troyen Troïlus, à la fontaine (ill. 1.31), donne une idée de l'état des arts graphiques dans la région vers 540 av. J.-C. Le mur du fond de la chambre est divisé en deux panneaux horizontaux rectangulaires. Dans la partie la plus basse se trouvent plusieurs arbres stylisés, dont certains ornés de bandes d'étoffe. La division du mur en plusieurs parties se reflète dans la peinture romaine ultérieure, où les divisions architecturales jouaient un rôle important.

La scène du haut montre Troïlus montant un grand cheval et s'approchant de la fontaine, ombragée par un palmier-dattier. Le corps de la fontaine, en pierre taillée, est surmonté de deux lions accroupis, dont l'un déverse un filet d'eau de sa gueule. Achille, le pied posé sur les marches de la fontaine, apparaît à gauche dans les arbustes. Bien qu'il soit plus bas que Troïlus, sa silhouette en armure est beaucoup plus menaçante. Le peintre a choisi le moment juste avant l'attaque – ce qui lui permet de laisser planer l'incertitude. Le récit est primaire, et les proportions idéales des figures, qui étaient si importantes dans la représentation de cette scène sur les vases grecs, sont ici secondaires.

Si le récit était important du point de vue de la décoration du tombeau, le message symbolique pourrait également avoir joué un rôle dans le choix du sujet. Achille, qui attend à la fontaine, apparaît en héros courageux incarnant l'exploit triomphal, la réflexion, la patience. Peut-être tentait-on de l'assi-

1.31 Achille tendant une embuscade à Troïlus, tombe des Taureaux, Tarquinia. Étrusque. Vers 540 av. J.-C. Peinture murale.

miler au défunt, qui pourrait avoir été, lui aussi, un guerrier. Auquel cas, les connotations implicites du mythe grec auraient facilement pu s'appliquer par extension à la personne enterrée dans ce tombeau.

La technique de peinture est un mélange de silhouettes sombres pour la plupart des personnages, et d'un contour distinct pour le cheval de Troïlus, les lions, et les blocs de pierre de la fontaine. La plupart des arbres sont faits d'une base solide de couleur sombre, avec des feuilles superposées en paires le long des branches. S'il faisait une erreur, l'artiste redessinait simplement la ligne. En général, les dif-

férentes parties du corps sont clairement séparées et plutôt anguleuses, bien que le contour du cheval soit d'une remarquable fluidité.

Les figures sont grandes, par rapport à l'espace disponible, mais le peintre a également réussi à y inclure plusieurs références à la végétation naturelle. On retrouve cette même importance accordée au paysage dans d'autres tombeaux, et ce thème fut exploité avec plus d'enthousiasme dans la tradition italique que dans la grecque. Cet intérêt pour le paysage devint du reste un élément central dans la peinture romaine.

Une autre peinture murale étrusque archaïque, de la fin du VIᵉ siècle av. J.-C., orne la tombe dite de la Chasse et de la Pêche à Tarquinia. Dans ce détail (ill. 1.32), un jeune garçon debout sur un rocher à droite chasse des oiseaux avec sa fronde, tandis qu'un autre garçon pêche de la barque. Dans une autre section (ill. 1.33), un garçon gravit un rocher escarpé tandis que son compagnon plonge du sommet. De petites plantes et des herbes poussent aux bords des rochers.

Le peintre fait preuve d'une exactitude peu ordinaire dans la représentation du garçon avec sa fronde, du pêcheur penché sur le bord de sa barque et du plongeur. On remarquera aussi la petite taille des figures par rapport au paysage, ce qui donne une échelle réaliste. Le sujet, avec des scènes de la vie quotidienne, est vivant et charmant, et semble évoquer une vie de bonheur pour l'occupant de la tombe. Les couleurs vives – rouge, pourpre et vert – pour le paysage et les rochers ne font qu'augmenter la séduction de cette peinture.

L'homme barbu, dans la tombe des Augures (ill. 1.34), représente le dieu étrusque Phersu, esprit infernal qu'on voit ici dans sa fuite. L'impression de

1.32 *Ci-dessous :* Chasse aux oiseaux et pêche, détail de la tombe de la Chasse et de la Pêche, Tarquinia. Étrusque. Fin VIᵉ siècle av. J.-C. Peinture murale.

1.33 *Page ci-contre :* Escalade de rocher et plongeon, détail de la tombe de la Chasse et de la Pêche, Tarquinia. Étrusque. Fin VIᵉ siècle av. J.-C. Peinture murale.

vitesse est soulignée par la jambe gauche levée, tandis que son inquiétude se traduit par la position de sa main et par son regard en arrière. Les arbres, les plantes et les oiseaux stylisés sont autant de caractéristiques de la peinture étrusque.

On retrouve des positions similaires des jambes dans le couple de la tombe des Lionnes à Tarquinia (ill. 1.35), mais ici les figures sont en train de danser, et non de courir. La femme a la peau claire, et porte une robe transparente, tandis que l'homme, nu, a la peau plus mate. Cette distinction entre les couleurs de peau des hommes et des femmes est typique de la peinture antique, que ce soit en Égypte, en Grèce, en Étrurie ou à Rome.

Un détail de la tombe d'Orcus, à Tarquinia, datant du IVe siècle, montre, de profil, la tête d'une belle

1.34 *À gauche :* Figure en fuite, « Phersu », tombe des Augures, Tarquinia. Étrusque. Vers 530 av. J.-C. Peinture murale.

1.35 *Ci-dessous :* Homme et femme dansant, tombe des Lionnes, Tarquinia. Étrusque. Vers 520-510 av. J.-C. Peinture murale.

1.36 *Page ci-contre :* Tête de Velia, tombe d'Orcus, Tarquinia. Étrusque. IVe siècle av. J.-C. Peinture murale.

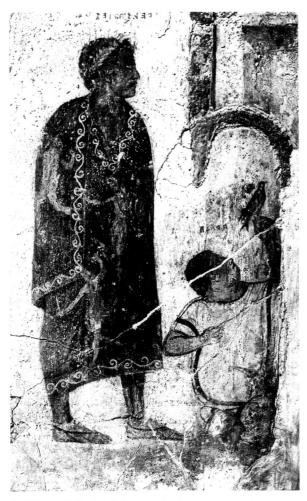

1.37 Portrait de Vel Saties, tombe de François, Vulci. Étrusque. IIIe siècle av. J.-C. Peinture murale. Aujourd'hui à la villa Albani, Rome.

ou de la silhouette du visage et du corps plaisait également aux peintres de l'époque romaine. Ils apprirent cette pratique à la fois des imitations étrusques de modèles grecs et directement des Grecs eux-mêmes.

Un tombeau du IIIe siècle av. J.-C. dans une autre ville étrusque, Vulci, porte le nom du peintre qui l'a découvert, Alessandro François. Le tombeau est à la mémoire d'un certain Vel Saties, représenté ici vêtu d'une longue robe magnifiquement ornée de figures dansantes (ill. 1.37). La petite figure sur la droite est un nain qui l'accompagne, probablement dans le rôle de domestique. Il tient un oiseau en laisse de sa main gauche.

1.38 Typhon, géant aux jambes en forme de serpent, tombe du Typhon, Tarquinia. Étrusque. IIe siècle av. J.-C. Peinture murale.

femme dont le nom, Velia, est peint sur le mur à côté d'elle. Elle porte une couronne de feuilles (ill. 1.36), et des mèches de cheveux pendent librement sur les côtés. Le reste de sa chevelure est tenu sur la nuque par un morceau de tissu. Bien que cette œuvre orne une tombe étrusque, les traits artistiques sont ceux de la Grèce classique, et l'on en trouve de nombreux exemples parallèles provenant du monde grec. Les Romains eux aussi empruntèrent souvent l'idéal de beauté exprimé ici : la ligne droite du front jusqu'au bout du nez, les grands yeux, les lèvres petites mais pleines, le menton ferme et rond, les cheveux tirés sur les côtés avec une raie médiane. Le tracé du contour

La tombe du Typhon, à Tarquinia, pourrait dater du IIᵉ siècle av. J.-C. Des figures ailées avec des jambes en forme de serpent (ill. 1.38), et des créatures féminines, dont le bas du corps est transformé en vrilles de plantes, servent de caryatides (colonnes en forme de figures féminines) qui soutiennent le plafond. Typhon lui-même ressemble à certains des géants représentés sur l'autel de Zeus à Pergame (voir ill. 2.25). De tels motifs réapparaissent dans la peinture romaine comme des détails purement décoratifs.

Bronzes

Les Étrusques offraient souvent à leurs défuntes un miroir en bronze, qu'on trouve en général avec des bijoux dans les tombes. Ces disques étaient polis d'un côté, pour produire le reflet, et souvent ornés d'une scène mythologique gravée sur l'autre face. Ces représentations, qui comportent fréquemment des inscriptions, constituent un fascinant document sur certains récits étrusques et parfois grecs, souvent liés à des activités ou à des divinités féminines.

La représentation d'une femme nue, ne portant que des pendants d'oreilles et un collier, et généralement identifiée à la déesse Lasa, est un sujet typique des miroirs hellénistiques (ill. 1.39). La figure de notre illustration est dessinée avec un outil acéré qui produit une ligne sobre mais expressive. Elle tient un *alabastre* (vase à parfum) de la main gauche et court à côté d'une immense fleur en forme de cloche. Le graveur a bien su utiliser l'espace circulaire, suivant la courbe avec les ailes de la déesse.

Les femmes gardaient leurs miroirs dans une sorte de coffret en bronze qu'on appelait ciste et qui était souvent orné à l'extérieur de motifs gravés et de petites figures servant de poignée sur le couvercle. Un bel exemple en est la ciste Ficoroni (350-300 av. J.-C.), découverte à Préneste par l'homme du même nom (ill. 1.40 et 1.41). Le motif joliment dessiné et taillé entourant le corps du coffret relate un épisode des aventures des Argonautes (marins du navire Argo), venus à terre puiser de l'eau pour leur voyage. Parmi les marins se trouvaient les jumeaux célestes, Castor et Pollux. Un roi local ennemi, Amykos, défia Pollux au combat, sans savoir qu'il affrontait un immortel. Pollux l'emporta, et, avec les autres, il attacha Amykos (qu'on voit au milieu de la scène) à un arbre.

1.39 Miroir étrusque avec gravure de Lasa. IIIᵉ siècle av. J.-C. Bronze, avec manche en os. Hauteur : 29 cm. Diamètre : 16,2 cm. Royal Ontario Museum, Toronto.

Le dessin gravé est signé par l'artiste, Novios Plautios, lequel consignait peut-être en miniature une scène représentant les Argonautes, à peu près contemporaine, peinte par l'artiste grec Kydias. Cette peinture pourrait avoir été exposée à Rome à cette époque, ce qui expliquerait pourquoi l'artiste précise que son œuvre a été faite à Rome. C'est l'un des rares exemples de dessin qui semble avoir été copié de l'original, plutôt que d'une copie de deuxième ou de troisième main.

1.40 *À gauche :* La ciste Ficoroni, provenant de Préneste (Palestrina). 350-300 av. J.-C. Bronze.
Hauteur totale : 76,8 cm ; hauteur de la frise : 22,5 cm.
Museo nazionale di Villa Giulia, Rome.

1.41 *À droite :* Les Argonautes, et le roi Amykos attaché à un arbre, détail de la frise de la ciste Ficoroni.

Rome, les Étrusques et le Latium

Les Romains étaient un peuple fier et arrogant qui aimait à se considérer comme indépendant. Bien qu'ils eussent des origines communes avec les Étrusques, leur langue était différente, et ils n'acceptaient pas l'idée que Rome fût une ville étrusque, préférant la considérer comme une ville latine parmi plusieurs autres, situées pour la plupart au sud et à l'est. Rome faisait partie d'une région appelée le Latium, où l'on parlait le latin. Bien qu'elle ne fût pas aussi riche ni aussi puissante à ses débuts que certaines de ses voisines latines comme Préneste (aujourd'hui Palestrina), l'historien Tite-Live, à la fin de la période républicaine, nous apprend que, dès le VIIIe siècle av. J.-C., un roi nommé Ancus Martius

avait commencé à étendre le territoire et le pouvoir de Rome. À d'autres moments, Rome tomba sous la coupe de rois d'origine étrusque, et ce fut un événement important lorsque les derniers rois étrusques en furent chassés à la fin du VIe siècle av. J.-C.

Durant la période archaïque, Rome était aux confins du monde étrusque, qui consistait en une confédération de douze villes. La culture étrusque était plus prospère à cette époque que la culture romaine. Les villes étaient impressionnantes, et le commerce florissant, alors que Rome commençait tout juste à devenir un centre urbain. Les Romains comblèrent une grande surface et la pavèrent pour en faire un forum, ou place de marché. À mesure qu'ils se mirent à penser à une échelle plus vaste et qu'ils voulurent construire de grands temples, ils furent contraints de faire appel à l'aide et aux compétences des Étrusques.

Mais en dernier ressort, l'art étrusque et l'art romain sont nés de racines semblables. L'un et l'autre appartenaient à une culture italique qui remontait à l'époque villanovienne, et tous deux cherchèrent leur inspiration dans des influences étrangères venues des colonies grecques, d'autres parties du monde grec, ou encore du Proche-Orient. Malgré la différence de langue, de nombreuses coutumes sociales et religieuses des Étrusques passèrent dans le mode de vie romain.

L'histoire et l'archéologie nous permettent de voir le lien étroit entre l'Étrurie et Rome, mais les Romains eux-mêmes préféraient expliquer leurs débuts par des mythes et des légendes où les Troyens et les Latins jouaient un rôle plus important que les Étrusques.

Les origines de Rome

À mesure que Rome s'est développée, on peut supposer que des groupes hétérogènes furent attirés par les possibilités qu'elle offrait. À leur tour, ceux-ci auraient alors contribué aux nombreuses et diverses légendes sur les origines du peuple romain et le rôle des différents rois. Citons un exemple de ces différentes histoires conduisant à la fondation de Rome et aux rivalités, hostilités et alliances parmi les groupes locaux dans le Latium sur les rives du Tibre, en amont et en aval.

Pour Virgile, c'est à Énée, Troyen de sang royal et fils de la déesse Vénus, que revient l'honneur d'être le principal ancêtre du peuple romain. Il quitta Troie avec sa famille et ses dieux ancestraux et gagna le Latium dans une progression apparemment préétablie, passant par Carthage et plusieurs sites en Sicile et en Italie. Le poème épique de Virgile, *L'Énéide*, présente cette histoire comme une aventure historique, chargée de présages pour l'avenir. L'avenir annoncé dans le poème était, bien entendu, le présent pour Virgile, dont le protecteur était Auguste, le nouveau souverain de Rome, qui prétendait descendre de la maison d'Énée.

La progression d'Énée en Italie ne fut pas sans revers, et certaines des alliances qu'il dut nouer avec différents groupes pourraient bien être un moyen d'exprimer les complexités des origines du peuple romain et de la ville de Rome. Il dut apaiser plusieurs voisins avant de pouvoir s'établir à Lavinium, près de la mer, à quelques kilomètres au sud de Rome. Son fils Ascagne fonda ensuite une autre ville, Albe la Longue, qui devint une importante ville latine dans les collines à environ vingt-quatre kilomètres au sud-est de Rome. Énée, Lavinium et Albe la Longue devaient tous jouer un rôle important dans les histoires représentées dans la propagande et l'art romains, de même que dans la littérature romaine.

Une autre légende, non moins importante, relate la fondation de Rome par Romulus et Remus, événement qui eut lieu, selon la tradition, en 753 av. J.-C. L'historien Tite-Live [I, 23, 12] montre que la légende de Romulus est liée à celle d'Énée. Les jumeaux, Romulus et Remus, avaient une mère humaine, Rhea Silvia, qui vivait à Albe la Longue et qui était une descendante directe d'Énée. Le père de Romulus et de Remus n'était autre que le dieu Mars, qui avait possédé la femme par surprise. Leur oncle, le roi, craignant que les garçons ne le renversent un jour, fit jeter les nouveau-nés dans le Tibre ; mais la baisse des eaux fit s'échouer leur corbeille.

Une louve descendue des collines remarqua les enfants sur la rive et les transporta dans sa tanière, où elle les allaita jusqu'à ce qu'un berger de passage les prenne chez lui. Les garçons grandirent parmi les douze enfants du berger, mais brillaient toujours à la tête du groupe. Ils souhaitèrent fonder une ville sur les rives du Tibre et choisirent l'endroit où leur corbeille s'était échouée – au pied du Palatin à Rome. Alors qu'ils s'en disputent la souveraineté, Romulus l'emporte, mais Remus le défie en sautant par-dessus le sillon délimitant la ville future. C'est alors que Romulus tue son frère et devient l'unique souverain.

L'histoire de Romulus et de Remus nous offre, comme aux Romains, un point de départ théorique pour l'histoire de Rome.

Résumé

Les Étrusques eurent une forte incidence sur leurs successeurs politiques de la période archaïque, mais leur influence se conjugua ensuite à plusieurs autres pour façonner le caractère de l'architecture et de l'art romains. Il faut, en réalité, considérer les peuples d'Étrurie et de Rome comme faisant partie de la même tradition italique qui combine des traits grecs et indigènes, et produit un art reflétant toutes ces sources. On peut donc estimer que l'art étrusque et l'art romain avancent de pair, bien qu'ils soient parfois difficiles à démêler.

2
La République romaine
200-27 av. J.-C.

Bien que l'histoire romaine remonte à de nombreux siècles avant Jésus-Christ, il ne subsiste pratiquement rien qu'on puisse qualifier franchement de romain avant le IIe siècle av. J.-C. ; et les objets romains sont très rares avant le Ier siècle av. J.-C. La plupart de nos renseignements pour les siècles précédents nous viennent de sources littéraires. Pline nous parle ainsi d'un célèbre peintre à Rome qui s'appelait Fabius Pictor (Fabius « le Peintre ») et qui vécut aux alentours de 300 av. J.-C. Il peignit des scènes de bataille sur les murs du temple de Salus (la Santé), mais on ne sait pas à quoi ressemblaient ces peintures.

Du Ier siècle av. J.-C., il survit soudain une abondance de matériau qu'on peut considérer comme spécifiquement romain. Lorsque le chef militaire Sulla revint de Grèce à Rome, après le sac d'Athènes, il rapporta avec lui des centaines de statues grecques qui devaient avoir une profonde incidence sur les sculpteurs romains. Le butin de Sulla ne fut cependant pas pour les Romains leur première découverte de la sculpture grecque ; après de précédentes victoires, des objets d'art grec avaient été rapportés de Grèce (Corinthe) et de Grande-Grèce (Syracuse et Tarente) à Rome, où ils avaient servi d'inspiration à maintes statues romaines. D'un

Détail de la mosaïque du Nil, ill. **2.48**.
Sanctuaire de la Fortune, Préneste. Ier siècle av. J.-C.
Museo archeologico nazionale, Palestrina.

autre côté, les Romains savaient prendre ce qu'ils voulaient dans l'art grec et y apposer leur propre empreinte.

Architecture

VILLAS ET MAISONS

De nombreux Romains fortunés vivaient dans de vastes villas à la campagne, à l'époque républicaine. Certaines d'entre elles appartenaient à des propriétaires fonciers qui y vivaient non pour se détendre et se divertir, mais pour cultiver leurs terres et leurs vignes. D'autres étaient de magnifiques ensembles architecturaux ornés de sculptures et de peintures, et parés de jardins élaborés. C'est le cas de la villa des Papyrus près d'Herculanum, ainsi nommée en raison des rouleaux de papyrus trouvés dans son importante bibliothèque. Cette élégante demeure campagnarde fut découverte au XVIIIe siècle, alors qu'on creusait des souterrains, si bien qu'on en a reconstitué les plans (ill. 2.1), alors que l'édifice lui-même restait enterré. Le Getty Museum à Malibu, en Californie (ill. 2.2), est modelé sur cette villa – non seulement les bâtiments eux-mêmes, mais l'agencement des jardins et les nombreuses statues en bronze.

2.1 Villa des Papyrus, Herculanum. Plan, d'après le plan de Weber dessiné au XVIIIe siècle. Seconde moitié du Ier siècle av. J.-C.

Le plan typique de la maison citadine d'un patricien romain (ill. 2.3), bien attesté à Pompéi, montre que la disposition était souvent symétrique. En plus de la porte et des fenêtres ouvertes dans le mur sur rue, il y avait, dans bien des cas, une boutique qui donnait directement sur la rue. Dans l'architecture domestique romaine, on accordait beaucoup plus d'importance à l'espace intérieur et à la décoration qu'à l'apparence extérieure. Le vestibule conduisait à l'*atrium* (ill. 2.4), grand espace avec une ouverture rectangulaire qui permettait de voir le ciel. L'eau de pluie s'écoulait sur le toit, incliné vers l'intérieur, et tombait par cette ouverture dans un petit bassin appelé *impluvium*. Autour de cet atrium se trouvaient de petites pièces qui servaient de chambres à coucher ou de pièces de séjour.

Derrière l'atrium, dans l'axe du vestibule, une pièce plus grande, appelée *tablinum*, était une salle de réception publique. La salle à manger, le *triclinium*, était normalement sur la gauche ou sur la droite. Il était important pour les riches d'avoir de grandes pièces impressionnantes pour recevoir leurs clients ; et, dans les maisons les plus spacieuses, influencées par la tradition grecque, il pouvait aussi y avoir un jardin fermé bordé de colonnes, ou péristyle. De petites chambres supplémentaires *(cubicula)* étaient souvent groupées autour de cet espace. Ce plan ouvert convenait admirablement à un climat chaud et ensoleillé : on avait l'impression d'être en plein air même à l'intérieur de la maison. D'un autre côté, le cœur de la maison, l'atrium, pouvait être à l'abri des vents froids en cas de besoin.

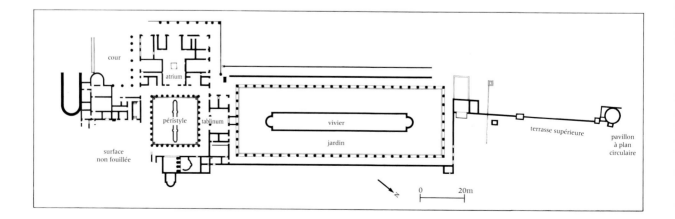

2.2 *Ci-dessus :* Péristyle principal et jardin,
J. Paul Getty Museum, Malibu, Californie.

2.3 *Ci-dessous :* Maison patricienne romaine,
dessin et plan de la reconstitution.

2.4 *Ci-dessous :* Atrium de la maison des Noces d'argent,
Pompéi. Début Iᵉʳ siècle apr. J.-C.

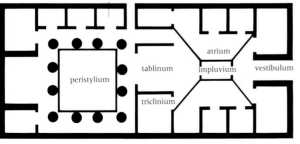

SANCTUAIRES

L'architecture romaine à la fin de la période républicaine témoigne de la part des bâtisseurs d'une remarquable assurance dans l'usage des nouveaux matériaux de construction et l'expérimentation de formes nouvelles. Ils eurent un certain succès en réalisant de grands ensembles religieux à une échelle sans précédent avant leur époque. On appelle sanctuaires de tels ensembles, qui comprenaient souvent non seulement des temples aux dieux ou déesses, mais aussi des lieux ouverts pour le culte, des bois sacrés et même des bâtiments profanes.

La construction du sanctuaire de la Fortune à Préneste a dû commencer vers le milieu du IIᵉ siècle av. J.-C. (ill. 2.5 et 2.6). Il fut construit sur une colline donnant sur les plaines du Latium vers le sud-ouest. (Préneste est le Palestrina moderne – la ville latine à 40 km à l'est de Rome où naquit le compositeur du même nom vers 1525.) L'architecte tira pleinement parti du site, construisant le sanctuaire sur des terrasses voûtées qui offraient des surfaces planes pour les portiques à différents niveaux. Le temple de la Fortune proprement dit, où étaient rendus les oracles, fut découpé dans la roche au sommet de l'édifice. Le plan du sanctuaire était très élaboré et compliqué, mais symétrique, et allait bien au-delà de tous les modèles connus, dans le monde italien comme dans le grec.

Pour créer les terrasses derrière le flanc de la colline, les bâtisseurs utilisèrent une haute infrastructure voûtée qu'on voit ici sur le côté de la maquette. Les rangées de piliers elles-mêmes étaient faites en *opus incertum*, dont étaient souvent revêtues les constructions en béton au IIᵉ siècle av. J.-C. (ill. 2.7). L'intérieur était constitué d'un agglomérat de pierres concassées. Y étaient insérés des morceaux de tuf, roche poreuse locale, en forme de cône, avec la tête du cône, de forme irrégulière, tournée vers l'extérieur. Des blocs de calcaire carrés et plus grands servaient de pierres d'angle.

Une fois que les Romains eurent imaginé d'associer des voûtes et du béton, les possibilités étaient infinies. Le béton était fait de pierres concassées et d'un mortier composé de terre volcanique qu'on appelait pouzzolane. Ce matériau naturel liait les pierres concassées et formait une masse dure, comme le ciment moderne ; ses propriétés expliquent pour une grande part le succès des architectes romains dans le domaine des structures voûtées. Ce matériau permettait en outre aux bâtisseurs de concevoir des constructions moins onéreuses, car ils évitaient ainsi de faire appel à la main-d'œuvre qualifiée que nécessitait l'équarrissage des blocs pour la maçonnerie en pierre de taille. Ils découvrirent également qu'on pouvait créer de grands espaces couverts sans colonnes de soutien en utilisant des voûtes d'arête, et ensuite des dômes. Ce fut une percée technique significative, et la période impériale se donna pour objectif des espaces sans entraves, de plus en plus grands. Pour finir, les Romains purent construire certaines des voûtes les plus spectaculaires jamais faites.

Les fidèles qui gravissaient la colline de Préneste découvraient tour à tour une rampe, un passage étroit, de larges terrasses, des colonnades et des marches, avant d'accéder à la partie la plus sainte, l'*antrum*, creusée dans la roche et dédiée à la déesse Fortuna. Un axe central permettait de monter dans le sanctuaire, et à chaque niveau, en allant vers la gauche ou la droite sur les larges terrasses, on avait des vues spectaculaires à la fois sur le temple et vers la plaine en contrebas. À Préneste, le visiteur devait avoir une impression de révélation. Il ne pouvait embrasser tout l'ensemble architectural d'un seul coup d'œil, mais son regard se déployait à mesure qu'il accédait à chacune des terrasses.

La rampe était un élément inhabituel (ill. 2.7) ; à moitié couverte, elle comportait au centre une rangée de colonnes doriques qui supportaient la toiture. Du fait de l'inclinaison de la rampe, les chapiteaux et les bases de ces colonnes étaient coupés en diagonale. L'emploi de colonnes grecques est un trait particulièrement intéressant, associé aux nouvelles et révolutionnaires techniques de construction en béton évoquées plus haut. Autrement dit, le sanc-

2.5 *Page ci-contre, en haut :* Sanctuaire de la Fortune, Préneste, vue du sud-ouest. IIᵉ siècle av. J.-C. Tuf, béton et calcaire.

2.6 *Page ci-contre, à gauche :* Sanctuaire de la Fortune, Préneste, maquette architecturale vue de l'ouest. Museo archeologico nazionale, Palestrina.

2.7 *Page ci-contre, à droite :* Sanctuaire de la Fortune, Préneste, *opus incertum* à gauche, rampe à droite. IIᵉ siècle av. J.-C.

2.8 Sanctuaire d'Asclépios, Cos, photographie aérienne et plan :
1 Temple d'Asclépios
2 Exèdre
3 Autel
4 Temple ionique (grec)
5 Bâtiment romain (maison du prêtre ?)
6 Temple ionique (romain) pour le culte impérial
7 Maison de réunion ?
8 Fontaine
9 Thermes romains
10 Portail d'entrée

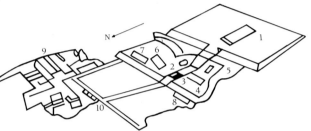

2.9 *Ci-dessous :* Sanctuaire de Jupiter Anxur à Terracine. Vue du promontoire. IIe siècle av. J.-C.

2.10 *Ci-dessous, à droite :* Sanctuaire de Jupiter Anxur, arcs des fondations. IIe siècle av. J.-C. Tuf, béton et calcaire.

tuaire témoigne d'un mélange d'éléments décoratifs grecs traditionnels et de colonnes en pierre taillée d'une part, et d'un autre type de construction, avec un matériau plus flexible, qui devait ouvrir la voie à tout un nouveau mode de construction dans les années à venir.

Le temple d'Asclépios à Cos – une île au large de la Turquie actuelle – est un ensemble hellénistique qui révèle pour une part la même organisation qu'à Préneste. Le sanctuaire grec construit en l'honneur d'Asclépios était une sorte d'hommage à Hippocrate, le grand théoricien de la médecine, lequel était originaire de Cos. Le plan (ill. 2.8) est très symétrique, et l'on voit de nouveau les terrasses avec une montée centrale jusqu'au temple situé au sommet. L'exemple de Cos pourrait être le type d'ensemble architectural qui inspira les architectes romains, mais ceux-ci poussèrent les idées exprimées à Cos encore plus loin. On imagine l'effet dépaysant que le sanctuaire de la Fortune a pu avoir sur les habitants de Préneste et d'autres villes italiques du centre.

Un autre sanctuaire de la même époque est celui de Jupiter Anxur, au-dessus de la ville moderne de Terracine (ill. 2.9), au sud de Rome, le long de l'ancienne voie Appienne. L'infrastructure était soutenue par de hauts arcs reposant sur des piliers carrés (ill. 2.10), et le béton de la voûte était paré de pierres en *opus incertum*, tel qu'on en voit au sanctuaire de la Fortune. Les piliers et les arcs supportaient une plate-forme sur laquelle étaient posés le temple et les édifices qui lui étaient associés. En construisant cette terrasse, l'architecte put créer une plate-forme horizontale sur le promontoire, d'où le sanctuaire offrait une vue panoramique. L'ensemble a été interprété à la fois comme un temple et comme un poste de garnison.

TEMPLES

Le temple romain typique, issu du modèle étrusque, est beaucoup plus conservateur que ces sanctuaires. Le temple de Fortuna Virilis, qu'on appelle maintenant temple de Portunus (ill. 2.11), au centre de Rome, près du Tibre, en est un bon exemple. Construit dans la seconde moitié du IIe siècle av. J.-C., il a beaucoup de traits en commun avec le temple de Véies (voir p. 29). Le haut soubassement, le porche profond et l'accès frontal par des gradins en sont des éléments caractéristiques. On notera également les

colonnes dites engagées, c'est-à-dire des demi-colonnes appliquées à l'extérieur du mur de la *cella*, à la manière de certains temples hellénistiques. La forme générale des colonnes ioniques est également empruntée aux Grecs, de même que l'usage de la pierre pour la construction de la plupart des parties de l'édifice ; mais les proportions hautes et étroites, ainsi que les traits étrusques, en font un édifice vraiment italique.

On trouve ce type de temple romain dans tout l'Empire, surtout dans les nouvelles colonies qui furent construites à l'imitation de Rome. À Cosa, sur la côte, au nord-ouest de Véies, des fondations d'un temple du même type ont été préservées, et, avec l'aide de Vitruve (voir p. 28), on peut en reconstituer la superstructure (ill. 2.12). Avec ses triples sanctuaires ou *cellae*, il fut, semble-t-il, modelé sur le temple de Jupiter qui se dressait encore sur le Capitole à cette époque.

2.11 Temple de Fortuna Virilis, Rome. Fin IIe siècle av. J.-C. Pierre.

Le temple de Cosa fut construit sur l'Arx, ou citadelle rocheuse, et dédié au IIIᵉ ou au IIᵉ siècle av. J.-C. aux trois dieux du Capitole (Jupiter, Junon et Minerve). Le toit débordant était couvert de tuiles en terre cuite peintes de couleurs gaies. Comme les temples étrusques plus anciens, il reposait sur un haut soubassement, avec un accès par l'avant uniquement, et l'on y retrouve les autres traits caractéristiques, tels le porche profond et les murs des *cellae* alignés avec le bord du soubassement. Il fut construit

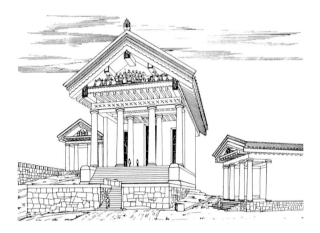

2.12 *Ci-dessus :* Temple de Cosa, sur l'Arx, reconstitution. IIIᵉ ou IIᵉ siècle av. J.-C. Pierre et terre cuite.

2.13 *Ci-dessous : Capitolium*, sur le forum, Ostie. Vers 120-130 apr. J.-C. Brique et pierre.

par des colons romains qui utilisèrent la forme et les techniques de la tradition italico-étrusque.

Ostie, à l'embouchure du Tibre (ill. 2.13), est un autre bon exemple où l'on sent encore l'incidence du site d'origine. La ville, l'une des plus anciennes colonies romaines, conserva tout au long de son histoire le forum allongé qui était caractéristique des premières villes romaines. Le mot forum lui-même désigne un espace ouvert, en plein air, et par extension une place publique où les gens réglaient leurs affaires et faisaient leur marché. Ce fut bientôt le site de prédilection pour les temples importants, en particulier le temple de Jupiter. À Ostie, le *Capitolium* (qui doit son nom au temple de Jupiter sur la colline du Capitole) fut bâti sur un soubassement à l'arrière du long forum symétrique et dominait l'espace au-devant. Bien qu'il manque aujourd'hui les parties supérieures, l'édifice devait ressembler à beaucoup d'autres temples élevés au centre de villes romaines.

Beaucoup d'édifices publics et d'églises en Europe et aux États-Unis ont une façade aux proportions semblables à celles des temples, et les modèles romains furent du reste la principale source d'inspiration pour de grands architectes comme Palladio et sir Christopher Wren, qui à leur tour inspirèrent des Américains comme Thomas Jefferson et Charles Bulfinch. Les bâtiments romains se firent connaître notamment grâce aux eaux-fortes de Piranèse (voir, par exemple, ill. 5.3, 5.8 et 7.2) et aux gravures d'après Robert Adam ; leur publication eut une incidence considérable tant sur l'architecture que sur les arts décoratifs.

2.14 Mur servien. IVᵉ siècle av. J.-C. Tuf. Hauteur d'origine, maximum : 13 m. Hauteur des blocs : 61 cm.

2.15 *Ci-dessous :* Voie Sacrée *(Via Sacra)*, Forum romain. Temple d'Antonin le Pieux et Faustina, à gauche.

Urbanisme

LE MUR SERVIEN

À plusieurs endroits de Rome, il subsiste des vestiges d'un mur d'enceinte qu'on appelle traditionnellement le « mur servien » (du nom du roi romain Servius Tullius), notamment près de la gare de chemin de fer moderne (ill. 2.14). Ce mur entourait la ville, embrassant certaines parties des sept collines de Rome. Construit au IVᵉ siècle av. J.-C., il fut bâti sans mortier, en tuf (pierre volcanique) équarri en blocs. Aux endroits vulnérables sur l'enceinte, un *agger*, ou rempart de terre entassée, renforçait les défenses en pierre.

LE FORUM ROMAIN

Le Forum romain, au pied de la colline du Capitole, a servi pendant tant de siècles qu'on peut presque lire l'histoire de Rome dans ses ruines (ill. 2.16 et 2.17). Autrefois, au VIIIᵉ siècle av. J.-C. au plus tard, de grandes parties servaient de cimetière pour les « hommes des cabanes » qui vivaient sur le Palatin et les autres collines des environs. Mais aux alentours de 600 av. J.-C., on suréleva le niveau du sol en y apportant des quantités massives de terre pour se protéger des inondations, et ce fut alors un espace public réservé au marché et à d'autres activités. En un certain sens, le Forum devint le symbole de la démocratie républicaine, puisque c'est là qu'avaient lieu les activités civiques. Il est certain que la Curie, ou Sénat, s'est toujours trouvée près de l'endroit où se dresse maintenant le bâtiment de la fin du IIIᵉ siècle apr. J.-C., et les Comices, où les citoyens votaient et

où se tenaient les procès, étaient situés dans l'espace ouvert devant la Curie.

Le Forum ne fut jamais construit, même si d'importants bâtiments municipaux bordaient les routes qui le traversaient. Les principales voies ont dû être établies très tôt, et l'une d'elles fut toujours considérée comme la voie Sacrée (ill. 2.15). Certains des premiers sites républicains furent constamment honorés aux époques ultérieures. La Pierre noire (*Lapis niger*, n° 4 sur le plan), fait partie d'un sanctuaire pavé avec un autel, datant peut-être du VIᵉ siècle av. J.-C. Elle était sans doute dédiée à Vulcain, dieu de la forge et des forgerons, et marquait l'endroit où l'on pensait que Romulus avait été tué.

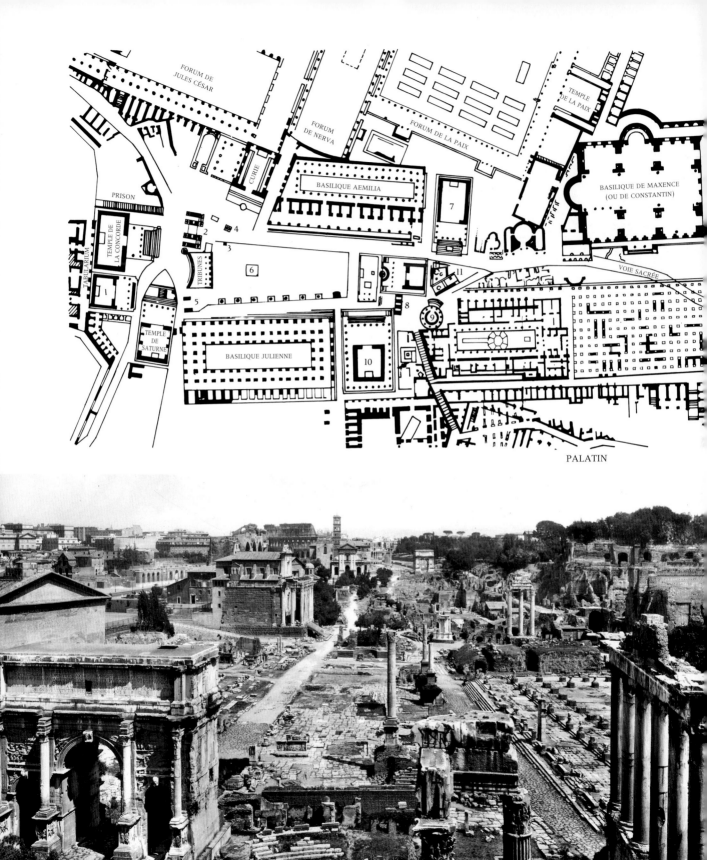

FORUM DE JULES CÉSAR

FORUM DE NERVA

FORUM DE LA PAIX

TEMPLE DE LA PAIX

CURIE

BASILIQUE AEMILIA

BASILIQUE DE MAXENCE (OU DE CONSTANTIN)

PRISON

7

TABULARIUM

TEMPLE DE LA CONCORDE

2   4

3

TRIBUNES

6

5

VOIE SACRÉE

11

8

TEMPLE DE SATURNE

9

BASILIQUE JULIENNE

10

PALATIN

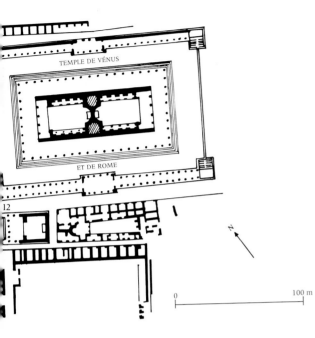

TEMPLE DE VÉNUS

ET DE ROME

12

0   100 m

N

2.16 *À gauche :* Forum romain, plan,
tel qu'il apparaissait au IVe siècle apr. J.-C.
 1 Temple de Vespasien
 2 Arc de Septime Sévère
 3 Socle des Decennalia
 4 Pierre noire *(Lapis niger)*
 5 Arc de Tibère
 6 Marsyas, figuier, olivier et vigne
 7 Temple d'Antonin le Pieux et Faustina
 8 Arc d'Auguste
 9 Temple de Vesta
10 Temple de Castor et Pollux
11 Maison des rois *(Regia)*
12 Arc de Titus

2.17 *Page ci-contre, en bas :* Forum romain,
vue de l'extrémité ouest. Arc de Septime Sévère à gauche.
Arc de Titus et Colisée au loin.

2.18 *Ci-dessous :* Le Forum romain, appelé *campo vaccino*
(pâturage à vaches) au XVIIIe siècle.
Comparer à l'illustration 2.17. Eau-forte de Giovanni
Battista Piranesi, dans *Vues de Rome*, 1775.

La Pierre noire était protégée et considérée comme sacrée, de même que la Regia (n° 11 sur le plan). Le plus ancien témoignage sur l'occupation de ce site est un groupe de cabanes comparables à celles trouvées sur le Palatin, qui semble indiquer qu'il était habité vers le VIIIe siècle av. J.-C. La fondation de la République romaine est traditionnellement datée de 509 av. J.-C., lorsque les Romains, sous la direction de Brutus, chassèrent les rois et instaurèrent une forme première de république. Le bâtiment d'origine qu'on appelle la Regia pourrait avoir été construit à cette époque, sous une forme semblable à celle de l'édifice qui s'y dressait encore sous l'Empire. S'il ressemblait à une maison, il s'agissait sans doute plutôt d'un lieu où les prêtres et les dirigeants célébraient les cérémonies sacrées après la fondation de la République.

Deux grandes basiliques, servant de salles publiques pour les procès civils, entre autres, délimitent les côtés nord et sud du Forum à l'extrémité ouest. L'une, la basilique Aemilia, fut construite au début du IIe siècle av. J.-C., puis restaurée à plusieurs reprises sous l'Antiquité. L'autre, la basilique Julia, fut commencée par Jules César, et construite sur le site d'une basilique plus ancienne. Encore plus grande que la basilique Aemilia, elle avait une double rangée de piliers sur les quatre côtés, et un portique extérieur supplémentaire (voir ill. 6.20, où elle apparaît dans le fond).

Dans ce secteur du Forum, les hommes politiques discouraient en public d'une tribune surélevée qu'on appelle Rostres, parce que le bord de cette tribune aux harangues était orné d'éperons pris aux navires ennemis, et que ces éperons ressemblaient à des becs (*rostra*).

En un sens, il est remarquable que le Forum romain soit aussi bien préservé, compte tenu du fait qu'il se trouve au cœur d'une ville habitée depuis plus de deux mille ans. Pendant longtemps, il fut appelé *campo vaccino* (pâturage à vaches), puisque telle était exactement sa fonction (ill. 2.18). Lorsque les fouilles commencèrent ici au XIXe siècle, un homme visionnaire, Giacomo Boni, eut fort heureusement l'idée de préserver ce vaste espace comme une espèce de parc archéologique. Malgré les tentatives répétées de rénovation urbaine et les prix élevés des terrains à Rome, l'idée de Boni a sauvé le Forum et permis d'en faire un quartier historique au centre de la ville.

Au cours des siècles suivants, le Forum romain continua de recevoir statues et inscriptions dédiées aux empereurs et aux grands dirigeants, ainsi que des arcs commémoratifs et des temples aux dieux et aux empereurs déifiés. Ces monuments encombrèrent à ce point le site que les souverains ultérieurs, à partir de Jules César, furent contraints de construire d'autres forums ; mais le Forum républicain d'origine continua d'être l'un des principaux centres de la vie civique et économique des Romains jusqu'à la fin de l'Empire.

LE CASTRUM

Le *Capitolium*, ou Capitole, et le Forum n'étaient que deux des nombreuses caractéristiques de toute ville romaine de la Méditerranée. À quoi s'ajoutent les plans de ville qui ressemblent à des camps militaires romains. Lorsque l'armée établissait un campement à long terme, ou *castrum*, elle utilisait une disposition standard (ill. 2.19), avec deux artères principales se coupant à angle droit. Les historiens modernes, appliquant les termes topographiques romains à l'urbanisme, ont baptisé l'axe le plus court, nord-sud, *cardo*, et le plus long, est-ouest, *decumanus*. D'autres rues plus étroites étaient parallèles à celles-ci, formant un plan en grille. Un mur de défense rectangulaire était construit autour de tout le camp, comme on peut le voir au camp militaire de Housesteads, près du mur d'Hadrien dans le nord de l'Angleterre, à la frontière nord de l'Empire romain (voir p. 194).

Dans les nombreuses villes romaines qui ressemblent à ces campements, le rectangle d'origine est encore clairement discernable dans le plan agrandi de la ville. À Ostie, par exemple, on voit les fondations des murs de pierre du *castrum* d'origine (ill. 2.20), dont la construction n'est pas sans ressembler au « mur servien » à Rome (ill. 2.14). À mesure que la ville grandissait, les rues se prolongèrent le long de leur axe d'origine, si ce n'est que les deux au sud et à l'ouest se séparèrent en diagonale juste au-delà des murs de fortification. Beaucoup de villes romaines se sont transformées en villes médiévales, et continuent de vivre et de prospérer à l'époque moderne. Parfois, outre le plan en grille au cœur de la ville, le mot *castrum* en reflète lui-même les origines militaires, dans des noms comme Dor*chester* et Lan*caster*.

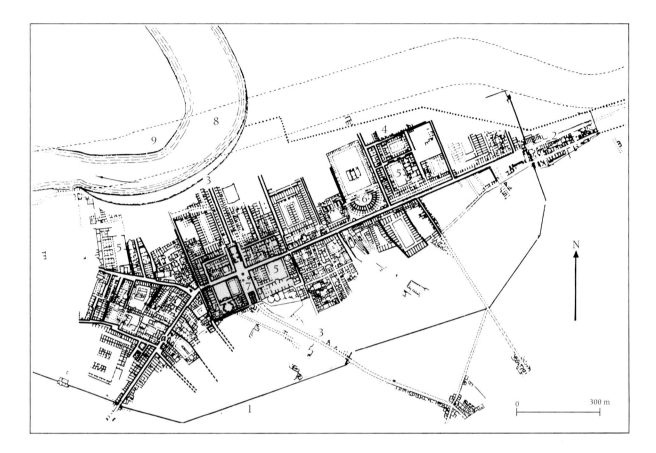

2.19 *Ci-dessus :* Ostie, le port de Rome.
La zone tramée est le *castrum* d'origine.
1 Murs de défense, construits
   vers 80 av. J.-C.
2 *Decumanus maximus*
3 *Cardo*
4 Baraquements des pompiers
5 Thermes
6 Théâtre
7 Forum
8 Cours actuel du Tibre
9 Ancien cours du Tibre

2.20 *À droite : Castrum,* Ostie.
Construit peu après 349 av. J.-C.
Murs en pierre. Superficie : 2,23 ha.

L'empreinte laissée par le *castrum* sur l'urbanisme romain est caractéristique de la manière dont l'art et les formes architecturales qui se sont développés à l'époque républicaine continuèrent d'influencer les créations romaines au cours des siècles suivants. Le format avait été établi, mais, à partir de là, les artistes et les commanditaires ultérieurs partirent dans de nouvelles directions, réagissant à ce qui s'était passé auparavant tout en s'en inspirant.

Sculpture

UN SARCOPHAGE ANCIEN

Nous commencerons notre étude de la sculpture par un sarcophage ancien provenant de Rome, avec une inscription qui ne laisse aucun doute quant à son attribution. Il montre également comment les artistes de la Rome républicaine empruntaient les modèles grecs, mais en changeant la façon d'utiliser les motifs.

Il s'agit du cercueil d'un membre connu de la famille Scipion (ill. 2.21), qu'on peut dater du début du IIe siècle av. J.-C. L'homme s'appelait Lucius Cornelius Scipio, surnommé Barbatus. Il avait en fait vécu plus tôt, mais c'est peu après 200 av. J.-C. que sa famille construisit l'immense tombeau sur l'ancienne voie Appienne, aux abords de Rome, où fut trouvé le sarcophage. On pense que sa dépouille fut alors transférée dans un élégant cercueil neuf.

Ce sarcophage, comme beaucoup d'autres, est en roche volcanique locale, le tuf. Il prend pour modèle un type d'autel grec du sud de l'Italie, où certains détails furent copiés de temples grecs. Les artistes de Rome empruntèrent par la suite quelques-uns des éléments et les réutilisèrent sur des sarcophages romains. On trouve ici un mélange inhabituel de traits provenant des motifs architecturaux de deux types de temples grecs : le temple ionique, d'où viennent les volutes sur le couvercle, et le dorique, source des métopes (avec une rosette au centre) alternant avec les triglyphes (trois traits verticaux qui rappellent les

2.21 Sarcophage de Lucius Cornelius Scipio Barbatus, provenant de sa tombe sur la voie Appienne, près de Rome. Vers 200 av. J.-C. Tuf. Hauteur : 1,4 x 2,77 m. Musei Vaticani, Rome.

2.22 Bataille entre Romains et Macédoniens, détail du monument d'Aemilius Paullus, Delphes. Vers 168 av. J.-C. Frise en marbre.

trois morceaux de bois utilisés dans les temples plus anciens). Une inscription sur le côté loue la carrière et la personnalité de Lucius, double illustration des idéaux de vertu républicains.

SCULPTURE HISTORIQUE EN RELIEF

Les Romains s'intéressaient vivement à la représentation d'événements réels en sculpture. Des reliefs historiques ornaient les édifices publics, tels que temples ou monuments, souvent entourés d'une frise décorative. Parfois, la ligne de partage entre histoire et mythe est floue, et les deux se mêlent souvent. Mais, à la différence des Grecs, qui préféraient raconter l'histoire par analogie avec le mythe, les Romains aimaient à représenter les événements sous forme de relation directe, même si celle-ci était parfois partiale. Il leur arrivait fréquemment aussi de mélanger des figures provenant du monde divin avec des gens ordinaires.

Le plus ancien relief qui puisse vraiment prétendre représenter un événement historique romain est le monument à Aemilius Paullus à Delphes, en Grèce (ill. 2.22). Connaissant la date de la bataille représentée ici et de la visite du général à Delphes, on peut dater le relief de 168 av. J.-C. environ. Bien qu'il soit presque certainement l'œuvre d'un sculpteur grec, il fut dédié à Aemilius Paullus après sa victoire sur les Macédoniens à la bataille de Pydna.

La bataille débuta lorsqu'un cheval sans cavalier se précipita vers l'armée grecque, qui, prise de peur, se lança dans le combat. Le cheval occupe une place de premier plan au centre de cette section du relief. On voit clairement qu'il est sans cavalier, avec son long corps souligné par l'encolure en extension et la tête, vue de dos, complètement tournée. Les détails spécifiques de l'événement sont donc présents dans la sculpture – ce qui est tout à fait étranger au mode de travail des Grecs.

Un relief historique de la fin du IIe siècle ou du début du Ier siècle av. J.-C., provenant probablement du temple de Neptune à Rome (qu'on appelait autrefois l'autel de Domitius Ahenobarbus, ill. 2.23), montre des scènes liées au recensement. L'une d'elles est religieuse, et l'on y voit un taureau, un mouton et un cochon sacrifiés au dieu de la guerre, Mars, qui regarde s'approcher les animaux, debout près de son autel, en tenue militaire. Le nom officiel de ce sacrifice, *suovetaurilia*, regroupe les noms latins des trois animaux : *sus* (cochon), *ovis* (mouton), et *taurus* (taureau). Bien que de nombreuses figures soient représentées, dont le prêtre à la droite de l'autel et, à l'extrême gauche, le scribe qui fait le recensement, chacune est clairement définie, et se détache vivement du fond uni.

L'artiste cherchait la clarté, mais ne sut pas vraiment préserver le sens dramatique ou l'intérêt ; les figures semblent plutôt statiques. Elles sont placées l'une à la suite de l'autre, presque comme dans une bande dessinée, si bien que l'événement se déroule mécaniquement sous nos yeux. C'est un trait caractéristique de la sculpture romaine en relief qui se développa à partir des traditions sculpturales italiques, et qu'on qualifie souvent de courant plébéien dans l'art romain. Cette pièce diffère considérablement d'un relief provenant d'une autre partie du même monument, bien que tous deux soient taillés dans le même type de marbre grec et qu'ils aient les mêmes dimensions globales et la même bordure.

Le second relief (ill. 2.24) est une représentation mythologique de tritons et de néréides (divinités de la mer) aux noces d'Amphitrite et du dieu de la mer, Neptune. Il semble avoir été sculpté par un artiste d'une assurance beaucoup plus ferme, formé au style de l'art grec hellénistique associé à une importante ville d'Asie Mineure appelée Pergame (voir ill. 0.1). Rome et cette ville avaient une relation inhabituelle, car en 133 av. J.-C., Attale III, roi de Pergame, avait légué son royaume à la ville de Rome. Ce legs fut pour Rome d'une grande importance non seulement politique, mais artistique, car ses artistes se tournèrent souvent vers la sculpture pergaménienne pour son inspiration. Le célèbre autel de Zeus à Pergame (ill. 2.25) eut une forte influence sur la sculpture ultérieure, et cette relation apparaît ici dans le relief de Neptune et d'Amphitrite. Les lignes courbes de la composition sont accentuées, et le raccourci est perceptible, par exemple dans le bras gauche et la poitrine de Neptune. La figure ronde du

2.23 *Ci-dessus :* Recensement, relief du temple de Neptune, Rome. Fin IIe siècle ou début Ier siècle av. J.-C. Frise en marbre. Hauteur : 81,3 cm. Louvre, Paris.

2.24 *Ci-contre :* Noces d'Amphitrite et de Neptune, relief du temple de Neptune, Rome. Fin IIe siècle ou début Ier siècle av. J.-C. Frise en marbre. Hauteur : 81,3 cm. Glyptothek, Munich.

2.25 *À droite :* Géants à jambes en forme de serpent, détail de l'autel de Zeus, Pergame. Vers 180 av. J.-C. Marbre. Hauteur de la frise : 2,31 m. Staatliche Museen, Berlin.

triton soufflant dans son cor en forme de coquillage et ses épaisses jambes enroulées en forme de serpent sont empruntées ici à l'autel de Pergame. En outre, Amphitrite et Neptune sont tous deux des descendants de figures grecques remontant au Ve siècle av. J.-C.

Il semble que le relief de Neptune et d'Amphitrite, de style grec, ait eu pour pendant un second relief, de style romain, décrivant le recensement. On a de bonnes raisons de penser que le relief de style grec fut sculpté en premier, puis découpé pour s'adapter à la taille du soubassement. On n'imagine guère, sur un monument unique, deux démarches aussi différentes que ce qu'on trouve dans les reliefs du temple de Neptune ; en revanche, les mélanges de style ne sont pas rares dans l'art romain, et les différents sujets exigeaient différents modes de représentation. Ainsi, les dieux sont représentés dans le style grec, tandis que le sujet du recensement, plus terre à terre, est sculpté dans la tradition italique.

PORTRAITS

Réalisme La tradition du portrait, déjà solidement établie en Italie, se perpétua chez les artistes romains du Iᵉʳ siècle av. J.-C. Leurs commanditaires aimaient le réalisme avec lequel l'artiste représentait jusqu'au moindre détail de la peau, y compris les verrues et les rides. Ce goût du détail s'alliait à un intérêt pour l'ossature et la musculature. Ce sont peut-être des artistes grecs itinérants qui, les premiers, firent des têtes en marbre de ce genre pour les Romains, surtout pour les patriciens, principaux commanditaires d'œuvres de ce style. Car ce sont les Grecs qui avaient développé les plus grandes compétences dans la sculpture de têtes en marbre, tandis que les Romains avaient l'habitude de travailler la terre cuite. C'est seulement sous Auguste, lorsque se développèrent les carrières de marbre de Carrare, que les sculpteurs romains commencèrent à acquérir davantage d'expérience dans l'emploi de ce nouveau matériau.

Par ailleurs, le réalisme est né d'une ancienne coutume italique, remontant au moins au IIᵉ siècle av. J.-C., et qui consistait à vénérer des masques représentant les aïeux. Même si ces masques, ou parfois ces bustes, n'étaient pas particulièrement individualisés, ils rappelaient du moins une personne spécifique et avaient établi ce principe. Les gens des classes supérieures défilaient avec ce genre de masques aux obsèques d'un parent, saluant ainsi la mémoire non seulement de ceux qui venaient de disparaître, mais aussi de tous ceux qui étaient partis avant eux.

Une statue du Iᵉʳ siècle apr. J.-C. représente un homme portant deux bustes de type républicain à une cérémonie funéraire (ill. 2.26). Il s'agit d'une copie d'une statue plus ancienne, et elle nous fournit un précieux témoignage visuel sur ce qu'on ne connaîtrait par ailleurs que grâce à des sources littéraires. La description donnée par Polybe, historien grec du IIᵉ siècle av. J.-C., explique cette cérémonie :

« Le portrait [du défunt] est un masque ouvragé où la plus grande attention a été accordée à la préservation de la ressemblance, tant pour la forme que pour le contour. Exposant ces portraits aux sacrifices publics, ils les honorent dans un esprit d'émulation,

2.26 Patricien portant deux têtes. Iᵉʳ siècle apr. J.-C. Marbre. Hauteur : 1,65 m. Palazzo dei Conservatori, Rome.

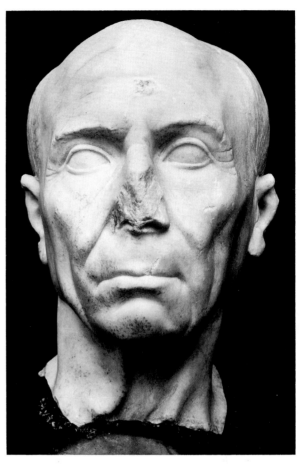

2.27 Portrait d'homme de l'époque républicaine, provenant du temple de Jules César, Minturnae. Milieu Ier siècle av. J.-C. Marbre. Hauteur : 20 cm env. University Museum, University of Pennsylvania, Philadelphie, Pennsylvanie.

2.28 Portrait d'homme de l'époque républicaine. Copie plus tardive d'un original de 30 av. J.-C. env. Marbre. Hauteur : 33 cm. Museum of Art, Rhode Island School of Design, Providence, Rhode Island.

et lorsqu'un membre important de la famille vient à disparaître, ils les portent dans le cortège funèbre, les posant sur ceux qui ressemblent le plus [au défunt] en taille et en corpulence. »
[Polybe VI, 53.]

Le type de tête qu'on qualifie souvent simplement de « portrait républicain » se caractérise par un réalisme marqué, qui sacrifie tout idéalisme. Certains représentaient des hommes d'âge mûr (ill. 2.27), mais le sujet le plus fréquent était un homme plus âgé (ill. 2.28) – un citoyen de premier plan qui avait gravi l'échelle politique. Les rides du front et le long de la ligne des narines au menton sont caractéristiques, de même que l'ossature proéminente des arcades sourcilières, des joues et du menton. La musculature des joues et la surface de la peau du visage et du cou sont également bien définies, encore que certains de ces traits semblent être devenus, en partie, une affaire de convention. Tout en soulignant ces traits physiques, l'artiste réussit également à traduire la sagesse et l'expérience qui se reflètent dans le regard intelligent. Des têtes telles que celle-ci semblent résumer l'admiration et le respect des Romains pour leurs dirigeants et leurs hommes d'État.

Reliefs funéraires Dans la seconde moitié du Iᵉʳ siècle av. J.-C., au moment où la République arrivait à son terme et qu'Auguste établissait son empire, un type de relief sculpté se développa qui était réservé à une classe sociale spécifique. À cette époque, il était en effet d'usage pour les affranchis (esclaves rendus libres par leurs propriétaires) de commander une dalle en marbre avec un portrait grandeur nature destiné à être inséré sur le mur de leur tombeau. Ces tombeaux bordaient les routes aux abords des villes romaines. La tête et le buste du défunt étaient sculptés en relief à l'intérieur d'un cadre rectangulaire ; on le représentait soit seul, soit avec d'autres membres de la famille, ou, dans certains cas, avec l'ancien propriétaire de l'esclave.

Dans l'exemple de l'illustration 2.29, le relief du début du règne d'Auguste représente une femme, sur la gauche, et deux hommes ; l'inscription nous apprend qu'il fut sculpté selon les dispositions du testament des membres de la famille Gessius. On y voit non seulement les épaules avec une draperie, mais aussi une ou deux mains de chaque personnage. Chacun a une expression grave et regarde droit devant soi. Ces portraits sont liés aux têtes sculptées républicaines, en ceci que l'artiste s'est efforcé d'être réaliste, et a souligné des détails individuels tels que rides et imperfections. D'un autre côté, ces têtes ont également un air générique. On n'a pas tenté d'associer les morts à des héros politiques ou mythologiques ; au lieu de quoi ils nous regardent avec une expression ordinaire, comme dans la vie réelle, et il n'est pas difficile d'imaginer ce à quoi ressemblaient ces gens.

2.29 *Ci-dessus :* Relief tombal républicain de la famille Gessius. 30-13 av. J.-C. Marbre. Hauteur : 66,5 cm ; longueur : 2,06 m. Museum of Fine Arts, Boston, Archibald Cary Coolidge Fund.

2.30 *À droite :* Denier de Jules César. 44 av. J.-C. Pièce d'argent. 1,9 cm env. British Museum, Londres.

Grands hommes Bien que le sujet de nombreux portraits romains soit difficile à préciser, on sait que certains sont des citoyens célèbres qu'on peut identifier en toute certitude grâce à des comparaisons avec les effigies ornant les pièces de monnaie, où le nom est donné. La tête de Jules César, premier Romain à faire figurer son portrait sur une pièce de son vivant (ill. 2.30), en est un exemple. Son cou long et mince, ses traits acérés (notamment le nez pointu et le menton fort), et ses yeux perçants laissent deviner pourquoi il avait un tel impact sur tous ceux qui le connaissaient. César était un homme remarquable : un génie militaire et un homme d'État aux vastes talents, qui lui valurent les fonctions de dictateur à une époque particulièrement agitée. Il réforma également le calendrier et le système juridique, et répandit le droit romain bien au-delà des frontières de l'Italie. Le nom de César survit dans les mots *tsar* et *Kaiser*.

À la suite d'une crise constitutionnelle, lorsque le Sénat refusa les exigences de trois hommes politiques influents, ceux-ci conclurent un contrat privé qui était en fait, pour l'essentiel, un coup de force. En 60 av. J.-C., ils décidèrent en effet de former ce qu'on appelle le « premier triumvirat » et de partager le pouvoir. Les trois hommes étaient César, Crassus, qui avait amassé une grande fortune, et Pompée, important général de l'armée. Le portrait de Pompée (ill. 2.31) révèle un visage large et lourd, avec de petits yeux myopes qui regardent de sous les plis de la chair. C'est ici un exemple d'une identification confirmée par une pièce de monnaie (ill. 2.32). La tête, bien que réaliste, est plus une étude de caractère que le portrait naturaliste d'un homme (ill. 2.28), et se rattache à un groupe de portraits qui tendent à attribuer des qualités héroïques au modèle. En fait, nous savons,

2.33 Portrait d'Alexandre le Grand, provenant de Pergame. 200-150 av. J.-C. Marbre. Hauteur : 40,6 cm. Istanbul Arkeoloji Müzeleri, Istanbul.

grâce à un auteur grec de la période romaine, Plutarque, que Pompée cherchait à imiter Alexandre le Grand (ill. 2.33), renommé pour sa crinière de cheveux. Ici, les mèches de Pompée sont coiffées de la même manière au-dessus de son front, sans doute dans l'espoir que le spectateur l'associe à ce grand chef qui avait réussi à conduire ses armées vers l'est. La statue pourrait être une copie de celle qui se trouvait à Rome dans le théâtre de Pompée, où Jules César fut assassiné ; on dit qu'il tomba aux pieds de la figure de Pompée.

La tête de Pompée est en fait une copie faite au Ier siècle apr. J.-C. d'un original datant du milieu du Ier siècle av. J.-C. Les Romains plus tardifs avaient pour habitude de copier les statues antérieures, et avaient mis au point un moyen efficace pour

2.31 *Ci-dessus :* Portrait de Pompée. Copie du Ier siècle apr. J.-C. d'un original de 55 av. J.-C. env. Marbre. Hauteur : 24,8 cm. Ny Carlsberg Glyptotek, Copenhague.

2.32 *À droite :* Denier de Pompée. 46 av. J.-C. Pièce d'argent. 1,9 cm env. British Museum, Londres.

reproduire un original avec une méthode appelée « mise au point ». L'artiste prenait des mesures à partir de points fixés sur une grille de fils, pour obtenir la profondeur de tel ou tel détail du modèle, et perçait ensuite à la profondeur requise sur un nouveau bloc de marbre, conservant ainsi les dimensions et les proportions. La taille et la finition, confiées à un artisan habile, permettaient d'obtenir une copie étonnamment proche de l'original.

Les Romains avaient établi une colonie sur l'île grecque de Délos peu avant le milieu du IIᵉ siècle av. J.-C. Ce fut un centre prospère de commerce d'esclaves jusqu'à la dévastation causée par la révolte d'un ambitieux roi d'Asie Mineure, Mithridate VI du Pont, en 88 av. J.-C. Au cours de cette période, de

2.34 Portrait provenant de Délos. Grec. Vers 100 av. J.-C. Bronze. Hauteur : 33 cm. Musée archéologique national, Athènes.

2.35 Denier du second triumvirat, montrant Marc Antoine et Octave (Auguste). 41 av. J.-C. Pièce d'argent. 1,9 cm env. Cornell University Collection, Ithaca, New York

nombreux artistes grecs de l'île travaillaient pour des commanditaires romains.

Une comparaison de la tête de Pompée avec un portrait en bronze de Délos (ill. 2.34) fait apparaître des différences notables. La tête grecque est un peu plus ancienne que celle de Pompée, et pourrait dater de 100 av. J.-C. environ. L'artiste grec avait également affaire à un homme bien en chair, mais plus jeune que Pompée. Le portrait de Délos est typique de la fusion des exigences de naturalisme des Romains en matière de portrait et de la tendance grecque hellénistique à représenter jusqu'aux citoyens ordinaires en héros. Tout en s'efforçant d'être réaliste, l'artiste a donné une torsion à la tête, à la fois par la position du cou et par la direction des yeux, et s'est permis d'interpréter davantage les traits. Ils apparaissent donc moins comme un catalogue naturaliste, et plus comme une étude de la personnalité de l'homme, laissant deviner une dimension héroïque.

Le premier triumvirat s'effondra après la mort de Crassus en 53 av. J.-C., et la guerre civile éclata lorsque César fit franchir à son armée le Rubicon, un fleuve du nord de l'Italie. Après plusieurs années de combat et d'instabilité, Marc Antoine, Lépide et Octave (futur Auguste) formèrent un second triumvirat, et leur pouvoir absolu, pour une période de cinq ans, fut confirmé par une loi en 43 av. J.-C. Une pièce à l'effigie d'Antoine d'un côté et d'Octave de l'autre (ill. 2.35) commémora cet événement, avec une inscription qui y fait référence, *tresviri rei publicae constituendae*, « triumvirs pour la constitution de la République ». Les trois hommes avaient en effet pour dessein de rétablir la confiance dans le bon fonctionnement de la vie politique. Même à une aussi petite échelle, et utilisant une stricte vue de profil, le graveur de la pièce sut donner vie et individualité à ces deux têtes.

Peintures murales

Des peintures murales ornaient à la fois les demeures des Romains et (comme chez les Étrusques) leurs tombeaux. On peut retracer l'évolution de la peinture romaine et de la mosaïque, au fil des siècles, de l'époque républicaine jusqu'à la fin de l'Empire.

UN TOMBEAU ANCIEN

Le plus ancien fragment romain qui subsiste est une peinture provenant d'un tombeau sur l'Esquilin (ill. 2.36) et préservant une forme primitive de peinture historique. La date de l'œuvre est incertaine, mais elle est sans doute antérieure au Ier siècle av. J.-C.

2.36 Rencontre des chefs Fannius et Fabius, provenant d'une tombe sur l'Esquilin, Rome. IIe siècle av. J.-C. ? Peinture murale. Palazzo dei Conservatori, Rome.

2.37 Maison de Salluste, Pompéi. IIe siècle av. J.-C. Peinture murale.

Il est intéressant de noter qu'on décèle déjà ici le goût des Romains pour la division du sujet en registres, ou bandes horizontales. On en compte quatre ici. En haut, seules les jambes d'un homme subsistent. En dessous, on voit à gauche le mur crénelé d'une ville, et deux figures, l'une tenant une lance à la main, qui se rencontrent. Leurs noms sont tous deux marqués, Fannius et Fabius, et répétés de manière plus lisible dans le registre suivant, où les deux hommes s'apprêtent à se serrer la main tandis qu'un groupe de soldats regarde de la droite. Dans la section inférieure, il reste des traces d'une scène de bataille. Que signifie tout cela ? L'une des deux personnes présentes ici est sans doute Fabius, un important général lors des guerres samnites de la fin du IVe siècle av. J.-C. La peinture semble dépeindre une bataille à laquelle l'un des chefs ou tous deux prirent part, et peut-être la rencontre où fut signé le traité.

La peinture est une description très directe, et nous donne une idée de ces scènes historiques et peintures de bataille qui devaient être nombreuses au début de l'époque romaine. C'est également un exemple de peinture dans la veine italique, ou style plébéien, que nous avons déjà observée dans la sculpture en relief. Bien que la pièce n'ait rien d'exceptionnel, elle est précieuse en ce qu'elle constitue le plus ancien fragment qui subsiste de peinture murale romaine, où de surcroît, l'intérêt des Romains pour l'histoire est déjà clairement présent.

MURS DE MAISON

La plupart des peintures qui subsistent de l'ère romaine furent trouvées à Pompéi et à Herculanum, ainsi que dans d'autres villes de la baie de Naples, car ces villes et les établissements environnants furent ensevelis et préservés par l'éruption catastrophique du Vésuve en 79 apr. J.-C. Les cendres, les *lapilli* (particules de pierre) et la boue qui s'infiltrèrent dans les maisons et couvrirent les rues conservèrent non seulement les peintures murales, mais aussi beaucoup d'objets domestiques et décoratifs, ainsi que des matières organiques. Lorsqu'elles furent dévoilées pour la première

2.39 *Page ci-contre* : Paon et masque de théâtre devant une vue avec des colonnes, villa d'Oplontis, Torre Annunziata, près de Pompéi. Ier siècle av. J.-C. Peinture murale.

2.38 Maison des Griffons, de la chambre à coucher d'une maison sur le Palatin, Rome. 100-50 av. J.-C. Peinture murale. Antiquario del Palatino, Rome.

fois, les peintures avaient des couleurs vives, comme si elles venaient d'être peintes ; au fil du temps, avec l'oxydation, les intempéries et la pollution, certaines ont perdu de leur éclat, mais d'autres ont été bien protégées des éléments.

On avait pris l'habitude au XVIIIe siècle d'enlever les grandes peintures murales de leur support pour les installer dans les palais et musées des rois, qui les considéraient comme des possessions personnelles. Beaucoup sont maintenant entrées dans les collections publiques italiennes, en particulier au Musée national de Naples. Certaines sont néanmoins préservées sur place, et l'on perçoit mieux ainsi les scènes individuelles dans leur cadre architectural.

QUATRE STYLES POMPÉIENS

Un historien nommé August Mau a divisé la peinture romaine de Pompéi, jusqu'à la destruction en 79 apr. J.-C., en quatre styles différents. Cette division se fondait sur des différences fondamentales

2.40 *Ci-dessous :* Chambre à coucher d'une villa à Boscoreale, près de Pompéi. Milieu Ier siècle av. J.-C. Peintures murales. Metropolitan Museum of Art, New York, Rogers Fund.

2.41 *Page ci-contre :* Chambre à coucher d'une villa à Boscoreale, près de Pompéi, détail avec rochers, oiseaux et jardin. Milieu Ier siècle av. J.-C. Peinture murale. Metropolitan Museum of Art, New York, Rogers Fund.

dans la manière dont l'artiste traitait le mur et l'espace peint. Les deux premiers styles virent le jour à l'époque républicaine, issus des peintures murales grecques, tandis que le troisième et le quatrième marquent l'époque impériale (voir ci-dessous, p. 112, 133 et 155). Bien qu'aujourd'hui l'on conteste parfois cette division et que certains éléments des styles plus anciens ne soient pas entièrement abandonnés dans les suivants, elle reste un moyen utile pour observer les différences dans la peinture murale romaine.

Le premier style pompéien Au IIe siècle av. J.-C., la décoration domestique la plus courante était très simple, consistant essentiellement en imitations de marbre de couleur. Pline nous décrit les somptueux marbres importés de certaines grandioses villas romaines [*Histoire naturelle*, XXXVI, 48-50] ; ce sont eux qui ont dû servir de modèles pour les murs où le plâtre était peint à l'imitation de blocs ou de panneaux de pierre de couleur. Un propriétaire qui n'avait pas les moyens de s'offrir du marbre véritable pouvait ainsi commander une version peinte. Le plâtre servait à la fois à souligner la division des blocs peints et à faire la corniche tridimensionnelle – la bordure horizontale en haut. La maison de Salluste à Pompéi en est un exemple, où l'on voit à quel point ce genre de peinture pouvait être architectural (ill. 2.37). C'est ce type de peinture qu'on appelle le premier style pompéien.

Le deuxième style pompéien Le deuxième style pompéien émergea à Pompéi même peu après 80 av. J.-C., encore qu'on en ait trouvé un exemple de quelques années plus ancien à Rome. Ce style conservait des traces du premier, en particulier dans le fait qu'une partie du mur était souvent encore peinte de panneaux marbrés comme ceux de la maison de Salluste ; le plan d'ensemble changea cependant en ceci que des objets tridimensionnels, surtout des éléments architecturaux telles des colonnes ou des corniches, étaient peints de manière réaliste plutôt que moulés en plâtre.

2.42 *Ci-contre :* Chambre à coucher d'une villa à Boscoreale, près de Pompéi, vue architecturale. Milieu Ier siècle av. J.-C. Peinture murale. Metropolitan Museum of Art, New York, Rogers Fund.

L'un des premiers exemples du deuxième style est la maison des Griffons (ill. 2.38), située sur le Palatin à Rome, où vivaient beaucoup de citoyens de premier plan sous la République. La dimension plane du mur est accentuée par certains des grands panneaux centraux, qui sont peints en rouge uni ; d'autres panneaux ont au contraire des motifs marbrés qui donnent l'illusion d'une surface tridimensionnelle. L'illusion des colonnes est obtenue au moyen d'ombres peintes, comme si elles avaient du volume et se dressaient devant le mur. La décoration figurative n'était pas encore admise.

La villa d'Oplontis offre un autre exemple superbe qui tire parti des colonnes pour donner une impression d'espace. Construite au Ier siècle av. J.-C., elle appartint par la suite à Poppée, l'épouse de l'empereur Néron. Découverte récemment, elle a considérablement augmenté le répertoire de peintures romaines que nous connaissons, dont beaucoup se rattachent au deuxième style. Dans un détail (ill. 2.39), un paon est assis sur un rebord, près d'un masque de théâtre, devant une rangée de colonnes en perspective avec des ombres réalistes. On remarquera que la dimension plane du mur est estompée, et que l'ensemble semble être une vue, par-dessus la bordure, vers un espace distant.

De nombreuses peintures provenant de Pompéi et d'Herculanum, détachées de leurs murs d'origine, sont maintenant conservées dans les musées d'autres régions du monde. Les murs de toute une pièce restaurée comme chambre à coucher, dans une villa ayant appartenu à un certain P. Fannius Synistor à Boscoreale, près de Pompéi, ont été installés au Metropolitan Museum de New York (ill. 2.40). Le peintre, au milieu du Ier siècle av. J.-C., a traité le mur comme s'il s'agissait d'une série de fenêtres donnant sur l'extérieur. Les vues semblent nier la surface du mur, lorsqu'on regarde derrière un rebord étroit ponctué de colonnes peintes, avec des ombres et des rehauts qui soulignent l'effet tridimensionnel, et orné de délicats motifs floraux. La scène avec des rochers, des oiseaux à une fontaine, des vignes et une tonnelle (ill. 2.41) est peut-être une imitation de la vue qu'on avait effectivement par la fenêtre véritable qui jouxte la peinture.

Cette alternance entre réalité et illusion est également sous-entendue dans la scène ornant le mur latéral où, derrière un portail peint, l'on découvre une quantité stupéfiante de balcons, de colonnades en perspective, de fenêtres et de cours (ill. 2.42). Dans ce détail, on voit que l'artiste n'a pas utilisé un point de fuite unique pour la perspective, et qu'il la modifie plutôt d'une section de l'architecture à l'autre. On a ainsi l'impression de regarder d'au-dessus le petit toit carré sur la gauche, et d'au-dessous le balcon à sa droite, et chacun de ces deux éléments a sa propre perspective.

L'un des exemples du deuxième style pompéien les plus connus, du fait de l'étonnante habileté de l'artiste, est la villa des Mystères (ill. 2.43), située juste à l'extérieur des limites de la ville de Pompéi. Ici, dans l'une des pièces, le mur du fond est à nou-veau peint en rouge « pompéien » vif ; mais des pilastres plats, peints, plutôt que des colonnes, divi-sent l'espace. Des figures grandeur nature sont debout et se déplacent sur une étroite corniche peinte devant le mur du fond, si bien qu'elles semblent exis-ter dans un espace réel. Ce pourrait être un exemple d'une version romaine de la *mégalographie* grecque (peinture de figures à grande échelle).

Le sujet figuratif, qui est une nouveauté, semble représenter une sorte de rite de passage dans une reli-gion à mystères, celle du dieu Bacchus. Lui-même est représenté dans une partie de la peinture avec plu-sieurs des figures qui l'accompagnent d'ordinaire, telles que Silène et des satyres. L'événement représenté semble être la flagellation initiatique de jeunes filles. Dans la partie qu'on voit ici (ill. 2.44), une jeune fille à moitié nue se blottit sur les genoux d'une autre femme, peut-être sa mère, pour subir un rituel de fla-gellation. Sur la droite, deux autres femmes. L'une est nue et danse avec des cymbales, tandis qu'une dra-perie flotte de son épaule ; il s'agit d'une ménade, l'une des compagnes exaltées de Bacchus. L'autre est une

2.43 Culte initiatique bacchique, villa des Mystères, Pompéi. Milieu Ier siècle av. J.-C. Peinture murale.

2.44 Rite initiatique dans la villa des Mystères, Pompéi. Milieu Iᵉʳ siècle av. J.-C. Peinture murale.

femme entièrement vêtue qui semble découvrir la scène en passant. Les études des visages et des corps humains, de la draperie et de l'action dramatique sont particulièrement bien dessinées, et laissent à penser que c'est l'un des meilleurs artistes de l'époque qui peignit ces murs pour la maîtresse de maison.

Une autre importante série de peintures, les paysages de *L'Odyssée*, fut trouvée au milieu du XIXᵉ siècle dans une maison sur l'Esquilin à Rome. Comme d'autres peintures du deuxième style, elles comportent une série de piliers peints devant le sujet principal. Celui-ci est un paysage continu peuplé de figures de *L'Odyssée* d'Homère. Les récits sont empruntés aux livres X et XI, avec l'arrivée d'Ulysse aux Enfers, sa visite à Circé, et ses rencontres avec les Lestrygons, peuple de géants cannibales.

2.45 Les Lestrygons attaquent Ulysse et son équipage, un des paysages de *L'Odyssée* trouvés dans une maison à Rome. Milieu Ier siècle av. J.-C. Peinture murale. Hauteur de la frise : 1,52 m. Musei Vaticani, Rome.

Dans ce détail (ill. 2.45), les Lestrygons lancent des pierres et des bâtons sur Ulysse et son équipage à bord de leurs navires. Les hommes eux-mêmes, de petites proportions par rapport au paysage, sont peints par touches rapides et sûres, tandis que le paysage est d'une facture esquissée, impressionniste. Les arbres semblent se balancer dans la brise, et les hommes se déplacent avec aisance dans un espace clairement suggéré, sinon précisément défini. L'artiste a utilisé un procédé de coloriste – la perspective atmosphérique – pour accentuer l'impression de distance. Les parties les plus éloignées, peintes d'une couleur pâle, produisent l'effet d'optique réaliste de l'intensité qui s'estompe sous l'effet des particules de l'air. Les bleus et les verts paraissent brumeux dans le lointain, tandis que les objets plus proches sont d'une nuance plus foncée de la même couleur ou d'une couleur semblable.

On pense que les paysages de *L'Odyssée* seraient une adaptation romaine d'un cycle antérieur sur le même thème dû à un artiste hellénistique, car les inscriptions donnant le nom de certaines figures sont en grec. La contribution romaine tient surtout à la manière dont ces scènes sont encadrées par des colonnes ou des pilastres, donnant au spectateur l'impression qu'il regarde l'architecture ou le paysage par une ouverture. Avec cette illusion d'une ouverture dans le mur, le peintre romain atténue l'impression d'espace fermé, conférant ainsi une vitalité rafraîchissante à l'intérieur de la pièce.

2.46 *Page ci-contre, en haut :* Bataille d'Alexandre le Grand contre le roi perse Darius. Ier siècle av. J.-C. Mosaïque romaine, copie d'une peinture de Philoxenos, 300 av. J.-C. env. Hauteur : 2,7 m ; largeur : 5,2 m. Museo archeologico nazionale, Naples.

2.47 *Page ci-contre, en bas :* Le roi Darius fuit devant les Grecs, détail de la mosaïque d'Alexandre.

Mosaïques

Les Romains aimaient à décorer leurs maisons et leurs édifices publics non seulement de peintures, mais aussi de mosaïques couvertes soit de motifs décoratifs, soit de sujets figuratifs. Les mosaïques étaient faites de *tesselles* (petites pierres, avec parfois des morceaux de verre) tenues par un mortier tendre qu'on appliquait dans les interstices entre ces éléments. La surface était ensuite nettoyée et polie. Sous chaque mosaïque romaine se trouve une peinture ayant servi de modèle au mosaïste. La plupart des mosaïques étaient destinées au sol, encore qu'on ait aussi, à l'occasion, décoré ainsi des murs et des plafonds.

Dans la grandiose maison pompéienne qu'on appelle la maison du Faune, on a trouvé l'une des mosaïques les plus spectaculaires qu'on ait conservées de l'Antiquité. Cette mosaïque dite d'Alexandre (ill. 2.46) couvrait une grande partie du sol

2.48 Mosaïque du Nil, dans le sanctuaire de la Fortune, Préneste. Iᵉʳ siècle av. J.-C. 6 x 4,9 m. Museo archeologico nazionale, Palestrina.

(2,70 m x 5,20 m). On y voit Alexandre le Grand arrivant par la gauche, sur son célèbre cheval Bucéphale, et mettant en déroute le roi de Perse Darius III à la bataille d'Issos. Darius prend la fuite dans son quadrige, le bras tendu vers son ami qui vient d'être transpercé (ill. 2.47). Entre-temps, la féroce bataille entre ses hommes et les Grecs se déroule à l'avant, sur le terrain en plate-forme.

L'historien Pline nous apprend que le peintre grec Philoxénos d'Érétrie exécuta une célèbre peinture sur ce thème à la fin du IVe siècle av. J.-C. On suppose que le mosaïste copia cet original perdu, préservant ainsi une bonne approximation d'une peinture grecque. Il imita non seulement le dessin, mais aussi l'impression d'espace, avec des figures qui se recouvrent l'une l'autre. Et même la notion de mosaïque polychrome, avec une image encadrée, appelée *emblema*, au centre, est un emprunt aux traditions grecques. Mais cela ne diminue en rien le talent remarquable du mosaïste, qui a utilisé de minuscules *tesselles* pour donner à l'œuvre ses gradations de couleur d'une subtilité peu ordinaire. Les tesselles sont disposées en courbes vermiformes, si bien qu'on appelle cette technique *opus vermiculatum*. Les scènes figuratives comme la mosaïque d'Alexandre étaient réservées aux riches, du moins à l'époque républicaine, mais il n'était pas rare que les demeures ordinaires fussent décorées de mosaïques en noir et blanc, souvent dominées par des motifs géométriques.

Autre exemple important datant de l'époque républicaine : la mosaïque du Nil (ill. 2.48), trouvée dans le sanctuaire de la Fortune, dans l'antique Préneste. D'après Pline, c'est Sulla qui demanda qu'on fît des sols en mosaïque.

La mosaïque du Nil fut trouvée près de la partie la plus basse du sanctuaire, dans une salle en abside. Comme la mosaïque d'Alexandre, elle était immense, et a dû être faite à l'imitation d'une œuvre d'Égypte, probablement d'Alexandrie, à en juger d'après son sujet. Dans la partie supérieure, fortement restaurée, des animaux exotiques, et parfois imaginaires, dont beaucoup sont indiqués par leur nom grec, sont disséminés dans un paysage vide, tandis que les parties plus basses représentent une scène réaliste avec une crue du Nil. Des crocodiles, des hippopotames et d'autres animaux nagent au milieu des roseaux, tandis que des oiseaux, des barques, des cabanes et des maisons emplissent d'autres parties près du fleuve. On voit également une scène qui pourrait représenter la visite d'un général romain : un groupe de soldats est debout dans le grand édifice, avec des colonnes et un auvent, qui occupe une place de premier plan vers le bas de la mosaïque.

L'artiste a utilisé les courbes du fleuve pour donner une impression de recul dans l'espace, car elles conduisent notre regard au loin. Dans cette disposition, les objets qui sont plus hauts sont plus éloignés. Le procédé de la perspective atmosphérique, que nous avons déjà observé dans la peinture (ill. 2.45), sert également à accentuer l'impression de profondeur. Le mosaïste s'est en outre livré à des expériences, en donnant des vues des cabanes et des temples sous des angles différents, créant ainsi une perspective multiple, mais sans les relier dans un système cohérent. Il sacrifie à son goût pour la topographie, et il prend manifestement plaisir à l'étude des plantes, des animaux et de la vie aquatique le long du Nil. Beaucoup d'autres mosaïques romaines explorent ces sujets, mais aucune à une échelle aussi grandiose et ambitieuse.

Résumé

L'idée selon laquelle Rome était la principale force politique en Méditerranée, mais aussi le modèle à suivre pour toutes les questions pratiques, du drainage à l'urbanisme, s'est imposée à l'époque républicaine. C'est également à ce moment que la rencontre avec les arts hellénistiques en Grande-Grèce, en Grèce métropolitaine et en Asie Mineure a transformé l'art républicain d'un style local et provincial en un modèle central pour tout le monde méditerranéen. Ce sont d'abord les reliefs à la mémoire des généraux victorieux et les édifices financés par les personnages publics qui plantèrent le décor ; mais bientôt les Romains découvrirent qu'ils avaient besoin d'un art qui servait l'État, et non seulement l'individu.

3
Auguste et l'idée impériale
27 av. – 14 apr. J.-C.

Les événements dramatiques de la seconde moitié du Ier siècle av. J.-C. changèrent le cours de l'histoire. Jules César fut assassiné le 15 mars 44 av. J.-C., après quoi la lutte pour le pouvoir dura plus de dix ans. La bataille d'Actium, en 31 av. J.-C., vit la victoire de son petit-neveu et fils adoptif, Octave. Il reçut le nom d'Auguste en 27 av. J.-C., et assuma les pleins pouvoirs à partir de 23, avec notamment un droit de veto sur la législation, ce qui mit officiellement un terme à la République romaine. Dès lors, l'architecture et l'art romains devaient être intimement liés à la propagande officielle menée par la famille impériale et l'art public eut un but différent.

En tant que premier citoyen de Rome, Auguste se donna une image de protecteur de la paix et gardien de la terre d'abondance. Il chercha également à favoriser la croissance de la population romaine dans son ensemble, et de sa dynastie personnelle en particulier. Dans cette perspective, il était important pour lui de confirmer ses prétentions au pouvoir en s'associant à Jules César. Il poursuivit donc un certain nombre de projets de César, tel l'achèvement du forum de Jules César, de la basilique Julia et du théâtre de Marcellus, qu'il fit siens. En outre, il commença un nouveau forum près de celui de son père adoptif, et mit au centre de l'ensemble un temple dédié à Mars Ultor, Mars Vengeur.

Portrait d'Auguste en prêtre, détail de l'ill. **3.16**.

3.1 *À gauche :* Temple de Mars Ultor, forum d'Auguste, Rome, reconstitution.

3.2 *Ci-dessous :* Temple de Mars Ultor, forum d'Auguste, Rome.
Fin Iᵉʳ siècle av. J.-C. Pierre et béton revêtus de marbre.

Architecture

Auguste mit en œuvre à travers l'Empire tout un programme de construction d'édifices publics destinés au peuple. Il dota les villes de théâtres et d'aqueducs, de portiques, de temples et de forums, dont il entendait tirer le bénéfice. Vers la fin de sa vie, il rédigea lui-même l'éloge de ses réalisations, les célèbres *Res gestae*. L'empereur en consacra une grande partie à décrire les nombreux édifices dont il était responsable ; il prétend même avoir restauré quatre-vingt-deux temples en une année. Le texte original fut gravé à Rome, mais on en fit des copies dans tout l'Empire. L'une d'elles subsiste à Ankara, en Turquie, sur le mur latéral d'un temple dédié à Auguste et à la déesse Roma.

LE FORUM
ET LE MAUSOLÉE D'AUGUSTE

L'historien Suétone rapporte qu'Auguste se vantait d'avoir trouvé à Rome une ville de brique et d'en avoir fait une ville de marbre. L'une de ses célèbres réalisations, le forum d'Auguste (ill. 3.1 et 3.2), fut construite sur le modèle du forum rectangulaire de Jules César, où chaque côté était bordé par une salle à colonnades. Mais l'architecte d'Auguste ajouta une exèdre demi-circulaire derrière chacune des deux colonnades. C'était une innovation dans la conception du forum qui resservit pour le forum de Trajan au siècle suivant (voir ill. 6.3), probablement en hommage à l'architecture augustéenne. Le plan de ces « forums impériaux » (ill. 3.3) montre ces exèdres dans le forum d'Auguste et le forum de Trajan voisin. Il comprend également le forum de Nerva (également appelé *forum transitorium*) et le temple de la Paix de Vespasien, et fait apparaître la relation entre les forums ultérieurs et le forum romanum d'origine (voir ill. 2.16) avec l'adjonction de quelques bâtiments au sud-ouest.

Le temple de Mars se dressait à l'arrière du forum d'Auguste (voir ill. 4.15), de même que le temple de Venus Genetrix dans le forum de César, dominant traditionnellement l'espace qui lui faisait face. Dans le temple étaient érigées des statues à Mars lui-même, à Vénus et à Jules César. L'espace tout entier était fermé à l'arrière par un haut mur qui empêchait de voir un quartier pauvre et ses habitations délabrées. Le mur servit ensuite de protection contre le feu lors du grand incendie de 64 apr. J.-C.

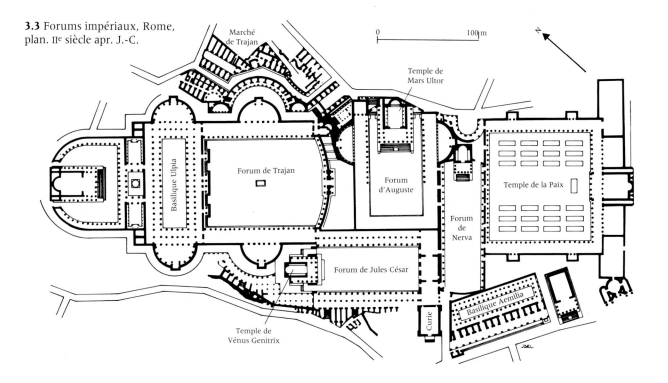

3.3 Forums impériaux, Rome, plan. IIᵉ siècle apr. J.-C.

3.4 Mausolée d'Auguste, Rome. Diamètre : 87 m env. Terre, béton, brique et pierre.

Le temple de Mars Ultor était en premier lieu un moyen pour Auguste d'exprimer sa piété filiale et, dans le même temps, c'était une référence à peine voilée au fait qu'il avait vengé la mort brutale de César, qui depuis avait été officiellement déifié par le Sénat. En outre, comme Mars était l'amant de Vénus, le temple de Mars était le pendant idéal du temple de Venus Genetrix, « Vénus Mère [du clan julien] » commencé sous Jules César. Au moment où fut construit le temple de Mars, quarante ans après la mort de César, il y avait une autre raison de célébrer Mars Vengeur et dieu de la guerre : il avait soutenu les Romains dans leur conflit contre les Parthes, qui furent finalement contraints de reconnaître la suzeraineté de Rome.

Le forum était complètement symétrique, et soulignait l'axe qui traversait le centre du temple de Mars Ultor. Cet axe contribuait à focaliser l'attention du spectateur sur le centre de la façade et sur l'espace situé devant le temple, où le Sénat avait érigé un quadrige en l'honneur d'Auguste. Les exèdres derrière la colonnade servaient de « musée » pour les statues des grands hommes du passé, dont les rois d'Albe la Longue et des membres de la famille julienne. Au centre de chaque exèdre était placé l'un des deux ancêtres mythiques qui, dans l'ascendance

familiale proclamée par Auguste, étaient les préfigurations particulièrement importantes de sa propre grandeur : Énée et Romulus. Énée représentait la *pietas*, la piété, et Romulus la *virtus*, la force, le courage, la rigueur morale qu'Auguste revendiquait désormais pour lui-même. Ce programme sculptural était la contrepartie visuelle de l'évocation littéraire des origines divines et mythiques contenues dans *L'Énéide*, l'épopée du grand poète romain Virgile, écrite quelques années auparavant.

Auguste conçut également son propre mausolée (ill. 3.4) comme une sorte de volonté de propagande en faveur de la *gens* Julia, et il y plaça les cendres de divers parents décédés. En le construisant sur le champ de Mars, juste aux portes de la ville, il en faisait un impressionnant monument public, qui néanmoins ne détonnait pas avec les tombeaux républicains bordant les routes aux portes de Rome. Au début de son règne, il fit construire le grand édifice cylindrique, d'environ 87 mètres de diamètre, avec plusieurs galeries à différents niveaux. Le niveau inférieur était recouvert de terre, et il y avait une colonnade autour du deuxième. Ce genre de tumulus devait rappeler aux Romains les tumulus ronds couverts de terre des nécropoles étrusques. Auguste, en adoptant ce modèle, pouvait proclamer son respect pour l'héritage italique, et renforcer ainsi son propre rôle de défenseur des valeurs religieuses et morales qui remontaient à l'époque étrusque.

UN TEMPLE EN GAULE

C'est également sous Auguste que fut construit un autre temple, la Maison carrée de Nîmes (ill. 3.5). Commencé en 19 av. J.-C. environ, c'est aujourd'hui l'un des édifices romains qui ont le mieux survécu. Une fois encore (voir ill. 2.11, 2.12 et 2.13), on retrouve la tradition étrusque du soubassement élevé, des marches frontales, du porche avant et des colonnes engagées sur les côtés et à l'arrière. Ici les chapiteaux sont corinthiens, et un motif d'acanthes magnifiquement sculpté orne la frise (ill. 3.28).

THÉÂTRES

Les divertissements publics financés par des particuliers étaient un élément important de la tradition politique romaine. Le peuple aimait assister à des combats de fauves dans les amphithéâtres, et aux spectacles comiques donnés dans les théâtres. Jusqu'à l'époque de Pompée, ces manifestations se tenaient dans des lieux aménagés provisoirement pour la circonstance. Pompée s'attira certainement de nouveaux partisans en commanditant le premier théâtre

en pierre de Rome. Il était situé au-delà des limites de la ville, dans le champ de Mars, où il n'en reste pas grand-chose ; mais on peut en retracer la forme avec les courbes des édifices et des rues modernes. En outre, son plan semi-circulaire figure dans un plan de Rome en marbre réalisé à l'époque des Sévères, 193-235 apr. J.-C. (ill. 3.6). Pompée dut surmonter de fortes résistances pour créer un théâtre permanent, en raison de la réputation d'immoralité attachée à cet art, et il lui donna l'apparence d'un édifice sacré.

On ne retrouve pas cette ambiguïté dans le théâtre construit par Auguste dans le cadre du projet de construction julien, encore qu'il fût situé lui aussi juste au-delà des limites officielles de la ville. Baptisé du nom de son gendre, Marcellus, cet édifice reste pour une grande part visible et intact, car les parties supérieures ont été transformées en habitations et les arcades porteuses sont préservées (ill. 3.7). Le plan est demi-circulaire, avec quarante et une ouvertures radiales sur la façade.

Ce théâtre est l'un des premiers édifices à mélanger les différents ordres architecturaux (ill. 3.8) sur une façade, autrement dit les différents éléments architecturaux standardisés hérités des Grecs. Les colonnes de cet édifice sont engagées, c'est-à-dire solidaires de la surface verticale à l'arrière. Au niveau

3.5 Maison carrée, Nîmes. 19 av. J.-C. Marbre.

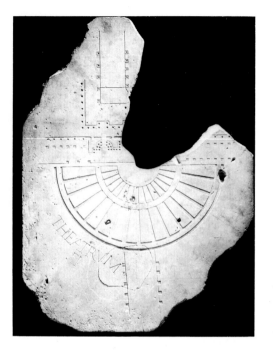

3.6 *Ci-dessus :* Théâtre de Pompée, sur un fragment du plan en marbre de Rome de l'époque des Sévères, provenant de la bibliothèque du forum de la Paix. Date du théâtre : 55 av. J.-C.

3.7 *En haut, à droite :* Théâtre de Marcellus, Rome. Fin Iᵉʳ siècle av. J.-C. Pierre.

3.8 *En bas, à droite :* Les cinq ordres d'architecture : toscan, dorique, ionique, corinthien et composite. Gravure de Claude Perrault, 1683.

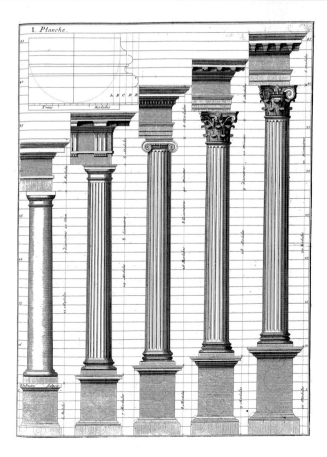

du sol, on utilisa l'ordre dorique, et au-dessus l'ordre ionique. L'ordre corinthien du troisième niveau fut ensuite remplacé par les murs et les fenêtres des appartements, mais on en retrouva suffisamment de traces au moment de la restauration pour confirmer son existence. En une quarantaine d'années, trois théâtres furent construits dans cette partie de Rome, devenue une espèce de quartier théâtral. Avec les théâtres contemporains de Pompéi et d'Herculanum, ils constituent une base solide pour le développement du théâtre romain tout au long de l'Empire.

L'importance du théâtre de Marcellus tient à l'émergence d'une forme de théâtre typiquement romain, où la *cavea*, partie du théâtre réservée aux spectateurs, est semi-circulaire, et fermée par un important bâtiment scénique avec des pièces supplémentaires sur les côtés. Cette forme est radicalement différente de la forme grecque, où la *cavea* s'étend au-delà d'un demi-cercle, et où la scène est fermée par une construction beaucoup plus légère.

MONUMENTS BORDANT UNE ROUTE RÉNOVÉE

En 27 av. J.-C., un arc fut dédié à Auguste à Rimini (ill. 3.9), sur la côte est de l'Italie, pour marquer la réouverture d'une vieille route, la via Flaminia, qui conduisait de Rome à cette ville septentrionale. L'ouverture de l'arc est d'une largeur inhabituelle par rapport à sa hauteur. La décoration consiste en une colonne corinthienne engagée sur chaque pile

latérale, le tout surmonté d'un petit fronton, avec des médaillons placés dans les tympans de part et d'autre. La ligne de toit crénelée date du Moyen Âge, et l'arc fut par la suite intégré aux murs de la ville.

À Narni, où la via Flaminia franchissait la Nera (*Nar* en latin), Auguste fit construire un pont monumental (ill. 3.10). Les arches étaient toutes presque parfaitement demi-circulaires, mais comme elles étaient de largeur différente en traversant la rivière, il fallait que leur hauteur soit aussi différente. La reconstitution (ill. 3.11) donne une bonne idée de ce qu'aurait été l'apparence du pont, avec ses arches fortement articulées. Les pierres qui dépassaient des faces du pont, pour soutenir l'échafaudage au

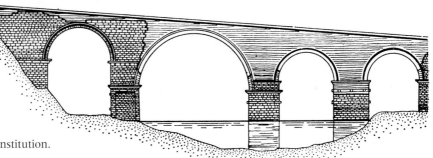

3.9 *Ci-dessus :* L'arc augustéen, Rimini. 27 av. J.-C. Brique revêtue de travertin. Hauteur de l'arc : 10,23 m. Photographie du XIXe siècle.

3.10 *Ci-dessus, à droite :* Le pont de Narni. Vers 27 av. J.-C. Béton revêtu de travertin. Hauteur : plus de 30 m.

3.11 *À droite :* Le pont de Narni, reconstitution.

moment de la construction, furent laissées en place pour faciliter les réparations futures.

UN AQUEDUC

Les Romains étaient réputés pour leurs prouesses techniques, et notamment pour les aqueducs, immensément longs et bien construits, qui transportaient l'eau des collines et des montagnes jusque dans les villes. L'un des aqueducs les mieux conservés, dans le Midi de la France, pourrait avoir été construit par Agrippa à la fin du Ier siècle av. J.-C. : le pont du Gard (ill. 3.12), qui franchit le Gardon à une vingtaine de kilomètres de Nîmes, qu'il desservait. La conduite d'eau se trouve dans la partie supérieure, tandis qu'une route moderne traverse la rivière au-dessus de la rangée inférieure d'arches. L'aqueduc est construit en pierres monumentales sans mortier ni crampons. On laissa dépasser à dessein des pierres pour faciliter les travaux de réparation, comme sur le pont de Narni.

L'habileté des bâtisseurs romains dans le maniement des arches et des voûtes (lesquelles occupent une telle place dans leurs constructions ultérieures) a certainement dû être stimulée par le défi que représentait le franchissement de larges vallées et de gorges profondes par des aqueducs et des ponts, construits à l'intention d'une population croissante et de services publics dont elle avait besoin. L'arc lui-même a l'attrait fonctionnel que lui donne sa grande puissance, allié à des exigences relativement modestes en matériaux de construction, par rapport à sa taille.

Mais mis à part les nombreux aspects pratiques qui en font un ouvrage si remarquable, il faut souligner la réalisation esthétique, et en particulier la beauté du rythme instauré par les longues rangées d'arches. Les deux séries d'arches plus grandes sont placées l'une au-dessus de l'autre, alors que les petites arches du niveau supérieur sont conçues de telle manière que trois d'entre elles remplissent la largeur d'une grande arche au-dessous. L'arche centrale, sur la rivière, est plus large que les autres, et nécessitait donc la place de quatre petites arches au-dessus. La beauté des proportions est en outre accentuée ici par le reflet dans la rivière.

3.12 Le pont du Gard, près de Nîmes. Fin Ier siècle av. J.-C. Pierre. Hauteur : 49,38 m.

Sculpture

PORTRAITS

Nous connaissons le visage de nombreux Romains célèbres grâce à des pièces de monnaie sur lesquelles figurent leur portrait et une inscription avec leur nom. En comparant les pièces à la sculpture, on peut également identifier de nombreux portraits sculptés. Il subsiste un grand nombre de portraits d'Auguste, dont le plus célèbre est sans doute l'*Auguste* de Prima Porta (ill. 3.14). Il fut trouvé dans la villa de son épouse Livia à Prima Porta, localité qui doit son nom à un ancien arc, située à quelques kilomètres au nord de Rome. La statue, probablement sculptée après la mort d'Auguste, pourrait être une copie d'une statue en bronze plus ancienne exécutée peu de temps après sa victoire sur les Parthes en 20 av. J.-C. En tout cas, elle le représente en beau jeune homme idéalisé.

Les pieds nus indiquent qu'Auguste est un héros, et même un dieu. Cupidon, à cheval sur un dauphin, à ses pieds, évoque les origines de la *gens* Julia, qui prétendait descendre de la déesse Vénus, mère de Cupidon. Le dauphin nous rappelle également l'histoire de la naissance de la déesse, qui émergea de la mer. Il est intéressant de noter que, bien qu'Auguste ait refusé de se laisser représenter en public sous forme de dieu, il autorisa les références à peine voilées utilisées ici.

Le pectoral d'Auguste (voir ill. 0.5) est orné de reliefs qui font symboliquement référence à divers aspects du programme de propagande de l'empereur. Au centre, un Parthe vêtu d'un large pantalon représente le barbare qui remet un étendard de légion à un soldat romain, lequel personnifie l'armée romaine. Au-dessus de cette scène, le dieu du Ciel tient un dais, signifiant que la paix, évoquée, en bas du pectoral, par la scène de victoire et la figure de la Terre nourricière tenant une corne d'abondance emplie de fruits, s'est maintenant étendue à tout l'Empire d'Auguste. Apollon et Diane, en bas à gauche et à droite, ont pour pendants les divinités du Soleil (Sol) et de la Lune (Luna), près des épaules de l'empereur. Les forces cosmiques et le temps qui passe sont donc également présents dans cette grandiose vision de la paix augustéenne.

Les détails abondent, non seulement symboliques, mais aussi réalistes. L'étoffe enroulée autour du corps d'Auguste, et les détails de sa tunique et de ses manches, sont minutieusement rendus. L'artiste a sculpté le pectoral comme s'il était fait de bronze, et pourtant les détails du corps humain, notamment les muscles et la peau, et même les mamelons, sont intégrés à la forme de l'armure.

Cette statue est un bon exemple du classicisme augustéen – par quoi on entend la simplification générale des détails faciaux, la peau lisse, les arêtes du nez et des sourcils saillantes. Ces caractéristiques, et le terme même de classicisme, semblent renvoyer à la période grecque classique des Ve et IVe siècles av. J.-C. Jugées belles, et même parfaites, elles évoquent une personne divine idéalisée, sans aucun défaut.

Les yeux d'Auguste se réduisent à une surface lisse, mais les iris et les pupilles auraient été peints ultérieurement. La chevelure et la draperie auraient également été colorées de cette manière, suivant une tradition qui remontait à l'époque archaïque grecque. Sur la plupart des statues anciennes, la peinture a disparu du fait de l'usure, mais il en reste parfois des traces en des endroits protégés tels les plis de la chevelure ou de la draperie. Les couleurs peintes (rose, bleu, or et rouge), dont il reste ici des traces, rendaient la statue plus vivante.

L'*Auguste* de Prima Porta est étroitement lié à une célèbre statue grecque du Ve siècle av. J.-C., le *Doryphore*, ou Porte-lance (ill. 3.15), sculpté par Polyclète. Les attitudes sont les mêmes, le poids reposant sur la jambe droite, et la jambe gauche en arrière. Chacune des deux sculptures, l'une traduisant l'immobilité, l'autre semblant faire un pas en avant, tourne la tête vers la droite. En outre, la tête d'Auguste, dans son classicisme, rappelle fortement les statues de Polyclète, non seulement dans les traits du visage – les yeux, les sourcils, le nez, la ligne du menton – mais également dans la manière dont les mèches de cheveux se chevauchent, et jusque dans sa forme.

Mais l'influence évidente de cette importante statue grecque n'exclut pas certaines différences. On pensait le plus souvent qu'Auguste, comme le *Doryphore*, portait une lance dans la main gauche, mais beaucoup d'historiens pensent maintenant que l'empereur pourrait l'avoir tenue de la main droite, comme un symbole d'autorité, et qu'il avait un rameau de laurier, représentant la victoire, dans la main gauche. La manière dont les statues sont

3.13 *Ci-dessous :* Portrait d'Auguste. Vers 125 apr. J.-C. Marbre. Plus grand que nature.
Museum of Fine Arts, Boston, H. L. Pierce Fund.

3.14 *À droite :* L'*Auguste* de Prima Porta. Début Iᵉʳ siècle apr. J.-C. Hauteur : 2,03 m. Musei Vaticani, Rome.

3.15 *Page ci-contre, à gauche :* Le *Doryphore* (Porte-lance) de Polyclète. Version romaine d'un original grec de 440 av. J.-C. env. Marbre. Hauteur : 1,98 m. Minneapolis Institute of Art.

3.16 *Page ci-contre, à droite :* Portrait d'Auguste en prêtre, provenant de la via Labicana, Rome. Iᵉʳ siècle apr. J.-C. Marbre. Hauteur : 2,08 m. Museo nazionale romano delle Terme, Rome.

conçues dans l'espace est également différente : l'artiste grec voyait son œuvre en mouvement, alors que la statue romaine était placée devant un mur, dominant ainsi l'espace qui lui faisait face ; le beau et noble visage et le geste autoritaire d'Auguste captent aujourd'hui encore l'attention du spectateur.

Une autre statue d'Auguste (ill. 3.13) nous montre que les traits que nous venons de voir dans le visage de l'*Auguste* de Prima Porta sont encore plus idéalisés cent ans plus tard, ou même ultérieurement. Les détails faciaux sont semblables, mais le regard plus distant, la chevelure et la peau lisse divinisent davantage l'empereur. Certaines conventions, comme les trois mèches retombant sur le front, sont répétées d'une statue à l'autre. Il faut supposer l'existence d'un modèle, fait probablement dans la capitale, puis copié à plusieurs reprises ; ces copies serviront à leur tour de modèle dans les différents centres administratifs de l'Empire.

Un Romain représenté la tête mi-couverte de sa toge est considéré comme un prêtre. C'est ainsi qu'il faut interpréter l'ill. 3.16, une statue d'Auguste faite à Rome. La tête et le cou furent sculptés séparément, puis fixés sur le corps drapé de la statue (voir détail p. 87). On voit clairement la ligne horizontale sur le côté de la tête. Des statues telles que celle-ci illustrent un curieux usage des Romains : faire un corps drapé standardisé, sur lequel on pouvait ajuster un portrait. Sans doute pouvait-on commander une statue toute prête, et faire sculpter uniquement la tête.

Livia, l'épouse d'Auguste, dont la villa abritait la statue de Prima Porta, avait la réputation d'être une femme dominatrice et ambitieuse. Nous avons un portrait d'elle en camée de 6,4 centimètres de haut (ill. 3.17). Daté du début du règne d'Auguste, 27-10 av. J.-C., il est avant tout idéalisé et de style classique, comme la tête de l'*Auguste* de Prima Porta. Mais la forte personnalité de Livia est rendue par la petite bouche résolue, les belles joues arrondies, et les minces sourcils. Les cheveux sont coiffés en arrière, au-dessus d'un front droit, et élégamment nattés jusqu'à l'arrière de la tête, où ils rejoignent le chignon sur la nuque. Peut-être est-ce un genre de coiffure dont elle-même lança la mode.

Une tête de la même période, mais d'une autre femme (ill. 3.18), montre comment une citoyenne ordinaire pouvait imiter la coiffure et les traits d'un

3.17 Portrait de Livia. Fin Ier siècle av. J.-C. Camée en onyx. Hauteur : 6,4 cm. Rijksmuseum, Het Koninklijk Penningkabinet, Leyde.

membre de la famille impériale. La femme vivait probablement dans l'ancienne ville latine de Préneste, où fut trouvée la tête, mais on l'a fait ressembler autant que possible à Livia.

3.18 Portrait de femme de l'époque d'Auguste, provenant de Préneste. Fin Ier siècle av. J.-C. ou début Ier siècle apr. J.-C. Marbre. Hauteur : 33 cm. Museo nazionale romano delle Terme, Rome.

RELIEFS

Ara Pacis Augustae Le programme de propagande que nous avons vu sur le pectoral de l'*Auguste* de Prima Porta trouva de très nombreux échos dans les sculptures en relief sous le règne d'Auguste. Le plus important exemple qui subsiste est l'Ara Pacis Augustae, l'autel de la Paix d'Auguste (ill. 3.19). Il fut construit entre 13 et 9 av. J.-C., et consacré pour l'anniversaire de Livia. Aujourd'hui, on le voit tel qu'il fut reconstruit sous Mussolini, avec d'importantes restaurations, à une certaine distance du site d'origine. L'Ara Pacis consiste en un grand mur extérieur entourant un petit autel surélevé de quelques marches. Le mur sculpté extérieur fait environ 10,5 mètres de long et 11,6 mètres de large, avec une hauteur de près de 7 mètres. Ainsi, l'autel lui-même

(*ara*), sur un socle à l'intérieur, est entouré d'un mur orné de sculptures en relief sur ses deux faces. L'intérieur est sculpté de telle façon qu'il ressemble à des piquets en bois sur lesquels sont accrochés des crânes de bœufs (bucranes), des coupes sacrificielles (patères) et des guirlandes, sculptés dans le marbre comme s'ils étaient préparés pour un sacrifice véritable (ill. 3.20). Les fruits de ces guirlandes, qui représentent les quatre saisons et s'épanouissent tous en même temps, comme par magie, devaient rappeler au spectateur que la paix d'Auguste s'étendait tout au long de l'année.

On trouve un motif analogue sur le sarcophage dit de Caffarelli (ill. 3.21), qui doit dater de la période augustéenne. Ici encore, des guirlandes attachées par des rubans pendent à des têtes de bœufs, tandis qu'une patère et une amphore sont placées au-

3.19 Ara Pacis Augustae, Rome. 13-9 av. J.-C. Marbre. Mur extérieur 10,5 x 11,6 x 7 m env.

dessus des guirlandes. Les guirlandes étaient une représentation permanente des fleurs véritables qui ornaient les tombes au moment de l'enterrement. Les sarcophages n'étaient pas très répandus à cette époque, où la plupart des morts étaient incinérés ; mais c'est un exemple précoce d'un type qui fut très apprécié au IIᵉ siècle apr. J.-C. (voir ill. 8.35).

À l'extérieur de l'Ara Pacis, le message de paix et de prospérité est souligné par l'imagerie mythique et allégorique. On a souvent pensé que le panneau sculpté sur le côté est représentait Tellus (la Terre),

3.20 *À droite :* Ara Pacis Augustae, Rome, intérieur du mur d'enceinte montrant les détails des guirlandes et des bucranes. 13-9 av. J.-C. Marbre.

3.21 *À droite :* Sarcophage de Caffarelli. Fin Iᵉʳ siècle av. J.-C. ou début Iᵉʳ siècle apr. J.-C. Marbre. Antikensammlung, Staatliche Museen, Berlin.

3.22 *Ci-dessous, à gauche :* La Terre (Tellus) ou la Paix (Pax), détail de l'Ara Pacis Augustae, Rome. 13-9 av. J.-C. Relief en marbre. Hauteur du panneau : 1,6 m.

3.23 *Ci-dessous, à droite :* Stèle d'Hégéso, provenant d'Athènes. Grecque. Vers 410-400 av. J.-C. Marbre. Hauteur : 1,5 m. Musée archéologique national, Athènes.

3.24 Énée sacrifiant une truie aux pénates,
détail de l'Ara Pacis Augustae, Rome. 13-9 av. J.-C.
Hauteur : 1,6 m env. Relief en marbre.

avec deux nouveau-nés sur ses genoux qui soulignent sa fécondité (ill. 3.22). Récemment, néanmoins, on a avancé des arguments convaincants pour
montrer que la femme représente Pax (la Paix), ce
qui est, après tout, l'un des thèmes principaux de
tout le monument. Si c'est le cas, elle complète bien
la belliqueuse déesse Roma, figurant sur le relief
opposé. Une brebis et une vache reposent paisiblement à ses pieds, et des allégories de l'Eau, de l'Air
et de la Mer (indiquées par la cruche renversée à
gauche et les draperies et les vagues à droite) semblent signifier que la paix augustéenne s'étendait sur
le monde entier.

Si l'on compare ce personnage féminin, quel qu'il
soit, à un relief grec du Vᵉ siècle av. J.-C. (ill. 3.23),

on note à quel point son visage est classique, et à
quel point la retombée de la draperie sur ses genoux
est semblable. La taille peu profonde, avec une évocation réaliste du paysage, rappelle les reliefs grecs
hellénistiques. De même que la figure de Tellus ou
de Pax reflète ses modèles grecs, son air de Madone
préfigure les vierges de l'art chrétien.

Un autre relief, sur les murs extérieurs de l'Ara
Pacis (ill. 3.24), montre Énée sacrifiant une truie
aux pénates – les dieux domestiques et protecteurs
de la patrie. Il avait apporté de Troie les effigies
de ces dieux, qu'on peut voir dans la petite chapelle sur la colline rocheuse en haut à gauche.
Énée, toujours pieux, se tient devant un autel rudi-
mentaire ; sa tête mi-couverte de la toge indique
qu'il agit en tant que prêtre, tandis que deux jeunes
gens à la tête couronnée l'aident à accomplir le
sacrifice.

La truie joue un rôle important dans les mythes
de la fondation de Rome, car il avait été prophétisé

qu'Énée trouverait l'endroit où fonder sa ville lorsqu'il découvrirait une truie avec trente cochonnets sous un chêne. C'est là qu'il fonda Lavinium, ainsi nommé en l'honneur de son épouse Lavinia. Le relief rappelle donc au spectateur la piété d'Énée, ses liens avec la ville de Troie par l'intermédiaire des pénates, et le mythe de la fondation lui-même. Tous ces éléments étaient importants pour Auguste, pieux descendant d'Énée. L'ascendance familiale fut exposée par Virgile dans *L'Énéide*, où Jupiter révèle l'avenir à sa fille Vénus :

« Ton fils Énée
Livrera une grande guerre en Italie,
Soumettra de fières nations, donnera des lois à son peuple,
Lui fondera une cité [...]
Et de cette grande lignée
Viendra un Troyen, César, pour établir
La limite de son empire à l'océan,
De sa gloire aux étoiles, un homme nommé Jules. »
[Virgile, *Énéide*, I, 363 *et suiv.*]

Bien entendu, comme Jules César était le père adoptif d'Auguste, ainsi que son grand-oncle, Auguste pouvait revendiquer cette illustre ascendance.

Les deux reliefs que nous venons d'évoquer sont les mieux conservés de deux ensembles de scènes allégoriques et mythologiques qui figurent à l'avant et à l'arrière de l'Ara Pacis Augustae. Les autres montrent Romulus et Remus avec la louve, et la déesse Roma en armure. La représentation de la relation entre Énée et Romulus d'une part, Énée et Auguste de l'autre avait son équivalent dans le forum d'Auguste, où les statues de Romulus et d'Énée occupaient des places importantes dans les exèdres. Ainsi, aussi bien dans l'Ara Pacis que dans le forum, Auguste tirait parti de sa relation dynastique avec ces héros, confirmant ses origines divines et mythiques.

Sur les côtés de l'Ara Pacis, des sculptures formant deux cortèges, de part et d'autre, défilent de l'arrière vers l'avant du mur. L'un comprend surtout des sénateurs, et l'autre, plus important (ill. 3.26), montre la famille impériale – Livia, Auguste et l'époux de sa fille, Agrippa, qui était le principal conseiller de l'empereur. La figure d'Auguste lui-même, voilé en qualité de *pontifex maximus*, grand

3.25 Pièce de monnaie à l'effigie d'Auguste (avers) et de Gaius (revers), provenant de Chypre. Bronze. Début Ier siècle apr. J.-C. Diamètre : 2,54 cm. American Numismatic Society, Newell Collection.

prêtre de la religion d'État romaine, ne pouvait manquer d'établir un parallèle avec le pieux Énée, représenté de la même façon de l'autre côté.

Les deux cortèges illustrent le dualisme du pouvoir romain : le Sénat et la famille d'Auguste. Pour celle-ci, la présence d'enfants jouait un rôle capital. Les petits-fils d'Auguste, Gaius et Lucius Cæsar, membres importants de la famille, incarnaient pour l'empereur l'avenir et tous ses espoirs dynastiques. On dit qu'ils lui ressemblaient beaucoup, ressemblance soulignée dans les profils d'Auguste et de Gaius ornant les deux faces d'une pièce de monnaie (ill. 3.25) originaire de Chypre.

Les enfants rappelaient également le programme social impérial, qui encourageait les citoyens à avoir autant d'enfants que possible. Auguste introduisit une nouvelle loi qui avantageait, parmi les candidats à des fonctions publiques, les hommes qui avaient déjà un certain nombre d'enfants ; et les couples qui avaient trois enfants ou plus bénéficiaient d'avantages fiscaux. Des pénalités frappaient les hommes et les femmes en âge de se marier qui restaient célibataires ou sans enfants. Toutes ces lois étaient destinées à favoriser la croissance de la population romaine, et les idées d'Auguste se reflètent clairement dans l'Ara Pacis, où la fécondité et les enfants jouent un rôle capital.

D'un point de vue artistique, les enfants remplissaient une autre fonction. Les sculpteurs souhaitaient manifestement varier la hauteur des figures pour rompre la monotonie qu'engendreraient de trop nombreux personnages vêtus de toges, ayant tous la tête au même niveau. On utilisa également d'autres variations artistiques, notamment dans la position et la direction de certains membres du groupe, et une taille très peu profonde pour les sculptures de l'arrière-plan. Beaucoup de ces éléments

3.26 Cortège impérial, détail de l'Ara Pacis Augustae, Rome. 13-9 av. J.-C. Relief en marbre. Hauteur : 1,6 m env.

3.27 Jeunes filles et jeunes gens, fragment des Panathénées, provenant de la frise est du Parthénon, Athènes. Grec. Vers 440 av. J.-C. Relief en marbre. Hauteur : 1,09 m. Louvre, Paris.

avaient en fait un important précédent : la frise du Parthénon à Athènes.

D'un point de vue artistique, la frise du Parthénon servit de modèle à ces variations dans la position et la direction de personnages marchant en cortège (ill. 3.27). Plus important encore : l'idée d'un cortège d'Athéniens, défilant lors d'une importante manifestation civique et religieuse, est ici copiée dans le cortège augustéen. C'était un geste délibéré de la part d'Auguste et de ses artistes, visant à rattacher son règne et sa dynastie à la grandeur de l'Athènes du Vᵉ siècle av. J.-C.

Sur les frises inférieures de l'Ara Pacis, un beau motif floral (ill. 3.28), fait pour l'essentiel de feuilles d'acanthe et de rinceaux avec d'élégantes fleurs, souvent réalistes, est un nouveau symbole de la paix et de l'abondance dues à l'empereur. De petits animaux sont dispersés parmi le feuillage, et un cygne est perché au sommet du motif à différents intervalles ; ce symbole d'Apollon est une référence à la protection que le dieu, selon Auguste, lui aurait accordée lors de la bataille d'Actium. La partie décorative du mur d'enceinte, comme les reliefs figuratifs dont nous venons de parler, témoigne d'un art de la sculpture vraiment magistral. On retrouve une virtuosité comparable dans une coupe en argent (ill. 3.29), qui fait partie d'une paire ornée de motifs floraux, de feuilles, de rinceaux et d'oiseaux. Les somptueux objets de ce genre, en matériaux onéreux, étaient avidement recherchés par les citoyens les plus fortunés à la fin de l'époque républicaine et au début de l'Empire.

L'Ara Pacis est un monument public destiné à propager une bonne image de l'empereur. Par le mythe et l'allégorie, et par la représentation d'événements contemporains, le spectateur se voit constamment rappeler la grandeur d'Auguste. En un sens, il se veut historique, avec des références à des

3.28 *À gauche :* Relief aux acanthes et aux cygnes, détail de l'Ara Pacis Augustae, Rome. 13-9 av. J.-C. Marbre.

3.29 *Ci-dessous :* Coupe en argent. Fin Iᵉʳ siècle av. J.-C. ou début Iᵉʳ siècle apr. J.-C. Hauteur : 8,9 cm ; diamètre : 9,8 cm. British Museum, Londres.

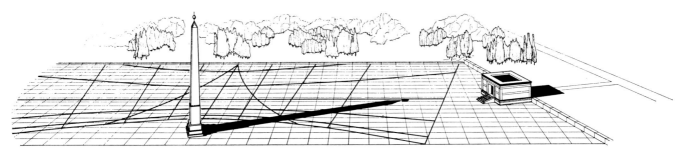

3.30 *Horologium* (cadran solaire) d'Auguste, sur le champ de Mars, Rome. 13-9 av. J.-C. Reconstitution.

personnes réelles, et, dans le même temps, il transmet un message plus abstrait, proclamant la paix, la prospérité et les origines divines revendiquées par l'empereur.

Le cadran solaire   L'Ara Pacis était situé sur le champ de Mars, non loin du mausolée d'Auguste (voir ill. 0.3 et 3.4). Les messages enchevêtrés des monuments du champ de Mars deviennent encore plus éloquents lorsqu'on songe à l'emplacement d'un grand cadran solaire *(horologium)* installé à l'extrémité nord de l'immense espace ouvert, non loin de l'Ara Pacis (ill. 3.30). Le pavage était entrecroisé de lignes disposées selon un motif en queue d'aronde, conçu pour suivre le mouvement du soleil sur une surface plane tout au long de l'année. Des inscriptions en bronze expliquaient les signes du zodiaque et les changements de saison.

L'aiguille du cadran solaire, ou *gnomon*, était un obélisque égyptien, qu'Auguste avait rapporté d'Héliopolis à Rome et qui symbolisait la soumission de l'Égypte au pouvoir romain. Le thème de la soumission au pouvoir d'Auguste était encore souligné par le fait que l'ombre du *gnomon*, jetée par la divinité tutélaire d'Auguste, Apollon, le dieu du Soleil, était conçue pour s'aligner avec la porte de l'Ara Pacis le jour de l'anniversaire d'Auguste.

La basilique Aemilia   Un autre exemple de relief sculpté de l'époque augustéenne nous est offert par la redécoration de l'intérieur de la basilique Aemilia sur le Forum romain (ill. 3.31). Le relief illustre ici la mort de Tarpeia, femme qui avait trahi sa propre ville. L'histoire raconte comment la jeune femme,

tentée par l'or des attaquants sabins, leur ouvrit les portes de Rome. Les Sabins, qui vivaient dans les collines non loin de Rome, se précipitèrent dans la ville et étouffèrent Tarpeia sous leurs boucliers. C'est à cette scène qu'assiste sur la gauche le roi des Sabins, Titus Tatius.

On voit ici l'importance du geste dans la sculpture romaine. Tarpeia ouvre les bras en signe de supplication, et le tissu agité par le vent au-dessus de sa tête la distingue et l'isole, artistiquement, comme le feront plus tard les auréoles dans l'art chrétien. Un procédé comparable fut utilisé pour les personnages féminins du Vent et de la Mer sur le relief de la Paix de l'Ara Pacis (ill. 3.22), et sur le motif représentant le ciel en haut du pectoral de l'*Auguste* de Prima Porta (ill. 0.5).

Une autre scène de la basilique Aemilia représente un groupe d'hommes construisant le mur d'une ville, tandis qu'une déesse couronnée veille sur la gauche (ill. 3.32). Bien qu'elle soit fragmentaire, cette section de la frise montre clairement à quel point les Romains s'intéressaient aux activités de la vie quotidienne. Les travailleurs torse nu manient leurs outils de manière réaliste pour poser les pierres rectangulaires de leur mur. L'un des hommes travaille à l'extrémité la plus éloignée du mur, ce qui donne une certaine profondeur à la scène. La signification symbolique, à savoir la puissance défensive de Rome, est exprimée par la déesse, mais l'intérêt primordial semble être l'activité physique des hommes.

Malgré quelques similitudes superficielles, les reliefs de la basilique Aemilia sont différents, dans leur effet, de la sculpture de l'Ara Pacis Augustae.

3.31 et **3.32** Le châtiment de Tarpeia (en haut) et la construction du mur de la ville (en bas). Scènes de la frise de la basilique Aemilia, Forum romain, Rome. Vers 14 av. J.-C. Marbre. Hauteur : 73,7 cm. Antiquario del Foro romano.

Dans l'Ara Pacis, les figures se chevauchent l'une l'autre et la profondeur est rendue par leur volume ; dans le relief de Tarpeia, chaque personnage est isolé et se détache nettement du fond (aujourd'hui brisé) ; des contours nets, ainsi que des mouvements simples et amplifiés contribuent à la clarté de la scène. L'Ara Pacis dépeint l'espace de manière très raffinée, par des détails du paysage, tels les rochers et les roseaux dans la scène de Tellus ou Pax, alors que les reliefs de la basilique Aemilia sont assez plats, et l'unique rocher montré sur la gauche de la scène de Tarpeia sert simplement de repose-pied au roi. Ces deux œuvres illustrent deux importantes tendances dans l'art de cette période : l'une idéalisée et élégante, et qu'on dit « classicisante » ; l'autre dramatique, intense et directe, représentative du style italique local, ou plébéien.

Un vase en verre Depuis trois siècles, l'un des plus célèbres objets anciens est le vase de Portland, un vase en verre qui date de la période augustéenne (ill. 3.33). Il est passé entre les mains d'une série de propriétaires illustres, italiens et britanniques, avant d'être acheté par la duchesse de Portland, d'où son nom. Il gagna encore en renommée grâce aux copies qu'en fit au XVIIIᵉ siècle le céramiste Josiah Wedgwood.

Le bleu foncé du fond est en verre soufflé, tandis que la couche blanche fut probablement ajoutée par trempage. Un graveur sur verre enleva ensuite certaines parties de la couche blanche pour dévoiler le fond et tailla les détails des figures, des arbres et des rochers sur les surfaces blanches restantes.

3.33 Le vase de Portland. Début Iᵉʳ siècle apr. J.-C. Verre camée bleu et blanc. Hauteur : 24,5 cm. British Museum, Londres.

Le sujet du vase, dont on continue de débattre, a souvent été interprété comme Pélée, un mortel, s'approchant de Thétis, une nymphe divine. Mariés par un accord des dieux, ils eurent pour fils le grand guerrier Achille. Dans l'illustration, qui montre un côté du vase, Thétis serait la femme à moitié nue au centre, allongée sur des rochers sous un arbre, tandis que les deux autres personnages pourraient être Hermès et Aphrodite, qui étaient tous deux souvent associés aux mariages.

La tradition associe ce vase à un tombeau, puisqu'il aurait été trouvé, dit-on, près de Rome dans le sarcophage (ill. 7.39) qu'on pensait autrefois être celui d'Alexandre Sévère. Quelle que soit sa provenance, ce vase était probablement lié à l'origine à une célébration nuptiale.

Peintures murales

Livia avait deux maisons, qui furent toutes deux peintes dans le deuxième style pompéien (voir p. 79). Dans sa villa à Prima Porta, la pièce la mieux préservée était décorée sur les quatre murs d'une scène de jardin (ill. 3.34). Le fond est empli d'arbres chargés de fruits, symboles, une fois encore, de la richesse et de la fécondité du « siècle d'Auguste ». Les parties les plus éloignées du jardin sont séparées du visiteur par une série de clôtures basses qui contribuent à définir l'espace. Les couleurs aident également à donner une impression de profondeur, en particulier grâce à l'emploi de la perspective « atmosphérique ».

Les riches verts des arbres et de l'herbe, rehaussés de fruits, fleurs et oiseaux, furent peints en touches de couleur qui semblent avoir été récemment appliquées. L'enthousiasme des Romains pour la nature, qui s'exprime ici de manière magnifique, est très différent de tout ce qu'on trouve dans l'art grec. L'artiste ne se contente plus d'un coup d'œil sur l'extérieur à travers le mur : tout le mur devient maintenant une « fenêtre » peinte pour révéler le paysage et l'espace.

Livia possédait, dit-on, une seconde maison, sur le Palatin, où l'une des pièces était peinte de colonnes architecturales (ill. 3.35). Ombrées de façon à donner une impression de volume, les colonnes se détachent distinctement des murs blancs. Des guirlandes chargées de fruits et de

rubans sont accrochées à ces colonnes, évoquant la décoration de l'Ara Pacis Augustae. La corbeille de fruits suspendue au milieu de la guirlande nous rappelle que ce sont tous des symboles de prospérité.

Une étroite frise jaune au-dessus des colonnes est peinte de scènes miniatures qui présentent de nombreuses petites figures disséminées dans un paysage empli de petits temples, arbres, ponts et statues. On ne tente guère de montrer ce vaste espace qui était dépeint à la villa de Prima Porta. Les objets et les personnages sont plutôt disposés presque au hasard, dans ce qui paraît être une vue aérienne. Le goût était alors en train de changer, et il semble que ce soit l'une des peintures les plus tardives dans le deuxième style.

Autre exemple du deuxième style tardif : une maison romaine décorée de manière exquise, située sous les jardins d'un palais romain du XVIe siècle, la villa Farnésine. Elle fut découverte en 1878, au moment des fouilles faites à l'occasion de la construction des quais du Tibre. La maison pourrait avoir appartenu à Agrippa, le gendre d'Auguste, ce qui lui

3.34 *Ci-contre :* Chambre au jardin, de la villa de Livia, Prima Porta, près de Rome. Fin Ier siècle av. J.-C. Peinture murale. Museo nazionale romano delle Terme, Rome.

3.35 *Ci-contre, en bas :* Colonnes, guirlandes et corbeille dans la maison de Livia, sur le Palatin, Rome. Fin Ier siècle av. J.-C. Peinture murale. Hauteur : 4,2 m env.

3.36 Villa Farnésine, Rome. Vers 20 av. J.-C. Peinture murale. Museo nazionale romano delle Terme, Rome.

donnerait une importance particulière en tant qu'exemple du patronage julio-claudien. L'alcôve de la villa Farnésine ressemble à une galerie de tableaux privée (ill. 3.36). On voit au milieu un exemple tardif de pavillon tridimensionnel, à l'intérieur duquel se trouve une représentation mythologique d'une nymphe tenant l'enfant Bacchus. À gauche et à droite, de grandes sections du mur sont peintes en rouge ou en noir monochrome, et au centre de chacune il y a un carré contenant une peinture, ce qui donne l'illusion d'un tableau encadré. Une collection de panneaux peints grecs, ou de copies peintes sur les murs, aurait été un signe de prestige parmi l'aristocratie fortunée.

3.37 *Ci-contre :* Femme versant du parfum,
provenant de la villa Farnésine,
Rome. Vers 20 av. J.-C.
Peinture murale. Museo nazionale romano
delle Terme, Rome.

3.38 Colonnes et fronton,
provenant de la villa à Boscotrecase,
près de Pompéi. Fin Iᵉʳ siècle av. J.-C.
Peinture murale. Metropolitan
Museum of Art, New York, Rogers Fund.

L'une de ces peintures dans un cadre montre une femme dans le style classique, de profil, assise et versant du parfum d'un flacon rond dans un petit flacon pointu (ill. 3.37). Le traitement de la femme, avec des contours linéaires sur un fond blanc, rappelle les vases peints grecs du Vᵉ siècle av. J.-C. et reflète probablement des panneaux similaires, aujourd'hui perdus.

Le troisième style pompéien   Le troisième style pompéien, qui vit le jour à l'époque augustéenne, est issu du deuxième. Le mur y est traité comme une surface plane plutôt que comme une fenêtre ouverte sur un espace lointain. Avec des motifs rectilignes et organiques sur un fond monochrome, il en souligne la valeur ornementale. Le volume des colonnes peintes et des autres objets est réduit, et on commence à leur préférer un nouveau type de colonne, ou parfois un candélabre, mince et fin comme un roseau. Dans cet exemple, provenant de la villa à Boscotrecase près de Pompéi (ill. 3.38), les fines colonnes portent un délicat fronton ornemental. Il n'y a aucune volonté de montrer des structures architecturales importantes, non plus que l'illusion du tridimensionnel.

Au milieu du mur se trouve une petite vignette avec une tour, des arbres, des statues et des figures humaines. Cette combinaison, qu'on appelle paysage sacré, était un motif de prédilection dans les peintures d'Herculanum et de Pompéi (ill. 3.39). Il comprenait généralement de petits sanctuaires, souvent avec des arbres noueux qui poussaient autour, et le paysage était parsemé de statues de petites divinités, de ponts, de rochers, de cabanes de bergers et enfin de bergers, avec parfois une chèvre, un mouton ou une vache. Ces peintures ont des antécédents dans l'art hellénistique, où il était d'usage de faire de petits personnages dans un décor bucolique, comme ici, et de souligner les qualités pittoresques de la vie rurale. La touche picturale, d'une merveilleuse fraîcheur, et le style vaporeux qui rend l'œuvre si spontanée sont des éléments typiquement romains.

3.39 Paysage sacré, provenant de Pompéi. 63-79 apr. J.-C. Peinture murale. Museo archeologico nazionale, Naples.

3.40 Paysage avec figures, provenant de la villa Farnésine, Rome. Vers 20 av. J.-C. Relief en stuc. Hauteur : 46 cm env. Museo nazionale romano delle Terme, Rome

Le stuc

La décoration des élégantes demeures de la fin du Ier siècle av. J.-C. comprenait non seulement des peintures murales, mais aussi des scènes et des motifs en stuc au plafond. Ces derniers, dans la villa Farnésine, ont été moulés puis finis à la main avec beaucoup d'habileté (ill. 3.40). Cette scène est typique, avec ses petits sanctuaires, ses statues sacrées et ses figures qui se meuvent dans une sorte d'espace onirique. À l'instar des paysages sacrés dans la peinture, les vieux arbres noueux qui poussent autour des colonnes et derrière les maisons étaient un thème très apprécié, emprunté à des modèles grecs hellénistiques.

Résumé

Bon nombre des œuvres sculpturales et architecturales exécutées à la demande d'Auguste étaient investies d'un message de propagande renforcé par des associations avec la Grèce classique et l'âge d'or d'Athènes au Ve siècle av. J.-C. Auguste voulut également rappeler au public qu'il avait réussi à mener à bien les visées de Jules César et à donner la paix et la prospérité à son peuple, tant à travers les arts plastiques que dans ses déclarations dans les *Res gestae*. Son style et sa démarche sont devenus un modèle pour les empereurs suivants, car il a su créer le moyen visuel de concrétiser les bienfaits qu'il avait apportés aux Romains. Il a également réussi à s'associer aux grands mouvements et aux figures historiques du passé, et à bénéficier de leur aura. Ses successeurs apprirent de lui les possibilités qui gisaient dans ces associations fécondes, et tirèrent également parti de leurs liens avec le premier empereur lui-même. Le charisme d'Auguste servit de modèle et d'exemple non seulement aux empereurs julio-claudiens qui lui succédèrent (voir chapitre 4), mais pendant des siècles à venir.

4
Les Julio-Claudiens
14-68 apr. J.-C.

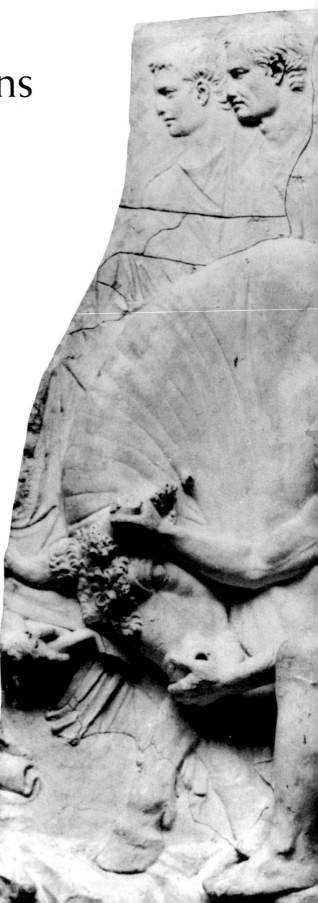

Les empereurs qui succédèrent à Auguste, et qu'on appelle les Julio-Claudiens, héritèrent de sa réputation, de son goût et de ses projets. Chaque empereur donna un caractère propre à la production artistique de son temps, même si le cadre des images et des associations établi par Auguste resta inchangé. Les bénéfices de la continuité, à des fins politiques, passaient avant le goût personnel, car tous les Julio-Claudiens n'avaient pas, semble-t-il, le même respect pour le classicisme austère qu'Auguste avait cultivé si assidûment.

Auguste n'avait pas de fils, mais sa fille Julia donna naissance à deux garçons : Gaius et Lucius César, dont Auguste espérait qu'ils lui succéderaient ; pour s'en assurer, il les adopta officiellement. Malheureusement, tous deux moururent encore jeunes, laissant Auguste sans héritier. Son beau-fils Tibère (qui régna de 14 à 37 apr. J.-C.), fils que Livia avait eu d'un précédent mariage avec Tiberius Claudius Nero, semblait la seule personne à pouvoir assumer ce rôle. Sans grand enthousiasme, Auguste l'adopta et en fit son successeur. Tibère et tous les empereurs jusqu'à la mort de Néron appartenaient donc à la famille claudienne ; par adoption, ils pouvaient prétendre descendre d'Auguste et de Jules César, d'où leur nom de Julio-Claudiens.

Sacrifice d'un taureau sur le forum d'Auguste, agrandissement de l'ill. **4.15**. Frise d'un autel claudien. Milieu Iᵉʳ siècle apr. J.-C. Marbre. Villa Médicis, Rome.

4.1 Couronnement d'Auguste (en haut) et érection d'un trophée (en bas), sur la Gemma Augustea. Début Iᵉʳ siècle apr. J.-C. Camée en onyx à deux couches. Hauteur : 19 cm ; largeur : 23 cm. Kunsthistorisches Museum, Vienne.

La Gemma Augustea

Une grande pierre, qu'on appelle la Gemma Augustea (ill. 4.1), illustre le transfert du pouvoir d'Auguste à Tibère en 14 apr. J.-C. Les figures de ce camée de grandes dimensions sont sculptées dans un morceau d'onyx de 19 cm sur 23 cm. Légèrement recoupé depuis l'Antiquité et remonté sur un support moderne, le camée fut taillé et ciselé dans un morceau qui avait deux veines : une couleur bleuâtre foncée en dessous et une blanche sur la couche supérieure. En contrôlant la profondeur, l'artiste a taillé les figures dans la veine blanche, creusant la pierre jusqu'à la couche bleue pour faire le fond.

Deux scènes séparées mais liées sont représentées, qui devinrent toutes deux conventionnelles dans l'art romain. L'une reproduit le monde réel, et l'autre évoque, du moins en partie, le monde divin et symbolique. En bas, des soldats romains érigent un « trophée » composé d'armes ennemies accrochées à une perche, tandis que deux groupes de prisonniers étrangers symbolisent la victoire romaine : à gauche, un homme avec les mains liées dans le dos et une femme attendent d'être attachés au pied du trophée ; les deux autres personnages, sur la droite, sont tirés par les cheveux. Le trophée représente certainement celui qui fut érigé en l'honneur de la victoire de Tibère sur les Germains en 12 apr. J.-C. Des scènes comme celle-ci étaient répétées constamment sur les monuments publics et privés, où l'on mettait en valeur la force militaire, à la fois en termes narratifs et en tant que symbole de triomphe.

La scène supérieure de la gemme montre Auguste sur son trône, avec les attributs de Jupiter, comme l'indique l'aigle à ses pieds. La déesse Roma, assise à côté de lui, admirative, ressemble à Livia. La figure féminine couronnée qui place une couronne sur la tête d'Auguste est Oikouménè, symbole du monde civilisé. L'homme en haut à gauche, qui descend du char, est Tibère – déjà désigné comme le prochain empereur. Il revient, victorieux, de la guerre en Germanie. Le camée est donc une espèce de déclaration de propagande miniature en faveur de Tibère, présenté comme le digne successeur d'Auguste. Il date probablement de la fin du règne d'Auguste, plutôt que de celui de Tibère.

La pierre est d'une taille étonnante pour un camée. Le sujet grandiose choisi est plus proche des grands reliefs publics que des ornements privés, encore qu'il n'ait guère pu être destiné à une large diffusion. Un petit groupe proche du pouvoir a dû apprécier les nuances du symbolisme, car Auguste est représenté ici avec d'indubitables prétentions divines, qui sont niées dans les monuments publics. Seuls ses amis les plus intimes et sa famille en auraient connu l'existence, mais le camée eut ensuite une histoire longue et illustre, que l'on peut suivre, après la chute de l'Empire romain, dans les trésors des rois de France et d'Autriche.

Patronage impérial dans les provinces

Au début du règne de Tibère, en 17 apr. J.-C., un grave tremblement de terre en Asie Mineure causa d'importants dégâts dans de nombreuses villes. Parmi les douze villes qui furent détruites, Sardes, dans l'actuelle Turquie (voir ill. 0.1), fut la plus durement touchée, d'après l'historien Tacite [*Annales*, II, 47]. L'empereur fit don de sommes considérables pour permettre aux citoyens de reconstruire les principaux édifices, et les exempta d'impôts pendant cinq ans. Pour cette munificence, on le remercia d'innombrables fois dans des inscriptions publiques – usage qui devint courant tout au long de l'Empire.

Les sculpteurs d'Aphrodisias, autre ville d'Asie Mineure, étaient réputés dans l'Antiquité pour leur talent, et les fouilles faites à l'époque moderne ont effectivement mis au jour une quantité extraordinaire de sculptures de grande qualité, en marbre local, provenant de ce site. Sous le règne de Tibère, on construisit une agora (équivalent grec du forum romain), bordée par un portique de colonnes ioniques. L'entablement au-dessus fut sculpté d'un bel ensemble de têtes et de masques de théâtre reliés

4.3 Façade nord de l'arc de triomphe d'Orange. 26 apr. J.-C. Calcaire. Hauteur : 18,3 m env.

par des guirlandes chargées de fruits (ill. 4.2). De telles sculptures servaient habituellement à décorer les théâtres, mais leur emploi sur une architrave était une nouveauté. Les recherches récentes ont montré que les têtes ont été dégrossies dans les carrières, puis sculptées plus tard, sans doute sur place. Comme souvent, certaines des têtes sont de bien plus belle qualité que d'autres, suivant le talent du sculpteur.

Autre exemple de patronage impérial dans les provinces sous le règne de Tibère : l'arc de triomphe d'Orange, l'ancien Arausio, (ill. 4.3). Il fut construit en 26 apr. J.-C. pour commémorer l'écrasement d'une rébellion qui avait eu lieu cinq années plus tôt. C'est le plus ancien exemple qui subsiste d'un arc avec trois passages dans un bloc architectural unique, et il semble préfigurer les grands arcs de la fin de l'Empire.

Les bâtisseurs firent ici des expériences avec les proportions, et cet arc est inhabituel en ce qu'il porte un attique à deux niveaux (la section au sommet). Le relief sculpté sur les côtés de l'arc représente des amas d'armures prises à l'ennemi, préfigurant cette fois les reliefs du socle de la colonne Trajane (voir ill. 6.8). Le monument tout entier donne une impression de pesanteur, mais la décoration est d'une étonnante splendeur.

4.2 Têtes et guirlandes, provenant du portique de Tibère, Aphrodisias. Début Ier siècle apr. J.-C. Marbre. Musée d'Izmir.

Architecture
et sculpture impériales

Tibère, ou peut-être est-ce Néron, fit bâtir le premier palais impérial sur le Palatin, près des demeures de tant d'éminents citoyens de la période républicaine, et non loin de la modeste maison dans laquelle avait vécu Auguste. Il inaugurait ainsi un courant qui allait se poursuivre jusqu'à la fin de l'Empire. Le mot « palais » vient du reste de Palatin, ou plus précisément de Palatium, l'ancien nom de la colline. Il n'en reste guère qu'un immense squelette de plusieurs étages face au forum, lui-même construit pour l'essentiel à des époques ultérieures.

Dans ses dernières années, lassé des intrigues romaines, Tibère passa l'essentiel de son temps dans sa lointaine villa Jovis, sur l'île de Capri, dans la baie de Naples. Il s'intéressait beaucoup à la sculpture, et on dit qu'il avait la statue d'un jeune Grec nu dans

sa chambre à coucher. Il séjournait également dans sa somptueuse résidence de Sperlonga, où il y avait une villa de l'époque républicaine, et d'immenses grottes qu'il avait fait décorer de sculptures. Une représentation de l'une de ces grottes datant du XIXᵉ siècle (ill. 4.7) donne une bonne idée du cadre romantique dans lequel se trouvaient ces sculptures. Des figures dramatiques représentant les aventures

4.4 *À gauche :* Le timonier du navire d'Ulysse lors de la rencontre avec Scylla, détail d'une grotte à la villa de Tibère à Sperlonga. Iᵉʳ siècle av. J.-C. ou Iᵉʳ siècle apr. J.-C. Marbre. Grandeur nature. Museo archeologico nazionale, Sperlonga.

4.5 *Ci-dessus :* Tête d'Ulysse, détail d'une grotte à la villa de Tibère à Sperlonga. Iᵉʳ siècle av. J.-C. ou Iᵉʳ siècle apr. J.-C. Marbre. Grandeur nature. Museo archeologico nazionale, Sperlonga.

4.6 *Ci-contre :* Tête de Laocoon. Œuvre grecque du Iᵉʳ siècle apr. J.-C., dans le style hellénistique. Marbre. Musei Vaticani, Rome.

4.7 Grotte à Sperlonga. Eau-forte dans *Viaggio pittoresco da Roma a Napoli* (1839) de L. Rossini, planche 47.

d'Ulysse étaient placées au milieu d'un bassin naturel et dans les niches des parois. L'un des groupes de statues représentait la rencontre d'Ulysse avec Scylla, monstre marin féminin qui arrachait les marins aux navires de passage. On voit le timonier qui se débat à la poupe du navire en difficulté avant de tomber par-dessus bord (ill. 4.4). La tête d'Ulysse lui-même (ill. 4.5) exprime toute l'angoisse de l'instant : la chevelure défaite, les yeux exorbités et la bouche ouverte.

Ce groupe éloquent est un bel exemple de la manière dont les Romains adaptèrent un style développé d'abord par les sculpteurs hellénistiques. On y trouve une claire réminiscence des sculptures de l'immense autel de Zeus à Pergame et d'autres groupes de style hellénistique, tel celui de Laocoon, le prêtre troyen qui prédit la supercherie du cheval de Troie

(ill. 4.6). Dans ces groupes sculptés d'inspiration grecque, l'accent est mis sur l'action dramatique. Pour montrer l'expression humaine, les yeux sont profondément creusés, la bouche est ouverte, le visage contracté, les cheveux défaits. Les ombres lourdes qu'obtiennent les sculpteurs en taillant profondément ne sont pas sans ressembler au maquillage utilisé dans le théâtre moderne. La représentation de l'émotion et de la souffrance humaines dans la sculpture de Sperlonga est un exemple du retour à ces procédés, au cours de ce qu'on appelle souvent le « baroque hellénistique ». Il est intéressant de noter que le goût personnel de Tibère le portait plutôt vers ce style, contrairement à Auguste qui préférait le style classique froid et impersonnel, perpétué par Tibère lui-même dans les portraits et les monuments publics.

Portraits

LES AUTRES JULIO-CLAUDIENS

De même qu'il avait été important pour Tibère d'établir des liens avec son prédécesseur, les autres membres de la famille (ill. 4.8) essayèrent de mettre en évidence les caractéristiques qui pourraient les rattacher au fondateur de la dynastie. Tibère n'était pas consanguin d'Auguste, puisqu'il était le fils d'un précédent mariage de Livia ; Caligula (qui régna de 37 à 41 apr. J.-C., après Tibère) ne l'était pas non plus, mais on le fit néanmoins ressembler à Auguste, avec une tête de forme semblable, un nez droit et des oreilles décollées (ill. 4.9). La personnalité cruelle de Caligula transparaît clairement dans les lèvres serrées et les yeux fuyants. Les autres empereurs de cette dynastie – Claude et Néron – étaient eux aussi des Claudiens, liés l'un à l'autre à la fois par le sang et par le mariage, puisque Claude prit pour seconde épouse la mère de Néron.

Claude (règne : 41-54 apr. J.-C.) était assez intelligent, d'après son biographe Suétone, et animé de bonnes intentions, mais il souffrait d'une personnalité faible. Ses traits doux sont rendus dans cette sculpture étonnante de l'empereur avec les attributs de Jupiter (ill. 4.10) ; l'on ne peut que se demander si l'artiste se moquait d'un empereur qui passait pour épileptique et quasi irresponsable. Il eut le malheur de tomber à deux reprises entre les mains d'épouses manipulatrices et impitoyables : d'abord Messaline, puis sa nièce Agrippine, qui intrigua ensuite pour que son fils Néron hérite du trône.

Dans les statues de Néron (qui régna de 54 à 68 apr. J.-C.), les sculpteurs insistèrent sur sa lourdeur – ce qui peut-être séduisait l'œil antique, mais satisfait peu l'œil moderne (ill. 4.11). Le crâne en forme de bulbe était un trait caractéristique de la lignée julio-claudienne, et sa coiffure nous rappelle les mèches retombant sur le front d'Auguste ; mais les boucles de Néron semblent en mouvement, plutôt que simplement posées sur le front. L'empereur essayait d'imiter la coiffure d'Alexandre le Grand, en espérant, comme Pompée (voir p. 71), que, grâce à cette ressemblance, il bénéficierait un peu du prestige de son prédécesseur.

Bien que ce portrait officiel n'ait pas été conçu comme une étude de caractère, on peut quand même

4.8 Arbre généalogique des principaux membres de la dynastie julio-claudienne. Les noms cités dans le texte sont en gras, et les empereurs en capitales. Les numéros à côté des noms font référence au premier, deuxième, troisième et quatrième mariage de la personne en question.

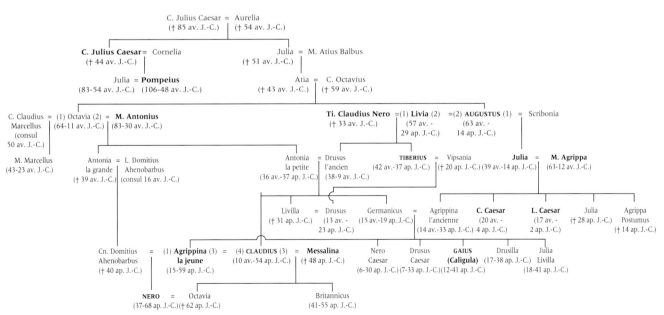

4.9 *Ci-dessus :* Caligula vêtu d'une toge, provenant de Rome. 38 apr. J.-C. env. Marbre. Hauteur : 2,08 m. Virginia Museum of Fine Arts, Richmond, Virginie, Glasgow Fund.
4.10 *Ci-dessus à droite :* Claude en Jupiter. 50 apr. J.-C. env. Marbre. Plus grand que nature. Musei Vaticani, Rome.

deviner quel genre d'homme était le sujet. Deux des plus grands méfaits de Néron furent de faire mettre à mort sa mère et son demi-frère : il craignait en effet la personnalité dominatrice d'Agrippine et les droits légitimes de son frère au trône impérial.

C'est ainsi que débuta le règne de la terreur, et l'empereur continua d'éliminer quiconque semblait s'opposer à lui. D'un autre côté, il fut un souverain aimé pendant une grande partie de son règne, car il se montra généreux en offrant au peuple des jeux et d'autres bienfaits. Ce n'est que tardivement que se révéla le côté imprévisible et insupportable de son caractère, dans ses participations inconsidérées à des courses de char et à des concours de chant, dont il attendait des louanges enthousiastes.

4.11 Portrait de Néron, provenant de Rome.
64-68 apr. J.-C. Marbre. Hauteur : 38,1 cm. Worcester Art
Museum, Worcester, Massachusetts.

CITOYENS ORDINAIRES

On connaît une série de tombes exceptionnellement
bien conservées qui servirent de l'époque augustéenne jusque dans les dernières années de la dynastie julio-claudienne. On découvrit au milieu du
XIXᵉ siècle à Vigna Codini, le long de la via Latina,
aux abords de Rome, trois columbariums (ill. 4.12),
ainsi nommés en raison des niches murales rondes
ou rectangulaires qui ressemblent à un pigeonnier.
Ils contenaient les urnes cinéraires, dans lesquelles
étaient placées les cendres des défunts. Dans ce tombeau, chacun des quatre murs comprend neuf rangs
de niches, avec neuf niches dans chaque rang. Le
tombeau fut sans doute construit à l'époque augustéenne, car les inscriptions indiquent que la plupart
des morts étaient des esclaves ou des affranchis de
Livia et d'autres membres de la famille impériale.
Mais il était d'usage de réutiliser ces niches, et d'ajouter des membres ultérieurs de la famille longtemps
après la mort des ancêtres.

Certaines des niches destinées à l'origine à des
urnes furent agrandies pour recevoir un buste du
défunt ; trois de ces statues avaient survécu lorsque
la photographie fut prise en 1877. À l'extrême
gauche, on peut voir la tête d'une jeune femme
(ill. 4.13), peut-être datable, grâce à sa coiffure, de
l'époque de Néron ; dans une niche sur le mur à
droite se trouve la tête d'un homme plus âgé
(ill. 4.14). Les deux têtes furent sculptées avec une
attention particulière aux textures de la peau et de
la chevelure, ainsi qu'aux muscles et à l'ossature.
Leur bon état de conservation peut s'expliquer par
le fait qu'elles restèrent protégées dans le columbarium jusqu'à l'époque moderne.

Sculpture
PIÉTÉ

L'Ara Pietatis Augustae (l'autel de la Piété d'Auguste)
fut conçu par Tibère et voté par le Sénat en 22 apr.
J.-C., probablement en l'honneur de Livia, très
malade à ce moment-là. Mais l'œuvre sculptée ne
fut réalisée que sous le règne de Claude, qui s'intéressa aux monuments commémorant la piété et
l'honneur de ses ancêtres.

Bien qu'on ne sache pas clairement si les reliefs
romains qui subsistent proviennent de l'Ara Pietatis
Augustae, les panneaux sculptés d'un autre autel
claudien nous donnent des exemples de cette
période. Dans une partie de la frise, on s'apprête à
sacrifier un taureau devant le temple de Mars Ultor
sur le forum d'Auguste (ill. 4.15 ; voir ill. 3.1 et 3.2).
On notera la construction typiquement romaine,
avec le temple sur un haut soubassement et des
marches à l'avant, ainsi que les chapiteaux corinthiens. La sculpture du fronton représente, au centre,
Mars, et à côté de lui, sur notre gauche, Vénus.

Le sculpteur s'est concentré sur les figures
humaines, mais a identifié le lieu et donné une
impression de grandeur en ajoutant l'imposante
façade du temple. L'espace limité est rendu par les
différentes profondeurs des figures, dont certaines
sont presque entièrement détachées du fond, tandis que d'autres, comme celles de l'Ara Pacis
Augustae (voir ill. 3.26), ressortent très peu. On peut
observer ici un procédé habituel : la réalisation de
profils, surtout en arrière-plan, ce qui permet la
représentation de plusieurs niveaux de figures,

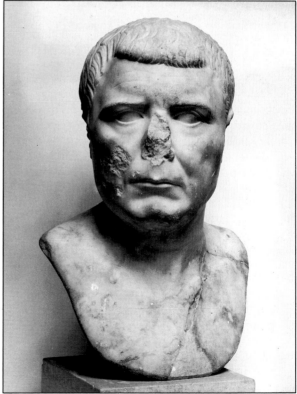

4.12 *Ci-contre, en haut :* Columbarium II à Vigna Codini, sur la via Latina, près de Rome. Iᵉʳ siècle apr. J.-C. Brique et pierre revêtues de plâtre. Superficie de la salle : 6 m x 5,5 m env.

4.13 *Ci-contre, à gauche :* Buste de jeune femme provenant du columbarium de Vigna Codini sur la Via Latina, près de Rome. Milieu Iᵉʳ siècle apr. J.-C. Marbre. Hauteur : 39,4 cm. Museo nazionale romano delle Terme, Rome.

4.14 *Ci-contre, à droite :* Buste d'homme provenant du columbarium de Vigna Codini sur la via Latina, près de Rome. Milieu Iᵉʳ siècle apr. J.-C. Marbre. Hauteur : 41,9 cm. Museo nazionale romano delle Terme, Rome.

4.15 Sacrifice d'un taureau sur le forum d'Auguste, frise d'un autel claudien. Milieu Iᵉʳ siècle apr. J.-C. Marbre. Hauteur : 1,1 m env. Villa Médicis, Rome.

découpés en bas relief, et donne une dimension spatiale ; pourtant, la netteté des traits est préservée. Les Romains apprirent ces procédés des Grecs, qui en avaient tiré pleinement parti sur des monuments funéraires.

Un autre relief de la période julio-claudienne montre un cortège de *vicomagistri*, un groupe d'affranchis qui gardaient les lares, ou dieux domestiques, du quartier (ill. 4.16). On voit ici les *vicomagistri* à l'extrême gauche, vêtus de toges. À côté d'eux se trouvent quatre serviteurs portant des statuettes, dont l'une représente le *genius*, le génie ou esprit de l'empereur vivant. Plus loin vers la droite se tiennent les sonneurs de trompettes, et, au centre, se déroule le sacrifice d'un bœuf, d'un taureau et d'une génisse, alignés l'un derrière l'autre, comme on le voit sur d'autres reliefs sacrificiels (voir ill. 2.23).

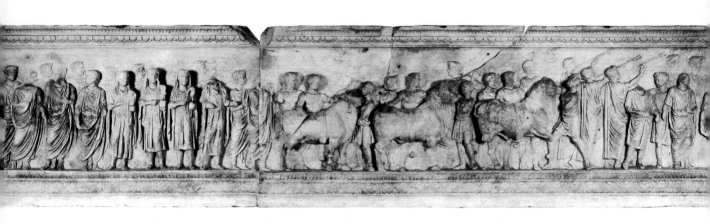

4.16 Cortège des *vicomagistri*, relief de la Chancellerie, Rome. Première moitié du Ier siècle apr. J.-C. Marbre. Musei Vaticani, Rome.

Sur le relief des *vicomagistri*, les sculptures du premier plan sont pour la plupart vues de face, tandis que celles du fond sont de profil. La manière schématique dont ces figures prennent des poses répétitives est conforme au courant italique et plébéien dans l'art romain. On retrouve ici un peu de cet aspect statique qui caractérise le relief plus ancien du temple de Neptune (voir ill. 2.23).

LE HÉROS IMPÉRIAL

On a récemment découvert, loin de Rome, un autre type de monument, le monument au héros, en l'occurrence le héros impérial. Depuis 1978, on a mis au jour une grande réserve de reliefs sculptés à Aphrodisias, d'un bâtiment qu'on appelle le Sébastéion – nom grec de l'Augusteum latin, lieu de culte de l'empereur Auguste, de sa famille et de ses descendants. Il était dans l'intérêt des Julio-Claudiens de continuer de mettre en avant leurs prétendus liens familiaux avec Vénus, et il n'y avait pas de meilleur endroit pour cela que la ville d'Aphrodisias, ainsi nommée en l'honneur de la déesse (dont le nom grec est Aphrodite). Bien entendu, d'autres édifices commémoraient la famille impériale dans différentes villes de l'Empire. Le Sébastéion, érigé aux alentours du milieu du Ier siècle apr. J.-C., était un portique de trois niveaux avec des reliefs sculptés insérés entre les colonnes des deuxième et troisième niveaux. Ils représentaient la famille impériale et des figures mythologiques et allégoriques.

Auguste lui-même est représenté nu, en héros, avec une étoffe en demi-cercle au-dessus de la tête (ill. 4.17). Une figure allégorique à sa droite représente la fertilité de la terre, un thème renforcé par la corne d'abondance dans la main de l'empereur.

La créature marine à queue de serpent à sa gauche ainsi que la rame dans son bras gauche représentent la paix romaine qui s'étend sur les mers. Le symbolisme rappelle celui de la fertilité dans le relief de la Paix sur l'Ara Pacis (voir ill. 3.22). Si les figures musclées et la tension dramatique des visages et des corps sont issues de la sculpture hellénistique, du type de l'autel de Zeus à Pergame et du Laocoon (voir ill. 2.25 et 4.6), cette œuvre est également très représentative du talent des sculpteurs d'Aphrodisias.

4.17 Auguste, provenant du Sébastéion, Aphrodisias. Milieu Ier siècle apr. J.-C. Marbre. Hauteur : 1,5 m env. Maison des fouilles, Aphrodisias.

UN CONTE MYTHOLOGIQUE

On peut prêter un talent comparable à ceux qui exécutèrent le groupe sculpté représentant l'histoire d'Ulysse, récemment trouvé en mer, au large d'un cap rocheux près de Naples, à Baies. Baptisé du nom du site de sa découverte, la Punta dell'Epitaffio, ce groupe comprenait une statue d'Ulysse (ill. 4.18), dont la tête a été gravement endommagée par le séjour dans l'eau. On le voit avancer prudemment, offrant une coupe de vin magnifiquement décorée à Polyphème, cyclope dont il entend crever l'œil unique. On notera le merveilleux contraste entre la manière dont Ulysse tend fermement la coupe pour tenter le géant, tout en gardant la jambe droite en retrait, comme hésitant à approcher la créature terrifiante.

Une deuxième figure du groupe représente l'un des compagnons d'Ulysse qui se dresse, avec sur sa cuisse une outre à vin qu'il s'apprête à offrir au géant (ill. 4.19). La main qui s'enfonce dans la peau de l'outre est rendue de manière magistrale, de même que toute l'expression du corps traduit son appréhension devant la tâche qui l'attend.

Le langage expressif de ces statues est issu de modèles hellénistiques, mais les sculpteurs du milieu du Ier siècle qui les exécutèrent comprenaient bien les subtilités de la musculature, de la draperie, et

4.18 Ulysse, provenant de Punta dell'Epitaffio, Baies, Naples. Milieu Ier siècle apr. J.-C. Marbre. Hauteur : 1,75 m. Castello di Baia.

4.19 L'un des compagnons d'Ulysse, provenant de la Punta dell'Epitaffio, Baies, Naples. Milieu Ier siècle apr. J.-C. Marbre. Hauteur : 1,69 m. Castello di Baia.

le drame de l'instant. Ils connaissaient sans doute le groupe sculpté des grottes de Sperlonga (ill. 4.4, 4.5, 4.7), où des événements dramatiques étaient rendus de manière semblable.

Œuvres publiques

Auguste avait donné l'exemple en réparant des édifices publics ou en en faisant construire d'autres, soit à ses frais, soit en encourageant des membres de son entourage à y participer. Les sources témoignent de certains projets grandioses de Caligula, dont un pont traversant la baie de Baies (Baia) à Puteoli, près de Naples ; mais, étant donné sa réputation de mégalomanie, ce pourrait être pure invention. D'un autre côté, il est possible que ces histoires soient le reflet de progrès techniques en Campanie, autour de la baie de Naples, patrie de la pouzzolane – qui entre dans la composition d'un matériau de construction utilisé dans tout le monde romain. Claude fit construire ainsi un nouveau port maritime (porté à tort au crédit de Néron) au nord de l'embouchure du Tibre, près d'Ostie.

Plusieurs des contributions de Claude, dans le domaine des équipements publics, sont encore visibles à Rome aujourd'hui. L'une de ses préoccupations majeures fut l'alimentation en eau, et il acheva deux aqueducs commencés sous le règne de Caligula. Des parties de l'Aqua Claudia, ainsi qu'on l'appelle, se dressent encore dans la campagne autour de la ville (ill. 4.20), mais l'élément le plus remarquable qui subsiste à Rome est la Porta Maggiore (ill. 4.21), portion de l'aqueduc qui se caractérise par un double arc traversant deux anciennes routes, et transportant deux canalisations d'eau à des niveaux différents. La maçonnerie sur les parties les plus basses de ces arcs a été délibérément laissée en pierres dégrossies, telles qu'elles provenaient des carrières : même les fûts des colonnes ont cet aspect, donnant l'impression d'un ouvrage inachevé. Ces pierres brutes en saillie, appelées « bossages », caractéristiques de l'architecture claudienne, ont séduit d'autres bâtisseurs des époques ultérieures.

Un autre aqueduc important fut construit en Espagne, à la fin du Ier siècle ou au début du IIe siècle apr. J.-C. Il se dresse encore, spectaculaire, dans la ville de Ségovie (ill. 4.22), culminant à plus de trente mètres. Les blocs de pierre des arcs, d'une hauteur inhabituelle, ont été laissés à l'état brut, peut-être pour donner une apparence de plus grande puissance

4.20 Aqua Claudia, près de Rome. Vers 50 apr. J.-C. Pierre.

4.21 Porta Maggiore, partie de l'Aqua Claudia, Rome. 50 apr. J.-C. env. Travertin.

4.22 Aqueduc à Ségovie. Début Iᵉʳ siècle ou début IIᵉ siècle apr. J.-C. Granite. Hauteur : 30,5 m.

à l'ouvrage ; on posait sur des corniches en saillie les échafaudages nécessaires aux travaux de construction puis de réparation.

Architecture

LA BASILIQUE SOUTERRAINE

Un remarquable édifice souterrain, qu'on appelle la Basilique souterraine, fut trouvé près de la Porta Maggiore (ill. 4.23). Terminée en abside à une extrémité, et pourvue d'une nef et de deux bas-côtés, elle pourrait avoir servi à quelque secte secrète à l'époque julio-claudienne, mais sa fonction demeure mystérieuse. Les voûtes du plafond comportent de belles décorations en stuc, bien préservées, peut-être les plus belles du monde romain. Des figures volantes et flottantes (ill. 4.24), qui rappellent la villa Farnésine, et des vignettes mythologiques en bas relief sont isolées sur un fond uni divisé en une grille faite de carrés et de rectangles. Le message spécifique de la décoration du plafond n'est pas clair, mais comme beaucoup de petites images représentent des scènes d'enlève-

4.23 Basilique souterraine, près de la Porta Maggiore, Rome. Milieu Iᵉʳ siècle apr. J.-C. Béton revêtu de stuc.

4.24 *Ci-contre :* Figures volantes et flottantes, du plafond de la Basilique souterraine, près de la Porta Maggiore, Rome. Milieu Iᵉʳ siècle apr. J.-C. Stuc.

ment et de libération ainsi que d'autres événements mythologiques, les spectateurs pourraient avoir vu là le reflet de leurs propres espoirs et aspirations.

LA MAISON DORÉE DE NÉRON

Sous le règne de Néron, en 64 apr. J.-C., un grand incendie détruisit une vaste partie du centre de Rome – et Néron, dit-on, « s'amusait pendant que Rome brûlait ».

Après ce désastre, un immense programme de construction fut engagé pour remplacer les parties incendiées de la ville. D'après l'historien Tacite [*Annales*, XV, 43], Néron lui-même exigea certaines mesures de sécurité, tel l'emploi de pierres particulières, qu'on pensait résistantes au feu, et l'interdiction des poutres en bois jusqu'à une certaine hauteur. Pour abriter tous ceux qui avaient perdu leur logis, de nombreux immeubles d'habitation assez hauts furent construits selon des techniques plus sûres, et l'urbanisation se développa. Le surpeuplement fut l'objet de satires de la part du poète romain Juvénal [*Satire* III], qui déplorait que les rues fussent bruyantes et sales et les individus aussi grossiers.

Alors que les pauvres étaient confrontés à bien des difficultés, Néron saisit l'occasion pour se faire construire une somptueuse maison de campagne au centre de la ville, sur une vaste superficie qui avait été dégagée par l'incendie. Cette demeure extraordinairement somptueuse était en partie dorée, d'où son nom de Maison dorée de Néron, ou Domus aurea. L'empereur fit appel aux meilleurs architectes du temps, Severus et Celer, pour construire le palais, les jardins environnants et le lac artificiel.

L'une des sections qui subsistent, ensuite intégrée aux thermes de Trajan qui furent construits au-dessus (voir p. l65), s'appuyait sur une idée architecturale révolutionnaire : un espace octogonal avec des pièces plus petites qui rayonnaient autour (ill. 4.25 et 4.26). Un dôme avec une ouverture centrale, qu'on appelle *oculus*, couvrait la pièce octogonale. Outre la lumière qui entrait par le haut, des fentes éclairaient les pièces radiales. Ce plan ingénieux et sans précédent cachait la source de lumière aux yeux du visiteur.

On se demande si cette pièce pourrait être identifiée à la remarquable salle à manger que décrit Suétone dans sa biographie de Néron. Cette salle était censée avoir un dôme doré qui tournait à l'imitation de la voûte céleste, pour le plus grand plaisir des hôtes, avec des plafonds en ivoire d'où pouvaient

4.25 Salle octogonale dans la Maison dorée de Néron, Rome, plan.

4.26 Salle octogonale dans la Maison dorée de Néron, Rome. 64 apr. J.-C. Béton revêtu de brique.

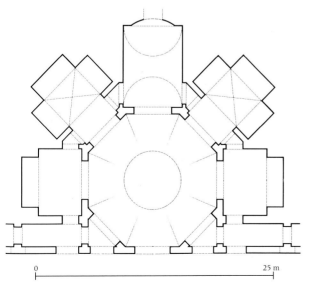

4.27 Oiseaux, animaux et créatures marines, Maison dorée de Néron, Rome. 64-68 apr. J.-C. Peinture de plafond.

4.28 Paysages et motifs architecturaux, Maison dorée de Néron, Rome. 64-68 apr. J.-C. Peinture murale.

être déversés des fleurs et des parfums. Suétone écrit :

« [Le palais] avait un vestibule dans lequel se dressait une colossale statue de Néron lui-même, de cent vingt pieds de haut ; la surface qu'il couvrait était si grande qu'il avait un portique d'un mille de long avec trois colonnades ; il avait également un bassin qui ressemblait à la mer et qui était entouré de bâtiments qui devaient donner l'impression de villes [...]. Toutes les constructions dans les autres parties du palais étaient couvertes d'or et rehaussées de gemmes et de nacre. »
[Suétone, *Néron*, XXXI]

Même si aujourd'hui ne subsistent que les pièces les plus basses de la Domus aurea, il en reste suffisamment pour voir que cet édifice incarnait de nouvelles idées importantes dans le domaine des techniques de construction, et en particulier des voûtes. L'emploi de béton pour former le dôme de la pièce octogonale et les longs passages voûtés qui se trouvent aujourd'hui encore sous terre montre que les architectes avaient compris toutes les possibilités qu'offrait la pouzzolane, leur principal matériau de construction. Sous les empereurs suivants, en particulier Hadrien, l'architecture poussa ces possibilités encore plus loin.

Les peintures murales Les peintures murales de la Maison dorée furent découvertes à la fin du XVe siècle. Un certain nombre de peintres célèbres de la Renaissance, dont Raphaël et Giulio Romano, après avoir rampé pour voir le plafond, qui était alors bien enfoui, eurent l'idée de peindre des motifs décoratifs similaires dans certaines de leurs propres œuvres. On appelait « grottes » ces ruines, et on baptisa donc les figures sur le mur *grotteschi*, ou « grotesques ». Mais il ne faut pas oublier que les principales peintures de la Maison dorée n'ont pas été bien conservées, et qu'on ne peut donc pas avoir une idée exacte de la somptueuse décoration de ce palais. Les spectaculaires décorations murales – mosaïques, stucs, et placages de marbre – sont également perdues.

Les peintures conservées dans la Maison dorée sont de deux types. Certaines, comme cet exemple provenant d'un plafond, sont dans le troisième style pompéien (ill. 4.27), avec ses cadres et ses rectangles

fins, et divers procédés décoratifs, apposé sur un fond uni. Le volume n'est plus souligné, et on n'y trouve plus les vues sur les cours ou les jardins. La surface du plafond lui-même, plutôt que l'illusion d'espace, est partout apparente. De petites figures reposent sur des barres étroites ou volent à travers les champs de couleur, un peu comme les figures en stuc sur le plafond de la Basilique souterraine, légèrement antérieure, à la Porta Maggiore (ill. 4.24).

Le quatrième style pompéien Le quatrième style pompéien, auquel on peut rattacher la plupart des peintures de la Maison dorée (ill. 4.28), est en un sens une combinaison des deuxième et troisième styles. On y trouve encore de minces colonnes, dans une disposition toutefois un peu plus complexe, mais le mur est subdivisé en plusieurs niveaux spatiaux différents avec des vues sur des scènes en arrière-plan. Les solides éléments architecturaux du deuxième style reparaissent, mais sous une forme qui autorise davantage la fantaisie, et aboutit à une interprétation irréaliste, mais fabuleuse, de l'espace.

D'aucuns estiment que la création du quatrième style pompéien fut le fait, du moins en partie, du peintre Famulus, dont le nom est mentionné par Pline [*HN*, XXXV, 120]. Il peignait, dit-on, en toge, et travailla presque exclusivement dans la Domus aurea de Néron. Nous verrons des exemples mieux préservés de ce genre de peinture au chapitre suivant.

Résumé

La mort de Néron en 68 apr. J.-C. mit un terme à la dynastie des Julio-Claudiens. Les décennies qui s'étaient écoulées depuis le règne d'Auguste ne formèrent nullement un ensemble homogène, mais les empereurs successifs étaient liés par un certain degré de consanguinité (Claude était à la fois le grand-oncle de Néron et son beau-père) et formaient une caste aristocratique. L'histoire n'a pas jeté un regard très positif sur cette dynastie, mais du point de vue de l'art et de l'architecture, les réalisations furent d'une grande importance. En peinture et dans les arts décoratifs, ils atteignirent de nouveaux sommets, et la Maison dorée de Néron représentait une espèce de révolution architecturale.

5
Les Flaviens : du sauveur au despote 69-98 apr. J.-C.

La période flavienne est souvent qualifiée de « baroque » – terme qui sous-entend un certain flamboiement et une insistance sur les détails décoratifs. Les artistes devinrent assurément très habiles en sculpture et, dans le domaine du portrait, ils témoignèrent d'une nouvelle sensibilité à la dimension psychologique. Si en architecture, les Flaviens furent de grands bâtisseurs, les artistes, eux, apportèrent beaucoup d'attention aux détails ornementaux et aux reliefs sculptés. C'est au cours de cette période, en 79 apr. J.-C., qu'eut lieu la grande éruption du Vésuve, qui enterra sous les cendres Pompéi et Herculanum, ce qui préserva pour la postérité ces villes prospères de Campanie dans la baie de Naples, pétrifiées en pleine activité.

Lorsque Vespasien, le premier des empereurs flaviens, accéda au pouvoir, on le considéra un peu comme un sauveur. En effet, après la mort de Néron en 68 apr. J.-C., on avait vu se succéder en l'espace d'un an quatre empereurs différents – Galba, Othon, Vitellius puis Vespasien –, tous des généraux d'armée. Vespasien tira son pouvoir politique de sa force militaire, après avoir été nommé par Néron pour mater une révolte des Juifs en Palestine. Une fois qu'il eut été proclamé empereur par ses troupes, il remit le commandement en Palestine à son fils aîné, Titus, lequel mit un terme à la guerre en détruisant le temple

Détail du triomphe de Titus, ill. **5.9**. Arc de Titus, Rome. Vers 81 apr. J.-C. Relief en marbre.

de Jérusalem. L'ère flavienne débuta dans l'optimisme et l'espoir, mais le dernier empereur de la dynastie, Domitien, se fit une réputation méritée de despote.

Vespasien

Vespasien (69-79 apr. J.-C.) appartenait à une famille plébéienne et cultiva une image d'homme simple, qui contrastait avec celle de Néron. C'est à lui, Titus Flavius Vespasianus, que la dynastie des trente années suivantes doit son nom. Les effigies de Vespasien font apparaître un homme ordinaire, aimable (ill. 5.1), elles sont dépourvues de cet idéalisme qui caracté-

5.1 Portrait de Vespasien. Vers 75 apr. J.-C. Marbre. Grandeur nature. Ny Carlsberg Glyptotek, Copenhague.

rise si souvent les périodes augustéenne et julio-claudienne. Le visage ridé est sympathique, même s'il n'est pas particulièrement beau.

Les représentations de Vespasien sont un bon exemple du style réaliste auquel revinrent les sculpteurs et les mécènes de la Rome métropolitaine à cette époque (dans d'autres régions d'Italie, et surtout à Pompéi, il n'avait jamais vraiment disparu). Ce ne sera pas la dernière fois que l'art romain évoquera les styles passés, et l'une des caractéristiques de l'évolution de l'art du portrait romain est précisément cette alternance entre représentation réaliste et idéaliste. Les séries de têtes et de bustes qui s'accumulaient pour être présentées au public justifient cette alternance. Les étagères et les entrepôts devaient témoigner des styles des époques révolues, et aussi offrir des modèles de toutes sortes pour les copies et les adaptations, surtout si les artistes voulaient se démarquer du style le plus récent.

Architecture impériale

LE COLISÉE

Alors que pendant le règne de Néron les conditions de logement des pauvres s'étaient considérablement détériorées (voir p. 131), Vespasien fut salué comme un souverain proche du peuple, et il sut faire bon usage de cette image. L'une de ses décisions politiques les plus sages fut de restituer au domaine public ce qui avait été les jardins privés de la Maison dorée de Néron. Il le fit en construisant une monumentale arène, qu'on appelle, depuis le Moyen Âge, le Colisée (ill. 5.2 et 5.3), sur le site de ce qui avait été autrefois un lac dans le somptueux paysage néronien. Son axe principal s'étendait sur 188 mètres, son petit axe sur 156 mètres, et le mur extérieur s'élevait à une hauteur de 48,5 mètres. Le peuple romain comprit le message : le Colisée était l'amphithéâtre le plus grandiose du monde, et le premier permanent à Rome. Il était conçu pour servir de cadre à divers types de divertissements, y compris de fausses batailles navales, des jeux de gladiateurs et des chasses aux fauves, sur les lieux mêmes de résidence de l'ancien tyran.

Dans cet amphithéâtre Flavien, comme on l'appelait alors, la forme ovale et les sièges disposés selon une pente très inclinée permettaient à tous de voir

5.2 Le Colisée, Rome. Vers 72-80
apr. J.-C. Pierre et béton.
Hauteur : 48,5 m ;
longueur : 188 m ; largeur : 156 m.

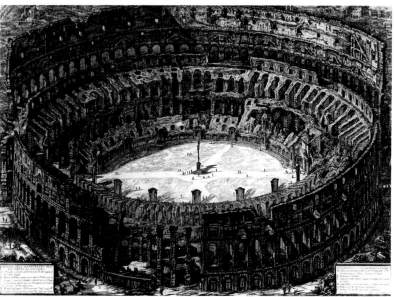

5.3 Le Colisée, Rome. Eau-forte
de Piranèse tirée des *Vues de
Rome*, 1776. Hauteur : 49,5 cm.

5.4 *Ci-dessus :* Premier étage intérieur, passage extérieur, le Colisée, Rome. Env. 72-80 apr. J.-C. Pierre et béton.

5.5 *Ci-contre :* Façade extérieure, le Colisée, Rome. Vers 72-80 apr. J.-C. Travertin.

ce qui se passait au centre de l'arène. Sa très grande capacité – on estime qu'il pouvait accueillir environ 50 000 spectateurs – aurait pu causer des problèmes lors des mouvements de foule, mais les architectes, qui les avaient prévus, avaient doté l'édifice de soixante-seize sorties qui auraient permis à tous les spectateurs de le quitter en peu de temps. Des allées intérieures, radiales et circulaires (ill. 5.4), ainsi que des escaliers donnant accès aux niveaux supérieurs permettaient également aux foules nombreuses de circuler à l'aise.

La structure était fondée sur une série d'arcs et de passages en arc qui se coupaient plus ou moins à angle droit, formant une voûte d'arête (voir glossaire p. 309). L'arc apportait la force dont on avait besoin, sans donner plus de masse ou de poids que nécessaire. Cependant de profondes fondations supportaient le poids extraordinaire de l'édifice. L'essentiel de l'intérieur fut construit en béton, mais les bâtisseurs utilisèrent du travertin (calcaire local) pour la maçonnerie extérieure et les principaux piliers.

Cette pierre était un matériau de construction très recherché à la Renaissance, si bien que le Colisée servit de véritable carrière pour les bâtisseurs de palais et d'autres édifices de cette époque.

Les architectes décorèrent la façade extérieure (ill. 5.5) de colonnes engagées d'ordre dorique pour le rez-de-chaussée, ionique pour le premier étage et corinthien pour le deuxième, et ils utilisèrent des pilastres corinthiens (colonnes engagées plates au lieu d'être rondes) pour le troisième niveau. Ainsi, visuellement, l'extérieur se rattache aux traditions décoratives grecques, bien que, d'un point de vue structurel, ce soit un édifice entièrement romain.

Les portes aux extrémités intérieures de l'ovale permettaient aux gladiateurs et aux bêtes d'entrer

dans l'arène et d'en sortir, avec un système élaboré de passages et de cages sous le niveau de l'arène (révélé par les fouilles ; ill. 5.2) pour faire entrer au bon endroit les lions et autres fauves. On hissait les cages, cachées à la vue du public, pour laisser les animaux accéder à l'arène. Le peintre français Gérôme fit l'une des plus célèbres reconstitutions du Colisée (ill. 5.6). Ici on voit les prêtresses, appelées vestales, tourner le pouce vers le sol – geste qui indiquait que le gladiateur ne devait pas épargner la vie de son adversaire. C'est l'une des nombreuses traditions sinistres associées au Colisée, la plus connue étant le martyre des chrétiens livrés aux lions.

5.6 *Pollice verso,* combat de gladiateurs au Colisée à Rome. Tableau de Jean-Léon Gérôme. Vers 1872. Hauteur : 1,02 m. Museum of Art, Phoenix, Arizona.

L'ARC DE TITUS

Titus (79-81 apr. J.-C.) eut l'honneur d'officier aux cérémonies inaugurales du Colisée, en 80 apr. J.-C. Mais aujourd'hui on le connaît surtout pour l'arc de triomphe (ill. 5.7) qui fut érigé pour célébrer sa victoire dans la guerre contre les Juifs. Les arcs de triomphe étaient associés à l'idée romaine de victoire, et un « triomphe » était un honneur voté par le Sénat. Il était célébré par un cortège rituel, avec les troupes qui défilaient devant la population et exhibaient le butin et les prisonniers de guerre, comme pour confirmer le succès du général et de son armée. La loi et les conventions obligeaient les soldats à déposer leurs armes aux portes de la ville avant de défiler sous l'arc de triomphe.

L'arc de Titus fut érigé par son frère et successeur, l'empereur Domitien (81-96 apr. J.-C.). C'est un arc de marbre relativement petit, avec une seule ouverture. Une inscription partiellement restaurée sur l'at-

5.7 *Ci-dessus* : Arc de Titus, Rome. Vers 81 apr. J.-C. Marbre. Hauteur : 15 m env. ; largeur : 12 m env.

5.8 *À droite* : Arc de Titus et palais Frangipani, Rome. Eau-forte de Piranèse tirée des *Vues de Rome*, 1760. Hauteur : 38,7 cm.

tique précise que le Sénat et le peuple romain (*Senatus Populusque Romanus*, souvent abrégé en *SPQR*) érigèrent ce monument pour saluer la mémoire de Titus déifié.

Des représentations de « victoires » ornent les angles au-dessus de l'arc, qu'on appelle les « tympans », et deux grands panneaux en relief, chacun avec une scène du cortège triomphal, décorent les murs de l'ouverture. L'illusion d'optique, en l'occurrence l'impression d'espace, de profondeur et d'atmosphère, est ici pleinement exploitée. Les deux reliefs donnent au spectateur le sentiment de marcher sous l'arc en se dirigeant du Colisée vers le Forum, et c'est effectivement ainsi que le cortège serait arrivé jusqu'au centre de la ville.

Les reliefs furent gravement endommagés lorsque la famille Frangipani intégra l'arc à sa forteresse médiévale (ill. 5.8). On creusa de gros trous pour placer des poutres, mais, par chance, une bonne partie des reliefs sont restés intacts. C'est du reste le plus ancien arc sculpté à Rome contenant encore des reliefs.

Sur la droite, lorsqu'on est face au Forum, se trouve le relief représentant Titus sur son char, conduit par une personnification de la déesse Roma, tandis que la Victoire le suit, le coiffant d'une couronne de laurier (ill. 5.9). La tête de Titus, qui est maintenant détruite, devait être un portrait, mais les membres de la suite impériale qui l'accompagnent sont idéalisés. Comme dans la Gemma Augustea (voir ill. 4.1), le divin se mêle à l'humain. Le thème du triomphe semble avoir appelé cette fusion des deux mondes.

En sculptant les figures les plus proches en haut relief, et en les opposant aux figures peu profondes du fond, l'artiste crée une impression d'espace. Le sculpteur utilise un autre procédé pour matérialiser

5.9 *Ci-contre, en haut :* Triomphe de Titus, arc de Titus, Rome. Vers 81 apr. J.-C. Relief en marbre. Hauteur : 2 m.

5.10 *Ci-contre, en bas :* Procession avec le chandelier à sept branches, arc de Titus, Rome. Vers 81 apr. J.-C. Relief en marbre. Hauteur : 2 m.

l'atmosphère : il laisse vide une grande partie de la portion supérieure du fond, à l'exception des *fasces* : placées en diagonale, elles donnent à l'espace une apparence de profondeur. C'est un procédé analogue qui a été utilisé pour le fond de la mosaïque d'Alexandre (voir ill. 2.46). L'espace ouvert aux niveaux supérieurs permettait également à l'artiste de placer Titus et la Victoire en position dominante au-dessus des autres figures.

Le second relief (ill. 5.10) ne focalise pas l'attention sur une figure particulière, mais le grand chandelier à sept branches (*menorah*) au centre retient le regard. Ici encore, l'artiste a laissé la partie supérieure de la frise largement vide, pour libérer l'espace. Les soldats défilent, portant le chandelier et d'autres objets sacrés du Temple de Jérusalem que les Romains viennent de détruire. Ils portent également des placards racontant les campagnes militaires aux foules bordant les rues. Ce butin fut ensuite exposé dans le temple de la Paix (voir ill. 3.3).

Le cortège, à l'extrémité la plus éloignée, semble, d'après les positions des soldats, avancer vers nous. Les figures les plus proches sont celles qui portent la litière avec le chandelier, et celles qui se trouvent à l'avant du cortège semblent s'éloigner de nous et passer sous un arc qu'on voit dépasser du fond. Il doit être à une certaine distance, puisque les soldats du premier rang semblent trop grands pour passer dessous. La file de soldats apparaît donc comme si elle tournait sous nos yeux, et nous avons effectivement l'impression d'assister à l'événement.

L'arc bien proportionné et ses sculptures saisissantes sont l'un des points culminants dans l'art du relief romain. La notion du « triomphateur » sur son char n'était pas nouvelle, et la combinaison de figures réelles, divines et allégoriques, telles Roma et la Victoire, apparaissait déjà dans des œuvres comme la Gemma Augustea (voir ill. 4.1). Mais c'est la première fois que nous trouvons cette combinaison sur un unique panneau monumental – formule qui devait jouer un rôle important dans l'iconographie romaine à venir.

LE PALAIS DES FLAVIENS

Domitien devait souffrir de paranoïa, car il craignait qu'à tout moment on ne vienne le poignarder dans le dos. C'est du moins ce qui expliquerait les murs couverts d'un marbre très brillant qui auraient servi de miroirs dans les salles publiques de son somptueux palais sur le Palatin à Rome. Tibère, ou peut-être Néron, avait été le premier empereur à construire une grandiose demeure du côté nord de la colline ; mais elle était désormais surpassée par le palais construit au sommet par le dernier des empereurs flaviens.

Comme architecte, Domitien choisit Rabirius, homme qui aimait à concevoir des pièces de forme inhabituelle – octogonales, par exemple, avec des niches circulaires et carrées (ill. 5.11). Ce fut un maître dans deux domaines : l'emploi du béton et le plan novateur qu'il imagina pour le palais. L'édifice est en deux parties distinctes : les salles d'audience publique, qu'on appelle Domus Flavia, et les appartements privés, ou Domus Augustana. Le palais occupait plusieurs niveaux entre le sommet de la colline et le flanc sud, face au Grand Cirque (Circus Maximus) où avaient lieu les courses de char. Les colonnades et les cours, les fontaines avec des motifs en demi-cercle (ill. 5.12), et les octogones dans

5.11 Plan du niveau inférieur du palais Flavien, Domus Augustana, Palatin, Rome.

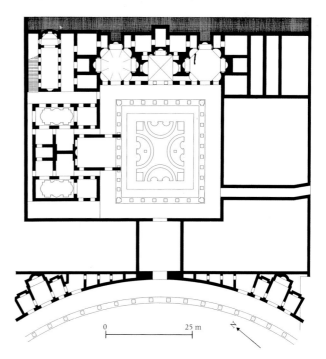

0   25 m

5.12 Fontaine au niveau inférieur du palais Flavien, Domus Augustana, Palatin, Rome. Vers 91 apr. J.-C. Brique et béton. 18,29 x 18,29 m.

les octogones en font l'un des plus intéressants des édifices impériaux. Le palais servit de demeure aux empereurs pendant les trois siècles qui suivirent.

Sculpture

RELIEFS IMPÉRIAUX

Deux représentations impériales, qu'on appelle les reliefs de la Chancellerie, faisaient à l'origine partie d'une grande frise qui ornait un autel. Ils furent découverts sous un palais pontifical, le Palazzo della Cancelleria, à la veille de la Seconde Guerre mondiale. L'un d'eux (ill. 5.13) montrait primitivement l'empereur Domitien partant en expédition militaire, guidé et encouragé par un groupe qui comprenait les déesses Roma et Minerve, le génie du Sénat (personnification de ce conseil), le génie du peuple romain et d'autres figures allégoriques. La tête de l'empereur fut ensuite resculptée en un portrait de son successeur, Nerva, après que Domitien eut subi la *damnatio memoriae*, élimination officielle de son souvenir des affaires publiques. Il n'était pas rare que l'on resculpte les têtes d'empereurs, par exemple, comme ici, lorsqu'un souverain était tombé en disgrâce, mais aussi par simple mesure d'économie, quand un commanditaire ne souhaitait pas payer le prix d'une statue neuve.

Le relief est animé d'un mouvement de la droite vers la gauche, accentué par une série de gestes qui guident le regard d'une figure à la suivante. Mais dans l'ensemble, l'illusion d'optique et les variations que nous avons vues dans les reliefs de l'arc de Titus (voir ill. 5.9 et 5.10) n'ont pas été utilisées ici. Il reste de l'espace vide au-dessus des figures, et certaines sont debout devant d'autres, mais l'effet est statique et mécanique. L'exécution à la fois des corps et des draperies témoigne néanmoins de l'habileté et de l'assurance des sculpteurs, et les gestes faisaient partie d'un code familier à tous les Romains, qui n'avaient pas besoin d'explication pour comprendre de tels reliefs.

Le second des reliefs de la Chancellerie (ill. 5.14) représente l'arrivée de Vespasien à Rome. Il est accueilli par Domitien, ainsi que par le génie du Sénat, Roma, des licteurs (qui précédaient les hauts magistrats) et des vestales. L'impression d'espace est rendue par le placement de certaines figures au-dessus et derrière les autres, et par le fait que les corps se recouvrent partiellement. Domitien le fit sculpter à sa propre gloire, laissant à penser qu'il s'était retiré pour laisser son père puis son frère aîné régner avant lui. Il essaya également de s'associer avec ceux de ses parents aimés du peuple. Bien qu'il manque certaines parties de la frise, la portion qui subsiste nous donne le meilleur exemple de relief impérial officiel à l'époque de Domitien.

L'un des plus beaux exemples de sculpture décorative romaine fut également exécuté à cette époque – pour une rénovation du temple de Venus Genetrix sur le forum de Jules César (ill. 5.15 ; plan, p. 89). La frise montre des Cupidons, œuvrant au service de Vénus, en train de s'acquitter de diverses tâches pour la déesse et son amant, Mars. Le traitement des figures est d'une extrême habileté, et les petites figures grassouillettes déploient une énergie considérable, représentée de manière très convaincante. Ce sont les précurseurs des chérubins qu'affectionneront tant les sculpteurs et peintres de la Renaissance.

5.13 *En haut :* Départ de Domitien.

5.14 *Ci-dessus :* Arrivée de Vespasien. Reliefs de la Chancellerie, Rome. 80-90 apr. J.-C. Marbre. Hauteur : 2,07 m. Musei Vaticani, Rome.

5.15 *À gauche :* Frise de Cupidons, provenant du temple de Venus Genetrix, forum de Jules César, Rome. Fin Ier siècle apr. J.-C. Marbre. Hauteur : 48,9 cm. Museo Capitolino, Rome.

RELIEFS PLÉBÉIENS

Les reliefs funéraires du type de ceux que l'on voit sur la tombe des Haterii (ill. 5.16) sont eux aussi décoratifs, mais issus d'une tout autre tradition. Ce monument, commande d'une famille privée, utilise le code artistique de l'art plébéien, qui se soucie peu des conventions des reliefs impériaux. Ici, une attention minutieuse est prêtée aux détails des édifices et des ornements funéraires. Un mausolée élaboré, avec des colonnes aux sculptures raffinées, une porte en bronze et des reliefs sur le côté, est encore en construction, comme le montre la grue sur roues que l'on voit en bas à gauche. Au-dessus, le défunt est exposé sur un lit de parade.

Peut-être l'occupant de la tombe était-il un bâtisseur. Quoi qu'il en soit, la sculpture ne se préoccupe pas de relations spatiales logiques ni de proportions relatives. La sculpture impériale officielle (tels les reliefs de la Chancellerie ; ill. 5.13 et 5.14), avec son élégante draperie et son mouvement lent et pesant, est ici remplacée par une prolifération enthousiaste de détails, comme si le sculpteur essayait de tout intégrer, et peu importe à quelle place.

PORTRAITS

Les sculpteurs de portraits de la période flavienne furent confrontés à de nouveaux problèmes. Le plus délicat était peut-être le style des coiffures féminines qui étaient en vogue à cette époque, en particulier les masses de boucles qui se dressaient sur le haut de la tête, au-dessus du front dégagé. Cette mode fut certainement lancée par l'une des épouses impériales, et adoptée très vite par les femmes élégantes. Le plus bel exemple, avec l'exécution la plus raffinée, est la tête de femme du musée du Capitole à Rome (ill. 5.17 et 5.18). Le haut du long cou élégant se tourne gracieusement, le visage au menton fort, aux sourcils épais, reste cependant très fin. Les boucles de sa magnifique coiffure laissent apparaître en leur centre des espaces vides, donnant un bel exemple de clair-obscur – utilisation du contraste entre ombre et lumière à des fins artistiques. Sur le dessus les cheveux sont harmonieusement disposés, tandis que des mèches rebelles, échappant à ce schéma bien ordonné, reposent joliment sur la nuque.

5.16 *Ci-contre :*
Mausolée en construction, relief de la tombe des Haterii, via Labicana, Rome. Fin Ier siècle apr. J.-C. Marbre. Hauteur : 1,04 m. Musei Vaticani, Rome.

5.17 *À droite :*
Portrait d'une dame de l'époque flavienne. Vers 90 apr. J.-C. Marbre. Hauteur : 63,5 cm. Museo Capitolino, Rome.

5.18 *À l'extrême droite :*
Le même vu de dos.

La femme debout posant en Vénus, vêtue uniquement d'une draperie qui lui retombe sur les jambes (ill. 5.19), est coiffée de la même manière. Le traitement du visage et de la chevelure n'a pas la magnifique subtilité de l'exemple précédent, mais la coiffure très haute est similaire. L'idée de sculpter ainsi l'effigie d'une femme riche, en la représentant debout et nue, sortant de chez le coiffeur, semble complètement incompréhensible pour le goût moderne, et n'était d'ailleurs pas si courante dans l'Antiquité. Il subsiste cependant des exemples de statues d'hommes nus, au visage identifiable, datant de l'époque républicaine et provenant de l'île de Délos. Hommes et femmes, citoyens ordinaires et empereurs apparaissaient désormais ainsi.

Ces deux œuvres parviennent à des effets artistiques grâce à des techniques sculpturales. La taille profonde, obtenue surtout à la pointe, forme des ombres foncées qui morcellent la surface. Les transitions entre les zones claires et foncées sont abruptes, à l'imitation de la peinture. Le contraste est marqué avec ce que l'on faisait auparavant : presque toute la surface de la sculpture était visible, et la gradation des ombres suivait une progression régulière. Dans la coiffure flavienne, les trous percés au foret produisent des ombres foncées, même si les trous eux-mêmes ne sont pas particulièrement profonds. Cette pratique se poursuit, notamment dans les reliefs du milieu à la fin du IIe siècle apr. J.-C. et dans les motifs des moulures architecturales.

Le portrait d'une femme âgée de la période flavienne (ill. 5.20 et 5.21) révèle particulièrement bien la personnalité du modèle. Avec les yeux mi-ouverts, les poches sous les yeux et les lèvres serrées, l'artiste réussit à montrer le caractère fort, rusé et intelligent de cette femme. Le traitement des ondulations rythmées de sa chevelure forme un splendide cadre pour le visage, sculpté avec une grande sensibilité. On retrouve un peu de cette sensibilité dans les portraits de Vespasien (ill. 5.1).

Le colossal portrait de l'empereur Titus, ou peut-être de Domitien (ill. 5.22), est de nature différente.

5.19 Portrait d'une dame de l'époque flavienne en Vénus, provenant de la Porta San Sebastiano, Rome.
Fin Ier siècle apr. J.-C. Marbre. Hauteur : 1,84 m.
Museo Capitolino, Rome.

5.20 *Ci-dessus, à gauche :* Portrait d'une dame âgée de l'époque flavienne. Fin Iᵉʳ siècle apr. J.-C. Marbre. Hauteur : 24,1 cm. Museo Laterano, Rome.

5.21 *Ci-dessus, au milieu :* Portrait d'une dame âgée de l'époque flavienne, profil. Fin Iᵉʳ siècle apr. J.-C. Marbre. Hauteur : 24,1 cm. Museo Laterano, Rome.

5.22 *Ci-dessus, à droite :* Portrait colossal de Titus ou de Domitien, provenant d'Éphèse. Fin Iᵉʳ siècle apr. J.-C. Marbre. Musée d'Izmir.

On devine les efforts du sculpteur pour dépeindre la force brute. Pourtant, on y retrouve la taille profonde dans la chevelure qui produit des effets de clair-obscur. L'œuvre fut découverte dans le temple Flavien d'Éphèse, en Asie Mineure (dans la Turquie actuelle ; voir ill. 0.1), où l'on continua d'apprécier ces traitements dramatiques tant que dura l'Empire romain.

Pompéi et Herculanum

Le désastre frappa les villes de Pompéi, d'Herculanum et de Stabies sous le règne des Flaviens. L'important tremblement de terre qui toucha la région en l'an 62 apr. J.-C. fut le signe avant-coureur de cette catastrophe. Bon nombre de maisons n'avaient pas encore été réparées, et d'autres venaient d'être récemment rénovées lorsque le Vésuve entra en éruption le 24 août 79, avec une telle violence que les cendres enfouirent complètement les villes situées à ses pieds.

Nous avons le précieux récit d'un témoin oculaire, sous forme de deux lettres adressées par Pline le Jeune à Tacite, le grand historien. Il lui raconte la mort de son oncle, Pline l'Ancien, qui commandait la flotte stationnée à proximité. Ces lettres nous donnent une idée de ce qui se passa en ce jour funeste d'août, lorsqu'une partie prospère et cultivée du monde romain disparut entièrement.

« L'apparence générale [du nuage volcanique] peut se comparer au mieux à un pin parasol, car il se dressa à une grande hauteur sur une sorte de tronc, puis se divisa en branches [...]. Entre-temps, sur le Vésuve, de larges plaques de feu et des flammes bondissantes s'embrasaient en plusieurs endroits, et leur vif éclat était accentué par l'obscurité de la nuit [...]. Nous vîmes la mer aspirée et apparemment contrainte à reculer par le tremblement de terre : elle s'éloigna de la rive au point que quantité de créatures marines furent laissées sur le sable sec. Vers la terre, un redoutable nuage noir était déchiré par des

éclats de feu fourchus et tremblants, et se sépara pour révéler de grandes langues de feu, comme des éclairs de taille plus grande. »
[Pline le Jeune, *Lettres*, VI, 16]

Les fouilles commencèrent au milieu du XVIIIe siècle, lorsqu'un homme qui creusait un puits découvrit le site d'Herculanum. Après en avoir remonté des sculptures romaines, il se mit à explorer le trou, pour découvrir un grand espace souterrain qui se révéla être un ancien théâtre. Les fouilles débutèrent alors sous les auspices du roi de Naples, Charles III, qui s'intéressait aux activités archéologiques. Conformément aux usages de l'époque, il considérait les objets anciens comme ses biens particuliers, et commença à réunir un musée personnel qui représente aujourd'hui une part importante du fonds du Musée archéologique de Naples. Le monde entier entendit parler des découvertes faites au pied du Vésuve grâce à une série de volumes dont les premiers parurent sous le règne de Charles III (ill. 5.23), et qui furent bientôt repris dans des éditions pirates dans d'autres pays d'Europe. Dans cette illustration, un détail du milieu d'une peinture murale de Pompéi, un centaure et une jeune fille qui joue de la lyre semblent flotter dans les airs.

Les villes enfouies nous ont beaucoup appris, non seulement sur les demeures privées et les monuments publics, mais aussi sur la vie quotidienne. Les vestiges calcinés nous ont permis de savoir ce que mangeaient les habitants et quel était leur mobilier. Dans la photo d'Herculanum (ill. 5.24), on voit que

5.23 Centaure et jeune fille tenant une lyre, extrait de *Antichità di Ercolano*, vol. I, p. 145, 1757. Gravure d'après un dessin de C. Paderni. Hauteur de la gravure : 34,3 cm ; largeur 47 cm. La peinture d'origine, provenant de la villa de Cicéron à Pompéi, se trouve au Museo archeologico nazionale, Naples.

5.24 Herculanum, vue de la ville dégagée par les fouilles, détruite en 79 apr. J.-C.

la ville moderne est située juste au-dessus de l'ancienne, et on aperçoit les trous carrés dans les murs latéraux des maisons, où les poutres supportaient autrefois les étages. Des matières organiques, comme les aliments et le bois, si souvent irrémédiablement perdues dans la terre, furent ici carbonisées, prises dans une prison de cendres qui leur donna au fil du temps une consistance rocheuse. Parmi les objets de la vie quotidienne découverts à Pompéi et à Herculanum, il y avait des lampes, des heurtoirs de porte, des balances romaines, des coupes, des flacons et des assiettes, des peignes et des épingles à cheveux – dont beaucoup étaient élégamment décorés, et faits de matériaux divers. Ces villes nous en ont révélé plus sur la vie et l'art du peuple romain que tout autre lieu, et elles sont une source précieuse qui permet de confirmer et de comprendre ce que nous apprend la littérature de cette époque.

LA VILLE DE POMPÉI

Nous avons déjà regardé un plan de maison pompéienne typique (voir ill. 2.3). La ville de Pompéi elle-même (ill. 5.25) s'étendait sur 65 hectares, et le mur qui l'entourait mesurait environ 3,2 kilomètres de long. La population était d'environ 10 000 habitants à son apogée. Comme toutes les villes romaines, elle avait un forum rectangulaire ; le sien, construit à l'époque républicaine, conserve la forme longue et étroite caractéristique des premiers exemples.

Il y avait également un forum triangulaire, plusieurs établissements de thermes, de nombreux temples, et des terrains de lutte et de gymnastique, appelés palestres. Les plus anciens thermes, les thermes de Stabies (ill. 5.26), conservent un plan de type ancien pour ce genre d'édifice, et sont couverts d'un dôme avec une ouverture dans le toit. Le *caldarium*, ou bain chaud, des thermes du forum (ill. 5.27) est également éclairé par des ouvertures dans le toit. Cette construction joua un rôle important dans l'architecture romaine ultérieure. Un grand amphithéâtre en pierre, la plus ancienne construction de ce type en Italie, et un théâtre servaient aux

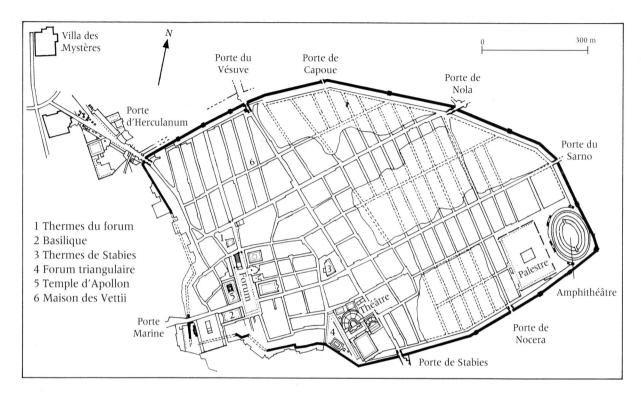

Villa des Mystères

N

Porte du Vésuve

Porte de Capoue

Porte de Nola

0   300 m

Porte d'Herculanum

Porte du Sarno

1 Thermes du forum
2 Basilique
3 Thermes de Stabies
4 Forum triangulaire
5 Temple d'Apollon
6 Maison des Vettii

Forum

Palestre

Théâtre

Amphithéâtre

Porte Marine

Porte de Nocera

Porte de Stabies

5.25 *Ci-dessus :* Pompéi en 79 apr. J.-C., plan.

5.26 *Ci-dessous :* Thermes de Stabies, Pompéi, plan.

1 Palestre	6 *Tepidarium*	10 *Tepidarium*
2 *Natatio*	7 *Caldarium*	des femmes
3 Vestibule	8 Chaudières	11 *Caldarium*
4 *Frigidarium*	9 Vestiaire des	des femmes
5 Vestiaire	femmes	12 Latrines

5.27 *Ci-dessous : Caldarium* dans les thermes du forum, Pompéi. Début Iᵉʳ siècle apr. J.-C. Béton.

5.28 *Ci-contre, en haut :* Vue de la via Stabiana, Pompéi.

5.29 *Ci-contre, en bas :* Le forum, Pompéi, avec le Vésuve dans le fond. IIᵉ siècle apr. J.-C. ; réparé en 63-79 apr. J.-C.

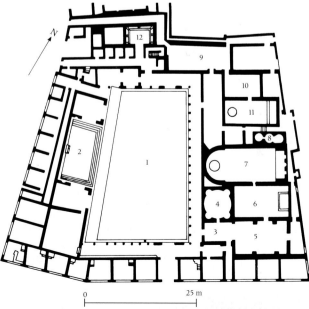

5.30 *À droite :* Péristyle de la maison des Vettii, Pompéi. Milieu Iᵉʳ siècle apr. J.-C.

5.31 *Au milieu :* Frise des Cupidons, maison des Vettii, Pompéi. 63-79 apr. J.-C. Peinture murale.

5.32 *En bas :* Hercule étranglant les serpents, et scènes architecturales, maison des Vettii, Pompéi. 63-79 apr. J.-C. Peinture murale.

divitissements publics. La meilleure image de la ville dans l'Antiquité nous est peut-être donnée par la scène de rue, avec ses grands pavés et ses pierres destinées aux piétons (ill. 5.28).

La plupart des bâtiments autour du forum n'avaient pas encore été restaurés après le tremblement de terre de 62 apr. J.-C. lorsque l'éruption du Vésuve ravagea la ville dix-sept ans plus tard. Seul le temple d'Apollon, sur le côté ouest, était pratiquement réparé (ill. 5.29). Comme le travail sur le Capitolium n'avait pas encore commencé, on peut supposer qu'une importante restauration avait été prévue pour cet édifice. Seules quelques maisons de la ville, l'amphithéâtre et le temple d'Isis étaient entièrement restaurés.

PEINTURES DANS LE QUATRIÈME STYLE POMPÉIEN

Par chance, bon nombre des peintures plus anciennes ont survécu au séisme, et, comme les murs qui avaient été nouvellement peints, elles furent bien préservées par les cendres du volcan. Pour découvrir les œuvres pompéiennes les plus récentes, on peut se tourner vers l'une des plus belles maisons de

5.33 *Ci-dessous, à gauche :* Vue architecturale, provenant d'Herculanum. 63-79 apr. J.-C. Peinture murale. Hauteur : 1,94 m. Museo archeologico nazionale, Naples.

5.34 *Ci-dessous :* Thésée et le Minotaure, provenant de la « Basilique » d'Herculanum. 63-79 apr. J.-C. Peinture murale. Hauteur : 1,91 m. Museo archeologico nazionale, Naples.

Pompéi, la maison des Vettii (ill. 5.30), restaurée juste après le séisme de 62. Dans l'une des pièces se trouvent de petits panneaux à fond noir avec de charmantes scènes où des cupidons s'adonnent à des tâches ordinaires – amours vignerons, pharmaciens, forgerons (ill. 5.31). La vivacité et le réalisme des corps de ces cupidons rendent ces peintures extrêmement séduisantes.

Dans l'une des élégantes pièces de la maison (ill. 5.32), le *triclinium* sud (salle à manger), on peut voir le jeune Hercule étranglant des serpents dans un grand carré jaune. À sa droite se trouvent deux vues architecturales typiques du quatrième style : elles marquent un regain d'intérêt pour l'architecture véritable par rapport au troisième style, mais avec plus de fantaisie que dans le deuxième.

Un fragment de peinture murale d'Herculanum montre le quatrième style dans sa forme théâtrale et exagérée (ill. 5.33). On l'a souvent comparé à un décor de théâtre, surtout à cause du rideau dans la partie supérieure et des masques théâtraux. On voit des vestiges du troisième style dans la colonne en forme de roseau à droite, mais la profondeur de l'espace qu'on a voulu rendre, quoique peu crédible, est caractéristique du quatrième. Derrière le fronton du premier plan apparaît un deuxième fronton et, encore plus lointain, un autre bâtiment plus clair et plus éloigné. C'est un exemple de perspective aérienne et la virtuosité du peintre anonyme force l'admiration.

La peinture grecque, sur panneau ou sur mur, influença incontestablement certaines des grandes peintures trouvées à Pompéi et à Herculanum. On en trouve une illustration remarquable dans un édifice public du forum d'Herculanum, la « Basilique », où l'on peut voir Thésée après qu'il eut sauvé les enfants d'Athènes des griffes du Minotaure qui s'apprêtait à les dévorer (ill. 5.34). Reconnaissants, les enfants embrassent et serrent les bras et les jambes du corps musclé de Thésée.

L'histoire de Thésée était un thème très apprécié dont une autre version apparaît sur le mur d'une maison de Pompéi. Les deux œuvres sont suffisamment semblables pour laisser à penser qu'elles proviennent du même original, tout comme beaucoup de statues de l'époque romaine semblent être des reproductions d'un même modèle.

Une autre peinture mythologique illustre un sujet étroitement lié à l'histoire et à la littérature romaines :

5.35 *Iapyx soigne Énée blessé*, provenant de Pompéi. Iᵉʳ siècle apr. J.-C. Peinture murale. Museo archeologico nazionale, Naples.

5.36 *Ci-contre :* Laraire dans la maison des Vettii, Pompéi. 63-79 apr. J.-C. Peinture murale.

le médecin Iapyx soignant Énée blessé. Cet épisode est raconté dans *L'Énéide*, livre XII, et l'artiste pompéien a fidèlement suivi le texte (ill. 5.35). La composition est centrée sur la figure d'Énée appuyé sur sa longue lance, mais plusieurs actions mineures se déroulent en même temps ou juste après. Le médecin est occupé à retirer la pointe de la flèche de la blessure, tandis que Vénus, dans le fond, apporte la plante magique qui fera tomber la pointe d'elle-même. L'histoire veut que la déesse soit invisible, et le fait qu'Énée regarde devant lui pendant qu'elle l'observe confirme que c'est bien ce que le peintre voulait traduire. Énée, qui ne pleure pas chez Virgile, réconforte son fils, Ascagne, qui, lui, est en larmes.

L'artiste a utilisé des zones de couleur contrastées, plutôt que des contours explicites des formes, pour définir les personnages. Il traite les changements de volume dans les formes des membres ou les plis de la draperie en variant l'intensité de la couleur

et par l'ajout de pigment blanc. La gamme des couleurs n'est pas très large ; le brun violacé, le bleu clair et le vert clair prédominent. Dans certaines parties, les endroits d'ombre plus foncés sont renforcés par de courts traits sombres qui donnent l'impression d'être des ajouts hâtifs. Des rehauts sur les tissus et la chair sont délimités par des traits blancs analogues. Parfois, l'intensité de la lumière est indiquée par des aires où le blanc a complètement remplacé la couleur. De tels contrastes brutaux entre le clair et le foncé, et l'impression de touches fraîches, animent d'autant l'œuvre.

Les figures et la référence au récit sont les seuls éléments de cette scène : aucun paysage ne sert de décor, aucun détail au premier plan ni au-delà. Le sol et le fond se distinguent à peine, et la lumière vive semble plutôt diffuse, si bien que les figures ne jettent que de vagues ombres conventionnelles derrière elles. Tout ceci est très différent de certaines

5.37 Le Vésuve vu de l'ouest, du laraire de la maison du Centenaire, Pompéi. Peinture murale. Museo archeologico nazionale, Naples.

présentations des grandes aventures mythologiques tirées de la tradition grecque, comme les paysages de *L'Odyssée* (voir ill. 2.45), où le décor apparaît presque aussi important que le récit.

Les maisons romaines avaient habituellement un laraire, petite chapelle ou autel qui protégeait la famille et qui garantissait santé, prospérité, et héritiers masculins au *pater familias*. Le laraire était souvent peint d'images représentant les lares, avec des serpents – symbole de la fécondité de la terre – dans la partie inférieure (ill. 5.36). Dans cet exemple, les lares sont les figures masculines qui dansent sur la pointe des pieds à droite et à gauche de la figure centrale, laquelle représente le « génie » du maître de maison. Celui-ci tient dans ses mains une patère et une boîte d'encens. Un serpent se faufile dans l'herbe vers un autel chargé d'offrandes.

Sur le mur d'un autre laraire se trouve la seule peinture ancienne du Vésuve (ill. 5.37). Dionysos est debout à gauche avec sa panthère, tandis qu'en dessous le serpent traditionnel s'approche d'un autel. Le culte des dieux lares était quasi universel chez les Romains, et son histoire remonte aux origines de Rome.

Parmi les portraits retrouvés à Pompéi, aucun ne nous donne l'impression d'être plus conforme à ses modèles que la double étude d'un couple marié (ill. 5.38). Les deux sujets regardent le visiteur d'un regard sans affectation : la femme, avec ses grands yeux intelligents, presse son « stylus » contre ses lèvres avec élégance, et tient une tablette devant elle ; l'expression de l'homme est un peu moins profonde, la lèvre supérieure remontant sous le nez camus. Les détails psychologiques sont soigneusement étudiés, et on a l'impression d'être devant la représentation pleine de sensibilité d'un couple de bourgeois.

On pourrait comparer la femme à une mosaïque (ill. 5.39), ornant un sol tardif, bien qu'elle ait probablement été exécutée au Ier siècle av. J.-C. Le talent du mosaïste est tout à fait exceptionnel, car il utilise de minuscules tesselles pour obtenir de subtiles gradations de lumière et d'ombre, et réussit à saisir l'expression fugace du modèle. La bouche mi-ouverte, la lèvre supérieure incurvée, et les lourdes paupières, laissent à penser qu'elle réfléchit et s'apprête à parler. Nous avons déjà vu les compétences des peintres et sculpteurs dans leurs portraits : cette œuvre-ci témoigne de la perfection que les mosaïstes romains pouvaient atteindre.

5.38 *Ci-dessus :* Portrait d'un couple marié, Pompéi. Milieu Iᵉʳ siècle apr. J.-C. Peinture murale. Hauteur : 64,8 cm. Museo archeologico nazionale, Naples.

5.39 *Ci-dessus, à droite :* Portrait de femme, Pompéi. Fin Iᵉʳ siècle av. J.-C. Mosaïque de sol. Hauteur : 25,4 cm. Museo archeologico nazionale, Naples.

5.40 Nature morte, provenant de la propriété de Julia Felix, Pompéi. Peinture murale. Iᵉʳ siècle apr. J.-C. Museo archeologico nazionale, Naples.

Des événements spécifiques de la vie quotidienne trouvèrent leur place dans certaines peintures pompéiennes. L'historien romain Tacite [*Annales*, XIV, 17] relate une émeute qui éclata en 59 apr. J.-C. entre les Pompéiens et leurs voisins de Nuceria (Nocera). L'événement eut lieu dans l'amphithéâtre de Pompéi et ses environs, et fut représenté dans une peinture trouvée à Pompéi (ill. 5.41). La vue aérienne sur l'amphithéâtre nous permet d'observer les combats entre des figures bien trop grandes par rapport à la structure architecturale, mais qui expriment bien l'atmosphère de la lutte. Outre son intérêt historique, c'est un bon exemple de la capacité du peintre romain à montrer simultanément différents points de vue. Il nous offre en effet une vue directe sur l'arène en même temps qu'une vue latérale de l'extérieur.

Les peintres romains de cette époque utilisaient volontiers un autre procédé consistant à orner les murs de natures mortes réalistes, souvent de petits panneaux ou des sections d'un système plus élaboré de décoration murale. L'une de celles-ci (ill. 5.40), provenant de la propriété de Julia Felix à Pompéi, montre un plat d'œufs placé entre un vase surmonté d'une cuiller et un pichet en bronze. Des grives mortes, à la poitrine tachetée, et, plus à droite, un torchon sont accrochés au mur ; un flacon fermé avec un bouchon est appuyé contre le support. Les récipients en argent, peints de couleur bleuâtre, ont des rehauts correspondant aux reflets. Les textures sont ici lisses, mais les distinctions de couleur – par exemple, pour montrer les ombres et le bord du tissu, ainsi que les pattes des oiseaux – sont exécutées avec soin. L'artiste relie magistralement la forme et le volume d'un objet à l'autre. Les formes courbes des récipients et des oiseaux contrastent avec les lignes droites de l'étagère rectangulaire, et les diagonales du tissu, du flacon, des oiseaux et de la cuiller se répondent l'une à l'autre.

L'ART PROVINCIAL

Pompéi était une ville bourgeoise et provinciale, à quelque distance de la capitale ; et bon nombre de ses habitants avaient un goût plus conservateur, dans le domaine artistique, que les Romains. Certaines des grandes demeures, comme la maison du Faune, appartenaient à des hommes qui pouvaient s'offrir ce qui se faisait de mieux, mais la plupart des Pompéiens vivaient sans le luxe qu'on trouve dans les demeures impériales ou les villas des plus riches. Pompéi et Herculanum forment un beau contraste avec l'art impérial, mieux conservé dans les différents lieux habités par les souverains. Les maisons, mais aussi les peintures, les sculptures et les arts décoratifs nous donnent une bonne idée du goût et des compétences de la classe moyenne.

Résumé

L'art flavien rompt de manière radicale avec le style qui prévalait sous les Julio-Claudiens. Bien qu'il reste des vestiges du classicisme froid d'Auguste dans certaines des œuvres les plus officielles, comme l'arc de Titus et les reliefs de la Chancellerie, un intérêt nouveau pour les relations spatiales, les textures et les décorations élaborées distingue ces monuments et les autres de ceux de la première partie du Ier siècle apr. J.-C. ; on y trouve les caractéristiques de ce que nous appelons le style « baroque flavien ». Parmi les grandes réalisations de cette période, il faut citer des portraits qui sont des chefs-d'œuvre, d'importants édifices comme le Colisée et le palais des Flaviens, et les magnifiques reliefs de l'arc de Titus. Par ailleurs, les œuvres plébéiennes sont également bien représentées par des reliefs de la tombe des Haterii et par les maisons des villes de Campanie ensevelies lors de l'éruption du Vésuve.

5.41 *Ci-contre :* Combat entre les Pompéiens et les Nucériens dans l'amphithéâtre de Pompéi en 59 apr. J.-C. Peinture murale. Museo archeologico nazionale, Naples.

6
Trajan,
Optimus Princeps
98-117 apr. J.-C.

Trajan fut le premier empereur né ailleurs qu'en Italie – dans la ville d'Italica, en Espagne. Il s'illustra dans la carrière militaire avant de devenir consul. Il accéda au pouvoir en 98 apr. J.-C., après avoir été adopté par son prédécesseur, le vieux et fragile Nerva, qui cherchait à gagner en crédibilité en s'associant à un général énergique et populaire ; la passation du pouvoir fut donc pacifique. Avec l'avènement de Trajan débuta une période de confiance dans la grandeur de l'Empire comme on n'en avait pas connu depuis Auguste. La popularité de Trajan fut telle que son règne devint l'aune à laquelle on jugea les périodes ultérieures de l'Empire romain.

Il subsiste de nombreux portraits du très populaire Trajan (ill. 6.2), généralement facile à identifier avec son front bas, ses lourdes mèches, son nez pointu et sa bouche large aux lèvres minces. D'une intelligence exceptionnelle, il alliait la vision politique à la sagesse militaire. Son surnom, *Optimus Princeps*, ou « le meilleur des princes », résume bien ce qu'il était pour le peuple.

Trajan analysa les besoins de l'Empire et se mit bientôt à construire de nouveaux édifices publics en Italie, dont un port supplémentaire à Portus, près d'Ostie. Il pensait également que les Daces,

Détail de la colonne Trajane, Rome, ill. 6.9.
Bandes inférieures du relief en spirale.
Construction d'un camp militaire romain et soldats dans un camp. Dédicace en 113 apr. J.-C. Marbre.

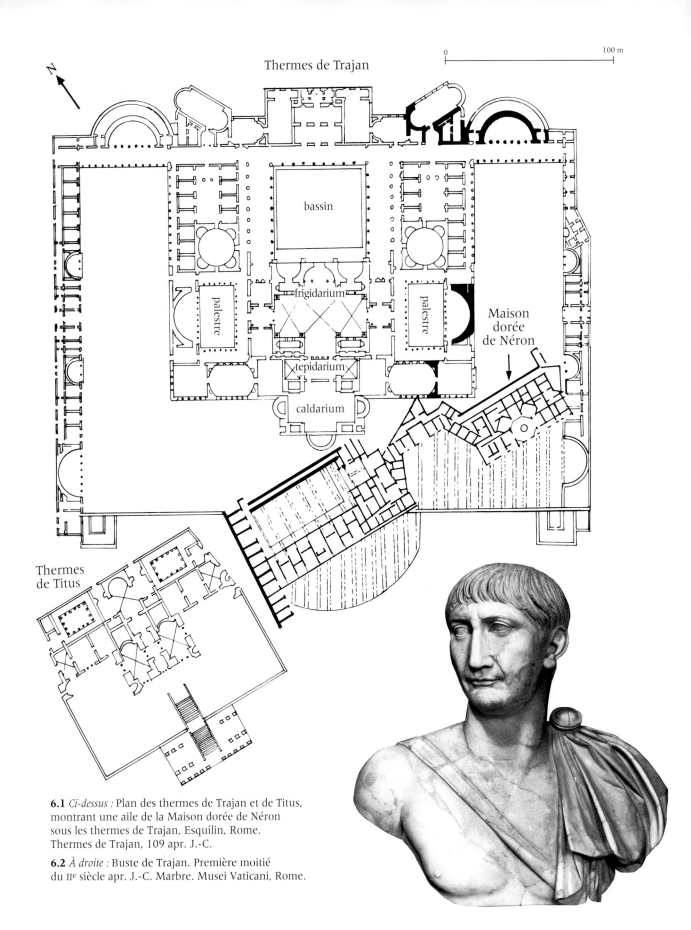

Thermes de Trajan

0   100 m

N

bassin

frigidarium

palestre

palestre

Maison
dorée
de Néron

tepidarium

caldarium

Thermes
de Titus

6.1 *Ci-dessus :* Plan des thermes de Trajan et de Titus,
montrant une aile de la Maison dorée de Néron
sous les thermes de Trajan, Esquilin, Rome.
Thermes de Trajan, 109 apr. J.-C.

6.2 *À droite :* Buste de Trajan. Première moitié
du IIe siècle apr. J.-C. Marbre. Musei Vaticani, Rome.

qui vivaient dans la Roumanie actuelle, faisaient peser une lourde menace sur la tranquillité des provinces européennes, et engagea contre eux deux importantes campagnes dont un superbe récit est préservé dans les reliefs de la colonne Trajane, érigée parmi l'ensemble d'édifices bâtis pour saluer sa victoire. L'une des caractéristiques de l'art de son règne est la manière directe de rapporter les événements historiques, combinée à une vision grandiose de l'importance de l'Empire et du premier de ses citoyens, qui s'exprime dans un vaste programme d'ouvrages publics aux somptueuses proportions.

Les thermes de Trajan

L'un des grands projets de Trajan pour la ville de Rome fut un immense établissement thermal construit sur l'Esquilin (ill. 6.1). L'architecte intégra une partie de la Maison dorée de Néron à la plate-forme soutenant le nouvel édifice, étayant ainsi les pentes de la colline. Les thermes de Trajan furent les premiers des immenses thermes impériaux construits dans le monde romain, et même s'ils suivaient en gros la disposition déjà adoptée dans les thermes de Titus, tout proches, la comparaison des deux plans permet de voir à quel point les dimensions se sont accrues. L'enceinte des thermes les plus grands mesure bien plus de 300 mètres dans chaque direction.

Les thermes de Trajan consistaient en un bâtiment central réunissant des pièces destinées à différentes fonctions, entouré d'une grande aire ouverte sur trois côtés qui servait à des exercices de gymnastique. Les principaux éléments du bâtiment central étaient les suivants : une piscine découverte, ou *natatio*, entourée d'une colonnade ; au centre de l'établissement, une grande chambre voûtée, appelée *frigidarium*, avec un bassin d'eau froide ; une petite pièce avec de l'eau tiède, le *tepidarium* ; et une pièce un peu plus grande avec des absides de trois côtés, le *caldarium*, avec de l'eau chaude. Dans les thermes plus anciens, on trouvait chacun de ces bassins, mais la *natatio* n'était pas encore un élément traditionnel.

Les Romains ordinaires des deux sexes passaient un peu de temps dans chaque partie des thermes. Mais les « thermes » avaient aussi une signification

beaucoup plus large, puisque gymnases, vestiaires, terrains de sport et salles de repos en étaient des composantes essentielles. Ces établissements étaient d'une grande importance pour le peuple romain, tout autant pour les divertissements et les activités sociales qui s'y déroulaient que pour les bains eux-mêmes. Lorsque Trajan décida de construire un édifice public aussi monumental, il mesurait certainement l'immense signification de ce geste en tant que propagande. Il ne pouvait manquer d'impressionner les plébéiens en ayant l'extraordinaire générosité de construire pour eux des thermes aussi vastes.

Le forum et les marchés de Trajan

Le forum et les marchés de Trajan méritent une attention toute particulière : ils témoignent en effet d'un vif intérêt pour le problème de l'usage multiple des bâtiments ; et, dans le cas des marchés, pour l'utilisation d'espaces qui sont en fait des fondations ou des murs de soutènement. Le plan, dans l'ensemble, a l'air assez simple, mais il regroupe en fait d'immenses espaces, couverts et découverts. Par exemple, la place du forum (ill. 6.7) mesurait 116 mètres sur 95 mètres. De plus, le sol n'était pas plat à l'origine : il y avait une colline du côté est. Une grande partie en fut aplanie pour créer l'espace plat du forum et une extrémité de la basilique. Il en résulta sans doute une haute falaise irrégulière qui risquait de s'effondrer au premier orage. C'est pour pallier cette menace que furent construits les marchés de Trajan, qui semblent si naturels sur le flanc de la colline, avec quelque cent cinquante boutiques et bureaux sur trois niveaux, combinés avec un grand marché couvert.

Les bâtiments des marchés et du forum sont souvent considérés comme un seul ensemble, alors que les marchés (ill. 6.4) étaient en fait séparés du forum et de la basilique par un haut mur. Celui-ci a maintenant disparu, mais à l'origine la vue était différente ; on n'aurait vu que les niveaux supérieurs du marché depuis le forum, et l'accès en était assez compliqué. Le forum et les marchés de Trajan furent conçus par l'architecte en chef du souverain,

Apollodore de Damas. Ce fut l'un des plus grands architectes de toute l'Antiquité, et cet édifice est le témoignage le plus important de son œuvre.

La base du plan des marchés est un demi-cercle qui semble s'envelopper autour de l'extérieur d'une immense exèdre sur le côté est du forum de Trajan qui se trouve au-dessous (ill. 6.3). De petites boutiques étaient placées selon une courbe qui suivait cette forme et, derrière elles, à un niveau supérieur, se trouvait une route qui prolongeait la même courbe. Plus tardivement, la rue a été surnommée « via Biberatica » (« rue du Poivre »), en raison des boutiques d'alimentation qui vendaient du poivre et d'autres épices.

L'Aula, une vaste salle à deux étages, était attenante à cet ensemble, mais à un niveau plus élevé, et comportait d'autres boutiques sur ses deux niveaux, avec un grand espace voûté au milieu (ill. 6.5 et 6.6). Les voûtes sont ici inhabituelles, puisque six voûtes d'arête couvrent la partie centrale, mais avec une discontinuité entre ce système

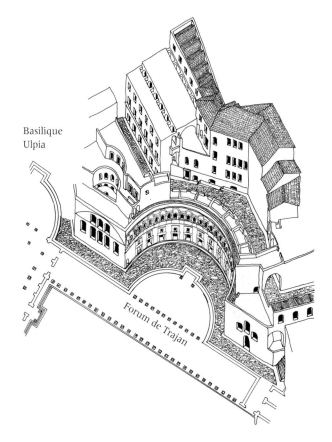

Basilique Ulpia

Forum de Trajan

6.3 *Ci-dessus :* Marchés et forum de Trajan, Rome, vue axonométrique. 100-112 apr. J.-C.

6.4 *Ci-dessous :* Marchés de Trajan, Rome. 100-112 apr. J.-C. Brique et béton.

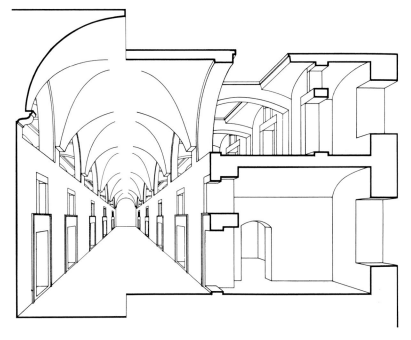

6.5 *Ci-dessus* : Marchés de Trajan, Aula, Rome.
100-112 apr. J.-C. Brique et béton.

6.6 *À droite :* Marchés de Trajan, dessin analytique
de l'Aula.

et les voûtes en berceau qui couvrent les boutiques
sur les côtés ; des contreforts servirent à relier les
deux de telle manière que la lumière puisse entrer
dans les boutiques et corridors du dessous. Comme
dans la Maison dorée de Néron, des puits de lumière
assurent un éclairage indirect des plus ingénieux.

L'Aula servait peut-être aux distributions impériales de nourriture ou d'argent. L'architecte semble
avoir admirablement répondu aux exigences d'un
tel programme : une grande salle avec des boutiques
et des bureaux individuels, pouvant recevoir les
livraisons de denrées. Avec le reste des marchés de
Trajan, elle formait pour les transactions commer-
ciales un nouvel édifice dont on avait grand besoin,
car le forum romain n'était plus adapté, devenu de
plus en plus le centre d'activités administratives et
religieuses indispensable à la capitale de l'Empire
agrandi.

Le caractère triomphal du forum de Trajan était
manifeste dès l'entrée ; un triple arc, surmonté d'un
char en bronze, célébrait les succès de l'empereur
dans ses campagnes contre les Daces. Au centre de
l'espace découvert, devant l'entrée, se dressait une
statue équestre de Trajan, qui ressemblait peut-être
à celle de l'empereur Marc Aurèle sur le Capitole
(voir ill. 8.15), mais sans la barbe. Au-delà de l'espace dominé par la statue se trouvait une basilique,
appelée Basilica Ulpia, du nom de famille de
Trajan.

Cet immense édifice, long de 180 mètres environ,
était disposé perpendiculairement à l'axe du forum.
Il était conçu de manière traditionnelle (ill. 6.7), avec
des colonnes qui entouraient l'espace central des
quatre côtés, et des entrées sur les longs côtés du bâtiment. Les absides en demi-cercle aux extrémités de
l'édifice reprenaient la forme des grandes exèdres sur
les côtés de l'espace découvert du forum, lesquelles
reflétaient à leur tour les courbes des murs latéraux
du forum d'Auguste, construit un siècle auparavant.

Au-delà de la basilique se trouvaient deux bibliothèques, une grecque et une latine, séparées par une
haute colonne placée sur un socle carré (ill. 6.8). La
disparition des bâtiments environnants a concentré l'attention sur la colonne en tant que monument

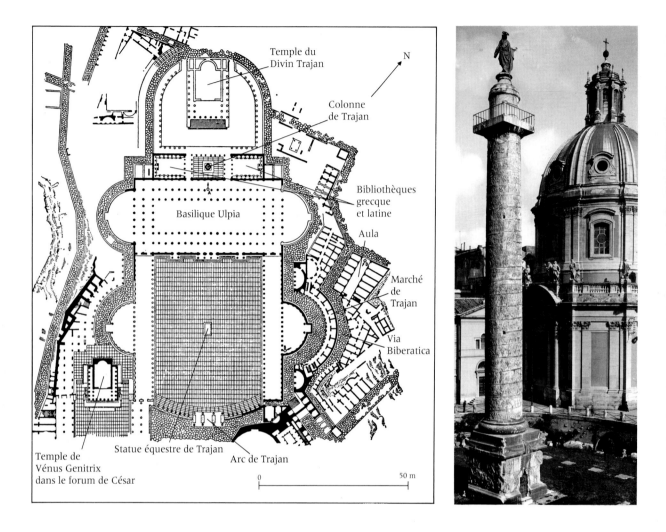

6.7 *À gauche* : Plan du forum de Trajan, avec la basilique Ulpia, Rome.

6.8 *Ci-dessus* : Colonne Trajane, Rome. Dédicace 113 apr. J.-C. Marbre. Hauteur : 38 m, avec le socle.

6.9 *Ci-contre* : Colonne Trajane, bandes inférieures du relief en spirale. Hauteur des reliefs : 91 cm.

isolé, plutôt qu'en tant qu'élément d'un ensemble, ce qui était sa fonction première. En outre, la destruction des deux bâtiments voisins oblige à regarder la colonne, qui est couverte de sculptures en relief, au niveau du sol, alors qu'à l'origine, on pouvait voir de près les reliefs qui étaient en haut de la colonne, en regardant par les fenêtres des bibliothèques grecque et latine.

Derrière la colonne et les bibliothèques, sur un soubassement élevé, se trouvait le temple dédié par Hadrien à Trajan après sa mort, alors qu'il avait été déifié ; il est donc baptisé temple du Divin Trajan. Un tremblement de terre le fit s'effondrer en 800 environ, ensuite de quoi il servit de carrière, fournissant des matériaux de construction et de la pierre à transformer en chaux.

La colonne Trajane

Des vastes espaces et bâtiments du forum de Trajan, le seul élément bien conservé est la colonne. Les autres monuments ont été pillés, et l'ensemble servit de carrière de pierres et de source de marbre décoratif à partir du VIᵉ siècle apr. J.-C. ; mais la colonne fut considérée comme une curiosité touristique dès

le Moyen Âge, et une loi fut même édictée en 1162, interdisant à quiconque de l'endommager sous peine de mort. Elle occupait une place importante dans les guides romains, où les pèlerins pouvaient apprendre le nombre de marches qu'elle comportait et d'autres caractéristiques la concernant. Elle fut donc toujours respectée, mais à la fin du XVIᵉ siècle le pape Sixte V fit remplacer l'effigie de l'empereur Trajan, qui se trouvait au sommet de la colonne, par une statue de saint Pierre.

La colonne avait plusieurs fonctions. Dans sa forme architecturale, elle révélait la hauteur de terre qui avait été enlevée à la colline à l'est (100 pieds romains, soit 30 mètres). Ensuite, bien que Trajan n'ait jamais eu l'intention d'en faire sa sépulture, le Sénat décida après sa mort de l'honorer en y entreposant ses cendres. La colonne était donc à la fois un monument dédié à ses exploits et un monument funéraire.

En évoquant les exploits de Trajan, la colonne rappelait constamment sa *virtus* ; en premier lieu, elle témoignait de sa bravoure et de son courage, et, plus largement, elle résumait les aspects les plus glorieux de sa personnalité. La *virtus* de l'empereur

incarnait, par extension, le succès de l'État. La colonne était l'illustration visuelle de tout cela.

En tant que document sculptural, la colonne relate les campagnes et les victoires de Trajan sur les Daces. Nous avons déjà examiné des reliefs historiques ornant des dalles, placées horizontalement sur des murs verticaux comme ceux de l'Ara pacis ou de l'arc de Titus (voir p. 99 et 140). Les reliefs de la colonne sont passablement différents : ils sont sculptés sur des tambours creux de marbre, superposés pour former la colonne. Les reliefs eux-mêmes sont conçus en une bande qui monte en spirale

6.10 *À gauche* : Tours de garde et maisons de Daces le long du Danube, détail du début des reliefs en spirale sur la colonne Trajane ; au-dessus, un camp romain.

6.11 *Milieu* : L'armée romaine traversant le Danube sur un pont flottant, détail de la colonne Trajane.

6.12 *Ci-contre* : Dieu fluvial, personnification du Danube, détail de la colonne Trajane. On voit à droite le début de la scène avec l'armée romaine qui franchit un pont flottant (ill. 6.11).

(ill. 6.9). La frise est haute d'environ 91 et jusqu'à 120 centimètres, vers le sommet, pour corriger l'effet de perspective. Au début, la bande est étroite, correspondant à la spirale, et, vers le haut, elle s'effile en pointe. Les premières sections sont utilisées de manière inventive pour planter le décor, décrivant le paysage et les environs de la Dacie inférieure, où l'histoire commence. On voit ici les maisons et les navires des peuples autochtones, ainsi que le Danube, qui traçait la frontière de la région (ill. 6.10).

Bien que la frise soit sculptée sur des tambours en marbre superposés, les divisions qui les séparent ne coupent pas les scènes, qui passent de l'un à l'autre sans que les différents épisodes des campagnes de Trajan soient vraiment encadrés. Les figures sont taillées en bas relief, avec environ 5 centimètres entre le premier plan (la surface primitive) et le fond.

Le goût des Romains pour la répétition de scènes officielles est particulièrement manifeste dans les représentations de Trajan que l'on voit célébrer des sacrifices, partir en campagne, ou s'adresser à ses troupes. Les spectateurs reconnaissaient facilement ces représentations. Les sculpteurs s'abandonnaient également à leur amour des détails précis pour ce qui touchait au décor : on voit souvent l'armée elle-même au milieu de paysages boisés et rocheux, occupée à combattre, à construire un camp ou à transporter des provisions. Compte tenu des conventions spatiales, le décor correspond bien aux montagnes de Transylvanie.

La frise tout entière est un rouleau déplié d'une grande complexité. Dans la première scène active (ill. 6.11), en bas de la colonne, des soldats romains, portant leur matériel sur leurs épaules, traversent le Danube sur un pont flottant. Les sculpteurs ont pris soin de représenter les détails des costumes, et même de montrer les casseroles que transportaient les soldats. Juste à gauche des soldats, une image allégorique d'un dieu fluvial, représentant le Danube, surgit des eaux, immense et ruisselant (ill. 6.12). On le voit de dos, avec ses longs cheveux et sa barbe épaisse – type de dieu fluvial qui remonte à la Grèce hellénistique. Ce qui est remarquable ici, c'est la facilité avec laquelle les Romains pouvaient accepter le mélange de réel et d'imaginaire au sein d'une même scène.

Les détails terre à terre abondent parmi les 2 500 figures représentées. Par exemple, les insignes d'unités individuelles de l'armée régulière romaine et des cohortes d'auxiliaires provenant de tout l'Empire sont présents. Ils sont représentés de manière précise et exacte, ce qui montre que les sculpteurs se sont servis de documents officiels. Mais malgré cette importance accordée à la réalité historique, on trouve également l'emploi de thèmes génériques ou conventionnels, répétés à de nombreuses reprises sur le relief. On observe quelque chose de comparable dans les chroniques de la guerre des Gaules rédigées par Jules César au Ier siècle av. J.-C., où les corvées quotidiennes des soldats se mêlent aux récits des combats et des victoires.

L'art romain avait développé certaines conventions sur la manière de représenter des scènes alliant des récits et un fond spatial, mais la combinaison était plus habituelle en peinture qu'en sculpture. Ici, les activités de Trajan et de l'armée, mais aussi de l'ennemi, sont relatées à travers un récit qui prend place dans des décors décrits avec une remarquable précision spatiale. Parfois, des perspectives vues au niveau du sol au premier plan se combinent avec un

6.14 Formation en « tortue » *(testudo)* de l'armée romaine lors de l'attaque d'une forteresse dace, détail de la colonne Trajane.

6.13 Prisonniers daces conduits auprès de l'empereur devant un camp romain, détail de la colonne Trajane.

fond de détails architecturaux vus d'en haut. En outre, les détails du fond sont à une échelle sensiblement réduite comparés aux figures du premier plan.

Le récit est clairement montré dans la section où l'on voit un soldat romain remettant à Trajan des prisonniers daces devant un camp militaire romain (ill. 6.13). On notera comme il est facile d'identifier Trajan : c'est la plus grande figure du groupe de soldats romains à gauche et il se tient debout devant les autres. Le soldat romain, sur la droite, pousse un prisonnier à pantalon large, avec les cheveux en bataille et une longue barbe. Le fond identifie non seulement les murs du camp romain, mais aussi les tentes plantées à l'intérieur du camp. L'architecture est à une échelle bien plus petite que celle des personnages, mais reste néanmoins facile à lire.

Dans une scène de bataille où les Romains donnent l'assaut à une forteresse des Daces (ill. 6.14), les hommes sont de nouveau aussi grands que les murs, et pourtant l'impression d'une barrière infranchissable est bien rendue. Les Romains utilisent ici une formation particulière qui leur permet, postés sur le mur, de se défendre contre les attaquants. Dans une manœuvre défensive appelée *testudo*, qui signifie « tortue », ils s'abritent avec leurs boucliers pour protéger les hommes qui avancent contre la fortification.

Dans l'une des plus subtiles représentations de l'espace sur toute la colonne, l'artiste a réussi à se passer de toute architecture. C'est la scène de l'*adlocutio*, où Trajan s'adresse à ses troupes (voir ill. 0.4). Debout sur une haute plate-forme, l'empereur est facile à identifier. En outre, il fait face aux autres, qui, pour la plupart, le regardent. Certains des soldats sont vus de dos, d'autres de côté, et d'autres encore de face : on a donc l'impression qu'une foule tridimensionnelle se tient autour de l'empereur. Tout cela est réalisé en bas relief et sans véritable perspective.

Tout en mettant l'accent sur la supériorité de l'armée romaine, l'artiste traite l'ennemi avec respect. Dans la section montrant la mort du commandant des Daces, Décébale (ill. 6.15), on voit ce héros plus grand que nature acculé contre un arbre, sans aucune chance de survie. Du reste, son suicide provoqua l'admiration des Romains.

Si les divinités classiques et élégantes auxquelles nous avaient habitués les monuments plus anciens sont absentes, les images de Trajan lui-même intègrent une partie de cette tradition, à quoi s'ajoute une imposante figure de la Victoire écrivant sur un bouclier qui divise la frise en deux (ill. 6.16). Non que cette tradition soit rejetée par les sculpteurs de la période trajane – on voit de belles figures de style classique ailleurs –, mais elle ne semblait pas convenir à cette œuvre particulière.

Les artistes qui sculptèrent ce chef-d'œuvre de la sculpture romaine se concentrèrent sur un style qui pût rendre clairement le récit ; mais, plus encore que traduire l'exactitude historique, il importait de louer les vertus de l'armée et de l'empereur. En fait, les détails des événements étaient souvent réduits à des scènes conventionnelles qui pouvaient être répétées, sans base historique, tant que le spectateur demeurait conscient de la grandeur de l'État romain à travers son premier citoyen et souverain. Le message de propagande l'emportait donc sur la justesse des détails, et la colonne Trajane illustre, sur une plus grande échelle, le propos du relief historique romain.

6.15 Décébale se suicide près d'un arbre au moment d'une attaque de la cavalerie romaine, détail de la colonne Trajane.

6.16 La Victoire écrivant sur un bouclier, détail de la colonne Trajane.

Autres reliefs sculptés de l'époque de Trajan

La guerre contre les Daces a été célébrée sur un second monument à l'époque de Trajan. Dans les plaines de Roumanie, à Adamklissi, se trouve un immense tambour cylindrique de 30,5 mètres de diamètre, qu'on appelle le Tropaeum Traiani, ou Trophée de Trajan. Construit de pierraille et revêtu de blocs de calcaire, il fut décoré de cinquante-quatre reliefs rectangulaires mesurant chacun environ 1,5 mètre de haut et 1,2 mètre de large. L'un d'eux (ill. 6.17) montre un soldat romain, avec armure, casque, bouclier et épée, attaquant deux Daces barbus vêtus de pantalons larges. L'homme assis doit être un mercenaire germanique, comme l'indique la

6.17 *Ci-contre, à gauche :* Un soldat romain en armure et deux soldats barbares, panneau en relief du Trophée de Trajan, Adamklissi. 109 apr. J.-C. Calcaire. Hauteur : 1,5 m env. ; largeur : 1,2 m. Musée national de Roumanie, Bucarest.

6.18 *Ci-contre, à droite :* Moutons et chèvres (butin pris aux Daces), panneau en relief du Trophée de Trajan, Adamklissi. 109 apr. J.-C. Calcaire. Hauteur : 1,5 m env. ; largeur : 1,2 m. Musée national de Roumanie, Bucarest.

6.19 *Ci-contre, en bas :* Partie inférieure de la Grande Frise trajane, représentant Trajan partant au combat contre les Daces. Réutilisée sur l'arc de Constantin, Rome. 100-117 apr. J.-C. Marbre. Hauteur : 3 m.

6.20 *Ci-dessous :* L'empereur Trajan sur le Forum romain. 117-120 apr. J.-C. Relief en marbre. Hauteur : 1,68 m. Antiquario del Foro, Rome.

mèche de cheveux nouée sur le côté de sa tête. Les artistes aimaient manifestement les motifs, car ils utilisaient des stries pour les plis et la barbe, et soulignaient les détails dans le métal de l'armure romaine.

Sur un autre de ces reliefs (ill. 6.18), les boucles laineuses des moutons et les stries de poil sur les deux chèvres dressées forment un motif ravissant. Ces animaux représentent une partie du butin tombé entre les mains des Romains après la bataille. La sculpture est en général très peu profonde, et le style provincial ; mais les reliefs sont néanmoins faciles à lire et font passer leur message de manière très éloquente.

Un autre relief sculpté de cette période est la Grande Frise trajane, provenant d'un monument de Trajan et réutilisée sous l'arc central de l'arc de Constantin (voir p. 284). Trajan y est représenté en tunique militaire, allant au combat à cheval (ill. 6.19), et les Romains avancent de la gauche vers l'ennemi, lequel est montré dans différentes attitudes désespérées : en fuite, implorant merci ou mourant. Comme la démarche est différente ici par rapport au traitement très réaliste de la colonne Trajane ! Dans la Grande Frise trajane, nous avons une interprétation de grandes dimensions, qui doit beaucoup à la tradition classique.

Un relief provenant d'une paire appelée Anaglypha Traiani, ou Anaglyphes de Trajan, a récemment été identifié à une espèce de balustrade installée par Trajan autour d'un figuier sacré sur le Forum romain. Les reliefs furent exécutés pour commémorer le geste qu'il avait fait en brûlant les registres des impôts, annulant ainsi les dettes fiscales du peuple. En cette occasion, il fit un discours depuis les rostres. Dans la scène de l'*adlocutio* (ill. 6.20),

Trajan est debout sur la gauche pour s'adresser à une foule de citoyens de différentes classes. Un peu sur la droite se trouve une statue de Trajan distribuant gratuitement de la nourriture, dans un geste impérial appelé *alimentaria*. À l'extrême droite on voit une autre statue, celle du personnage mythologique Marsyas, dont la statue véritable se dressait sur le Forum à côté du figuier. Cette balustrade se trouvait donc près de l'arbre représenté dans le relief.

Les bâtiments du fond représentent des édifices véritables du Forum romain – où fut trouvé le relief. Il semble s'agir, de gauche à droite, de l'arc d'Auguste, du temple de Castor et Pollux, et de la basilique Julia. Devant eux, le peuple est réuni par groupes : ceux qui écoutent Trajan sur les rostres, et d'autres près des statues, sur la droite. La volonté de montrer un événement, des bâtiments et des statues reconnaissables est caractéristique des reliefs historiques romains, qui attirent constamment l'attention des spectateurs sur des instants mémorables connus du peuple et leur rappellent la grandeur de l'État impérial.

ici pour la première fois sur un arc. De même que les Victoires font référence au triomphe et à la gloire de l'empereur, les Saisons symbolisent le bonheur qu'apporte son règne tout au long de l'année.

Les quatorze panneaux qui couvrent les piles, l'attique et l'ouverture illustrent des thèmes liés à la politique intérieure et étrangère. Sans doute quelqu'un, à la cour de Trajan, a-t-il dû choisir les sujets, qui furent conçus comme un tout cohérent. Les figures sont grandes et faciles à lire, et l'empereur se dégage toujours clairement du reste de la foule. Il est représenté dans douze des quatorze panneaux.

L'un des reliefs du passage sous l'arc fait spécifiquement référence aux citoyens de Bénévent : il représente une scène d'*alimentaria* – événement réel qui fut consigné dans une inscription trouvée à proximité (ill. 6.22). Trajan et son aide sont debout à gauche, et, bien que les sculptures n'aient plus de tête, nous savons que ces figures auraient été des portraits. Les têtes idéalisées et classiques de femmes couronnées et voilées, dans le fond, symbolisent la

L'arc de Trajan à Bénévent

Autre monument qui utilise cette démarche grandiose qu'on voit sur la Grande Frise trajane : l'arc érigé par Trajan et achevé par Hadrien à Bénévent. La ville est au sud de Rome, à l'endroit où la nouvelle route construite par Trajan vers Brindisi, port sur la côte est, quittait la voie Appienne, et l'arc (ill. 6.21) se dresse telle une porte vers l'est. Il était dédié à Trajan, non pas en raison de ses victoires militaires, comme de coutume, mais parce qu'il avait payé cette route sur ses finances personnelles.

La forme et les proportions de l'arc sont étroitement modelées sur celles de l'arc de Titus à Rome ; mais à Bénévent, des reliefs bien plus nombreux ornent la surface. Il n'y a qu'une seule ouverture, et le haut attique avec inscription repose sur deux piles carrées (piliers supportant l'arc), avec une colonne engagée à chaque angle. Une fois encore, des Victoires ornent les tympans de l'arc sur l'un des côtés, mais un dieu fluvial et une nymphe de fontaine se trouvent de l'autre côté. En revanche, les Saisons représentées sous les figures du tympan apparaissent

6.21 Arc de Trajan, Bénévent. 114-117 apr. J.-C. Marbre. Hauteur : 15,55 m.

déesse de la ville et d'autres personnifications. Les autres figures, y compris les enfants, représentent les habitants de Bénévent.

Dans le panneau représentant le cortège impérial (ill. 6.23), Trajan, à gauche du centre, est sur le point de passer sous un arc à peine plus haut que les personnages. Comme il s'agit d'un panneau rectangulaire plutôt que d'une longue frise, le mouvement vers l'avant qui conviendrait à un espace long et étroit est ici modifié en sorte que la scène paraît presque inanimée. Les figures semblent stationnaires, et, comme les personnages se tournent vers l'empereur, il devient le centre d'intérêt du relief.

Les panneaux sur l'attique furent sculptés après la mort de Trajan, dans les premières années du règne d'Hadrien. Il était bien entendu dans l'intérêt d'Hadrien de souligner ses liens avec son puissant prédécesseur, et il se fit donc représenter dans certains de ces panneaux. L'un d'eux nous montre Trajan debout devant une personnification féminine de la Mésopotamie agenouillée, en signe de soumission, tandis que d'autres sont les témoins de cet événement symbolique (ill. 6.24). Dans le fond se trouve le jeune Hadrien, deuxième à partir de la droite.

6.22 *Ci-dessus :* Trajan distribue de la nourriture aux enfants des pauvres, relief sur l'arc de Trajan à Bénévent. 114-117 apr. J.-C. Marbre. Hauteur : 2,39 m.

6.23 *Ci-dessous :* Cortège impérial passant sous un arc, détail de l'arc de Trajan à Bénévent. 114-117 apr. J.-C. Marbre. Hauteur : 2,7 m.

6.24 Personnification de la Mésopotamie agenouillée devant Trajan, détail de l'arc de Trajan à Bénévent. 114-117 apr. J.-C. Marbre. Hauteur : 2,7 m.

La personnification de la Mésopotamie, province romaine, symbolise la région entre le Tigre et l'Euphrate où était située la Parthie, l'un des États soumis par Trajan. Deux figures masculines – des dieux fluviaux – apparaissent dans les coins du bas, représentant le Tigre et l'Euphrate. Malgré l'impression de tranquillité qui se dégage de cette scène, les Parthes s'étaient de nouveau révoltés, et si Trajan réussit à prendre le contrôle de cette région, ce ne fut pas sans difficultés ; il mourut du reste au cours des préparatifs pour l'une des campagnes. Ce panneau de l'arc de Trajan est optimiste et donc plus conforme à la réalité que ne l'autorisaient les faits. Hadrien abandonna d'ailleurs cette province conquise au prix de tant d'efforts par son prédécesseur.

Le traitement monumental des scènes sur les grands panneaux de l'arc de Trajan est très différent de celui de la frise étroite qui fait le tour de l'arc, juste au-dessous de l'attique. C'est l'un des nombreux exemples où deux traditions distinctes sont utilisées sur le même monument romain. Cette frise adopte le style plébéien – des figures petites et trapues, avec de grosses têtes ; elles ne se recouvrent pas l'une l'autre et sont pour la plupart représentées de face. Même si la petite frise fut conçue par le maître qui élabora les grands panneaux, les ouvriers qui exécutèrent les styles étaient certainement différents. Peut-être les grands panneaux furent-ils taillés par des sculpteurs formés dans la capitale, ou même à Aphrodisias ou à Athènes, tandis que la petite frise pourrait être l'œuvre d'artisans locaux.

Timgad

Trajan fonda une nouvelle ville en Afrique du Nord, dans l'actuelle Algérie, suivant la forme traditionnelle des camps militaires romains, ou *castra*. Cette ville, Thamugadi, porte encore le nom de Timgad (ill. 6.25). Elle était typique des colonies établies pour les anciens combattants. Trajan avait en effet fondé cette ville à l'intention des soldats d'une légion voisine, afin qu'ils puissent s'y retirer après leur ser-

6.25 Ville de Timgad, plan : 1 Forum 2 Théâtre 3 Arc

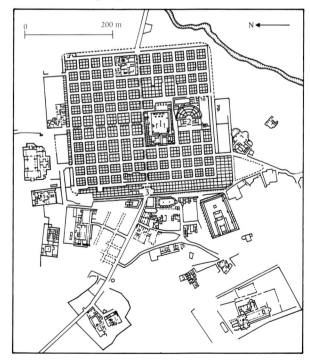

vice actif. Avec Pompéi et Herculanum, elle nous donne aujourd'hui l'une des images les plus claires de ce que pouvait être une ville romaine à son âge d'or.

Timgad fut conçue comme un carré parfait, avec un plan en grille pour les rues. Les quatre angles étaient au départ arrondis, et des portes étaient placées au milieu des côtés, où des routes donnaient accès à la ville. Le forum n'était pas long et étroit, comme dans les premières villes romaines, mais carré. Timgad n'a pas été un centre urbain pendant des siècles et, perdue dans le désert algérien, elle n'a pas servi de carrière aux générations ultérieures, si bien que le site est mieux préservé que la plupart des villes romaines. Le théâtre et un grand arc dédié à Trajan sont presque intacts. Les rues, bordées de colonnades et de murs, donnent l'impression d'une ville fantôme, récemment abandonnée (ill. 6.26).

Résumé

L'idée de représenter Trajan en homme bienveillant subvenant aux besoins de ses sujets était bien en accord avec son titre d'*Optimus Princeps*. Cette période mit l'accent sur les ouvrages publics, et de nombreuses œuvres d'art ornaient les espaces et les bâtiments dont la fonction première était la réunion de dirigeants municipaux. Alors que l'Empire n'avait jamais été aussi étendu, les architectes romains étaient prêts à construire de grands édifices publics, tant à Rome que dans les provinces.

L'expansion de l'Empire et la protection du peuple romain étaient des thèmes essentiels à cette époque. Avec un empereur imprégné de *virtus*, il n'est pas étonnant que les prouesses militaires et les compétences civiles se reflètent dans les principaux programmes architecturaux et sculpturaux qui servirent à proclamer publiquement la gloire de l'Empire romain sous Trajan.

6.26 Ville de Timgad.

7
Hadrien et la renaissance classique
117-138 apr. J.-C.

L'art romain sous Hadrien exprime incontestablement une réaction classique. L'empereur lui-même fit ses études à Athènes, ville qu'il dota plus tard de nombreux édifices, dont une bibliothèque. Il pourrait également avoir exercé une influence considérable dans le regain d'intérêt pour la sculpture classique. Il fit décorer une bonne partie de sa grandiose villa à Tivoli, près de Rome, de copies de chefs-d'œuvre classiques et donna à certains éléments un nom emprunté à Athènes ou ailleurs dans le monde grec. Il faut néanmoins se rappeler que l'intérêt pour les modèles classiques n'était pas nouveau à l'époque d'Hadrien, et que bon nombre de maisons et de jardins avaient été ornés, au cours des générations précédentes, de sculptures reproduisant des modèles grecs.

Caissons et oculus du dôme du Panthéon, détail de l'ill. 7.14. Rome. 125-128 apr. J.-C.

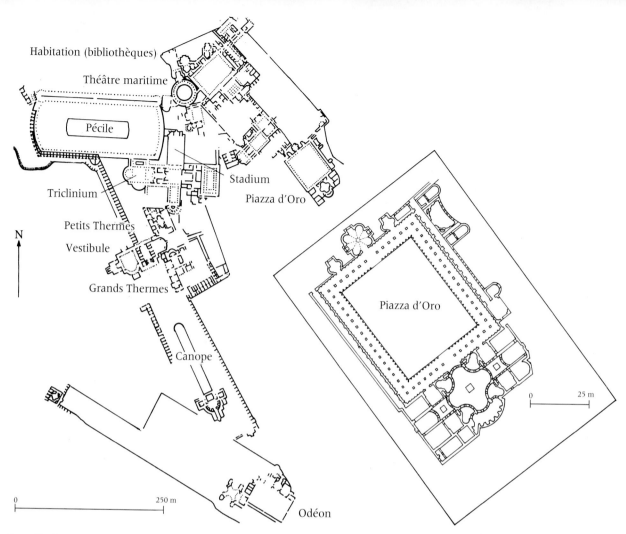

Habitation (bibliothèques)

Théâtre maritime

Pécile

Triclinium

Stadium

Piazza d'Oro

N

Petits Thermes

Vestibule

Grands Thermes

Canope

Piazza d'Oro

0   25 m

0   250 m

Odéon

7.1 Villa d'Hadrien, Tivoli, Plan.

7.2 Les Grands Thermes, villa
d'Hadrien, Tivoli, eau-forte
de Piranèse tirée des *Vues de Rome*,
1770. Hauteur : 45,7 cm.

7.3 *Ci-dessus* : Voûtes des Grands Thermes, villa d'Hadrien, Tivoli. Vers 135 apr. J.-C. Béton.

7.4 *À droite* : Piazza d'Oro, villa d'Hadrien, Tivoli. Vers 135 apr. J.-C. Brique et béton.

Architecture

LA VILLA D'HADRIEN

Ce qu'on appelle la villa d'Hadrien était en réalité un ensemble de bâtiments disposés sur la face sud d'une colline et couvrant une superficie de plus de 1,3 kilomètre carré (ill. 7.1). Pas plus que la Maison dorée de Néron, elle ne formait une unité ; mais plutôt que d'apporter un peu d'air de la campagne en ville, Hadrien préféra transporter la ville à la campagne. Les bâtiments individuels pourvoyaient aux besoins d'un personnel important, et beaucoup d'espaces découverts avaient été conçus dans cette optique. Comme il n'y avait pas de grande ville à proximité (la villa était un peu à l'écart de l'ancien Tibur, le Tivoli moderne), il fallait y loger tous les cuisiniers, jardiniers, domestiques, et aussi un détachement de la garde impériale.

Dans la conception des bâtiments individuels de la villa, plusieurs aspects reflètent les progrès qui venaient d'être faits dans les espaces en béton voûtés, comme ceux des marchés de Trajan. Il existe une étroite relation, également, entre les Grands Thermes de la villa, avec l'ouverture centrale dans le toit, et un procédé similaire employé pour le Panthéon (voir p. 190). Cet édifice, ainsi que d'autres parties de la villa, frappa l'imagination de Piranèse, grand dessinateur du XVIIIe siècle (ill. 7.2), qui sut en saisir de nombreux détails architecturaux dans une série de

Hadrien est né à Rome de parents espagnols. Il était, au deuxième degré, cousin avec Trajan, qui l'aurait, dit-on, adopté comme son héritier dans son testament, ce qui n'a jamais été réellement prouvé : il pourrait en effet s'agir d'une intrigue orchestrée par Plotine, l'épouse de Trajan. Hadrien fit du reste des efforts pour souligner sa relation avec son prédécesseur, surtout dans l'arc de Bénévent (voir p. l76), dont il supervisa l'achèvement. Comme Auguste, qui construisit un temple à Jules César, il voulut aussi dédier pieusement un temple à Trajan déifié, à l'extrémité nord du forum de Trajan qui venait d'être achevé à Rome.

L'un des souvenirs que l'on conservait de Trajan était les prouesses accomplies par l'armée romaine sous son règne. Sa colonne et d'autres monuments proclamaient la supériorité de l'Empire romain, et glorifiaient l'expansion militaire et l'affermissement de l'Empire accomplis sous sa conduite. Hadrien, en revanche, abandonna cette politique guerrière, et ses reliefs et monuments publics ne font référence à aucun champ de bataille.

gravures. Les voûtes des Grands Thermes permettent de se rendre compte de la construction elle-même (ill. 7.3) : car, comme dans les techniques de construction modernes, on construisit des coffrages en bois qui servirent à retenir un mélange de béton mouillé. On voit encore sur la voûte les traces des planches de bois.

On trouve les vestiges d'un dôme surbaissé utilisé pour un pavillon dans une grande cour à colonnade appelée la Piazza d'Oro. Cette construction inhabituelle (ill. 7.4) pourrait être le genre de dôme en « citrouille » qui valut à Hadrien les critiques d'Apollodore de Damas, l'architecte de Trajan. Selon Dion Cassius, Hadrien aurait assisté à certaines des réunions architecturales entre Trajan et Apollodore ; il aurait donné un avis non sollicité, voire mal venu, au sujet d'un projet et on lui aurait répondu d'aller jouer avec ses citrouilles – allusion à sa passion pour les dômes surbaissés qui ressemblaient à ce légume [*Histoire romaine*, LXIX, 4, 1-5]. On suppose qu'Hadrien a fait plus tard exécuter Apollodore ; si

c'est le cas, la référence désobligeante au goût de l'empereur n'y est sans doute pas étrangère.

Les principaux ensembles révèlent plusieurs orientations distinctes, mais aussi une grande symétrie interne (ill. 7.1). Le paysage lui-même semble avoir inspiré la disposition des bâtiments qui, à première vue, semble due au hasard. Il fallut, bien entendu, exécuter des travaux de terrassement et de drainage pour les différentes pièces d'eau qui jouaient un rôle essentiel en nombre d'endroits. Ceci est particulièrement évident dans le cas d'un long espace entouré de murs, avec un bassin central, dit Pécile ou Poikilè, dont la surface plane nécessita d'importants travaux d'étayage à l'extrémité ouest. C'était une imitation de la *Stoa poikilè*, ou portique des Peintures, qu'Hadrien avait vu à Athènes.

Un autre long bassin, le Canope (ill. 7.5), portait le nom de l'ancienne ville d'Égypte située à l'embouchure la plus occidentale du Nil, non loin d'Alexandrie, où Hadrien débarqua certainement lorsqu'il entreprit ses voyages en Égypte. Les statues alignées autour du bassin montrent combien il aimait à utiliser des copies de sculptures célèbres pour décorer sa demeure et les environs. Un troisième bassin, circulaire cette fois, était au cœur du Théâtre dit maritime, qui ressemblait en fait davantage à un pavillon privé (ill. 7.6). C'est ici, selon les hypothèses des historiens modernes, qu'Hadrien se retirait pour chercher le calme et le silence en compagnie de son favori, Antinoüs (voir p. 199). L'île centrale était entourée d'une douve, et le tout était ceint d'une colonnade. Le plan fait apparaître de nombreux jeux avec les courbes des murs, et plusieurs pièces se

7.5 *Ci-contre :* Canope, villa d'Hadrien, Tivoli. Vers 135 apr. J.-C.

7.6 *À droite :* Théâtre maritime, villa d'Hadrien, Tivoli. Vers 135 apr. J.-C. Marbre et brique.

7.7 *Ci-dessous :* Combat de centaures et de bêtes sauvages, provenant de la villa d'Hadrien, Tivoli. Vers 135 apr. J.-C., peut-être d'après une œuvre grecque de Zeuxis de 400 av. J.-C. env. Mosaïque au sol. Hauteur : 58,4 cm env. ; largeur : 91,4 cm env. Antikensammlung, Staatliche Museen, Berlin.

reflètent l'une l'autre. Cette idée avait déjà été expérimentée plus tôt dans certaines des dispositions du palais de Domitien sur le Palatin (voir ill. 5.11).

Mosaïques La décoration de l'intérieur des bâtiments de la villa d'Hadrien, du sol aux voûtes en passant par les murs, était haute en couleur. Au lieu de se concentrer sur la peinture et le stuc, comme c'était l'usage dans les premières décennies de l'Empire, les décorateurs d'Hadrien optèrent pour des incrustations de marbre de couleur, en *opus sectile*, et des mosaïques. On importa à cette fin des pierres exotiques de tout l'Empire.

À la villa d'Hadrien, l'un des plus beaux exemples de sol en mosaïque représente le combat de centaures et d'animaux sauvages (ill. 7.7). Il pourrait être lié à une histoire peinte par Zeuxis, artiste grec qui vécut aux alentours de 400 av. J.-C., dans laquelle un centaure amusait ses nouveau-nés en soulevant un lionceau. Ici, dans le combat représenté, la sympathie du spectateur va aux centaures, surtout à la femme centaure, blessée par un tigre que le centaure attaque.

Une autre mosaïque de la même période (ill. 7.8) couvre un vaste sol aux thermes de Neptune à Ostie. Faite entièrement en noir et blanc, elle est à la fois figurative et décorative. On voit Neptune, au centre, tiré par quatre hippocampes et accompagné de créatures aquatiques et de dauphins, dont certains transportent un cupidon. Les bords sont ornés de tritons et d'hippocampes mythiques à longue queue qui tracent des lignes ondulantes. La surface sur laquelle se tiennent les différentes figures n'est pas représentée, et elles forment plutôt une série d'éléments figuratifs ordonnés sur une large surface.

7.8 Neptune tiré par quatre hippocampes, provenant des thermes de Neptune, Ostie. Milieu IIe siècle apr. J.-C. Mosaïque au sol noire et blanche. 18,1 x 10,4 m.

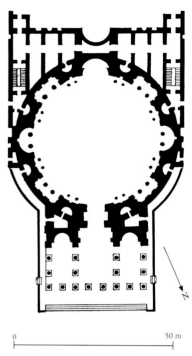

7.9 *Ci-dessus, à gauche :* Vue de l'avant du Panthéon, Rome. 125-128 apr. J.-C. Marbre, brique et béton.

7.10 *À gauche :* Monticello, maison de Thomas Jefferson près de Charlottesville, Virginie. 1769-1809. Brique et bois.

7.11 *Ci-dessus :* Plan du Panthéon, Rome.

LE PANTHÉON

Le Panthéon, construit sous le règne d'Hadrien, était un grand temple dédié à tous les dieux (ill. 7.9). Ce chef-d'œuvre architectural est le mieux conservé et le plus beau de tous les édifices romains. S'il est resté en si bon état, c'est parce qu'il a été transformé en église dès le VIIe siècle apr. J.-C. et qu'il a donc toujours été entretenu. Il a servi de modèle à de nombreux édifices dans toute l'Europe et aux États-Unis, notamment pour la demeure de Thomas Jefferson à Monticello, près de Charlottesville, en Virginie (ill. 7.10).

Construction On sait à quel moment Hadrien entreprit la construction du Panthéon, car le bâtiment peut être daté grâce à ses briques, qui sont estampillées du nom de la personne qui les a faites et de la date. La majorité d'entre elles datent de l'an 125 apr. J.-C., et montrent que l'inscription au-dessus du porche, qui fait référence à Marcus Agrippa, le gendre d'Auguste, est honorifique plutôt que contemporaine. Il y avait en effet eu sur le site deux édifices antérieurs, que le nouveau Panthéon remplaçait. Hadrien en attribua le mérite à Agrippa, qui avait fait construire le bâtiment d'origine, plutôt qu'à lui-même ; le seul édifice sur lequel il fit figurer son propre nom est le temple de Trajan déifié.

L'inscription sur la façade du Panthéon : « M. AGRIPPA.L.F.COS. TERTIUM. FECIT », signifie « M [arcus] Agrippa, fils de Lucius, consul pour la troisième fois, fit [construire cela] ». Une autre inscription en lettres beaucoup plus petites fait état de restaurations effectuées par Septime Sévère et Caracalla en 202 apr. J.-C. La façade était à l'origine décorée de sculptures sur le fronton (couronnement triangulaire du portique). Les trous de fixation, qui sont encore clairement visibles, indiquent que cet espace aurait pu contenir un aigle couronné.

Le porche porte sur seize immenses colonnes monolithiques en granite. La conception réunit deux éléments très dissemblables : un porche classique, de plan rectangulaire, et un intérieur circulaire couvert d'un dôme (ill. 7.11). En entrant dans l'édifice par le porche rectangulaire traditionnel, on ne s'attend pas à découvrir l'immense espace circulaire qui se trouve à l'intérieur (ill. 7.12). Même pour ceux qui ont visité l'édifice plusieurs fois, l'immensité de cet espace, avec son imposant dôme percé d'une ouverture en son centre, reste une surprise chaque fois renouvelée.

À l'intérieur, on a d'abord l'impression d'un mur soutenu par des colonnes de manière traditionnelle ; mais une étude de la structure montre que ce n'est pas le cas, et que le soutien véritable vient du mur

du tambour, et surtout des parties les plus épaisses, qui fonctionnent comme des piliers massifs. Huit immenses arcs construits à l'intérieur du cylindre du tambour reposent sur ces piliers, et des arcs plus petits aident à leur tour à soutenir les murs. Ceux-ci sont faits en béton revêtu de brique.

En outre, les bâtisseurs ont adapté les matériaux, qu'on appelle abusivement « agrégat », utilisés dans la fabrication du béton : les parties les plus basses sont faites de matériaux plus lourds et, à mesure que l'édifice s'élevait, on en utilisa progressivement de plus légers. Ainsi, en bas, le béton contenait du travertin, qui est lourd ; puis venait un mélange de travertin et d'une roche locale beaucoup plus légère, le tuf ; puis du tuf et de la brique ; puis de la brique ; et, enfin, de la ponce. Autre procédé utilisé pour alléger la charge de la voûte : les caissons. Les caissons sont les renfoncements carrés qui servent de décoration en même temps qu'ils diminuent la charge en réduisant l'épaisseur de la face intérieure du dôme.

Le Panthéon représente une étape importante dans l'utilisation de ce matériau chez les Romains et dans l'exploration de ses possibilités – étape encore plus évoluée que le palais de Domitien et les marchés de Trajan (voir ill. 6.5).

Conception de l'intérieur Le contraste entre les deux éléments – porche et tambour – est très impressionnant. Nous avons ici une merveilleuse synthèse entre tradition et innovation, une merveille de construction et d'harmonie mathématique. L'harmonie est particulièrement évidente dans la manière dont l'architecte utilise les mêmes dimensions pour la hauteur et pour le diamètre (145 pieds romains, soit 43,2 mètres) (ill. 7.13), ce qui signifie qu'une sphère reposant par terre toucherait les murs cylindriques et atteindrait le sommet de la voûte.

Le parement de marbre qu'on voit aujourd'hui à l'intérieur fut pour l'essentiel ajouté plus tard, mais il respecte bien les intentions générales des architectes romains, de même que la décoration du sol, composé de dalles de couleur qui forment des cercles et des carrés alternés. Le Panthéon nous permet de voir un édifice romain quasiment dans son état d'origine, même s'il faut imaginer la dorure de la décoration du plafond, qui faisait peut-être ressembler le dôme à la sphère céleste de tous les dieux qu'évoque le mot « panthéon ».

7.12 *Ci-contre :* Intérieur du Panthéon, peint par G. P. Pannini. Vers 1750. Huile sur toile. Hauteur : 127 cm ; largeur : 99 cm. National Gallery of Art, Washington, DC, Samuel H. Kress Collection.

L'oculus Lorsqu'on est debout à l'intérieur de l'espace grandiose du Panthéon, le cercle de lumière entrant dans l'édifice par l'*oculus* se déplace de façon perceptible autour du dôme en suivant la rotation de la terre : le visiteur prend ainsi conscience des forces cosmiques. Et, bien entendu, lorsqu'il pleut, la pluie entre directement dans l'édifice, ruisselle dans les trous de drainage qui se trouvent sur le sol avant d'être emportée par les canalisations, qui sont d'époque et fonctionnent toujours.

L'*oculus*, de 8,3 mètres de diamètre, est la seule source de lumière naturelle dans l'édifice (ill. 7.14), avec l'immense double porte d'entrée. La réalisation d'une ouverture de cette taille dans le toit était une entreprise technique des plus audacieuses. Il existait des exemples antérieurs d'ouvertures au centre d'un dôme, mais aucun n'approchait ces dimensions. Le revêtement en bronze autour de l'*oculus* est d'origine. En revanche, les tuiles en bronze couvrant l'extérieur du dôme ont dû être remplacées à plusieurs reprises depuis l'Antiquité ; elles sont aujourd'hui en plomb.

Jusqu'à une époque récente, il était encore possible de gravir les anciennes marches dans les murs et de sortir sur le toit du dôme. On faisait le tour jusqu'à l'arrière de l'édifice, et on montait les marches qu'on peut voir même du niveau du sol. On pouvait alors s'allonger sur le ventre et regarder par l'*oculus* les gens en bas, réduits à la taille de fourmis.

7.13 *Ci-dessous* : Coupe du Panthéon, Rome.

7.14 *À droite :* Lumière de l'*oculus* sur les caissons, Panthéon, Rome.

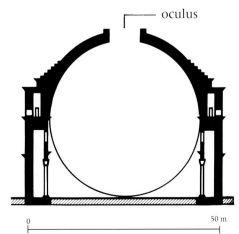

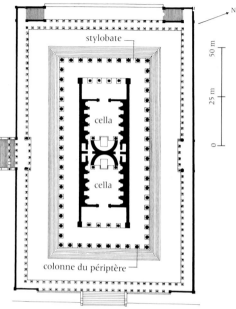

AUTRES ÉDIFICES DU RÈGNE D'HADRIEN

Monuments à Rome Hadrien fit construire un autre temple important et inhabituel à Rome, le temple de Vénus et de Roma (ill. 7.15 et 7.16). Situé entre le Forum romain et le Colisée, il est perché sur une petite colline au pied du Palatin. Il comprend deux cellas adossées l'une à l'autre : l'une est dédiée à Vénus et l'autre à la déesse Roma. Peut-être Hadrien lui-même, qui, ainsi que nous l'avons déjà vu, s'imaginait architecte, eut-il son mot à dire dans la conception de ces édifices. On peut en tout cas certainement lui attribuer le fait que le plan comporte de nombreuses caractéristiques grecques. Par exemple, au lieu d'avoir un porche profond avec des colonnes juste devant l'édifice, les colonnes entourent tout le temple, pour en faire ce qu'on appelle un périptère. De plus, au lieu de reposer sur l'habituel soubassement, le temple de Vénus et Roma se dresse sur un stylobate, la plate-forme supérieure d'une série de marches, ce qui est typique des temples grecs (voir p. 31). Un temple dédié aux déesses Roma et Vénus, principales protectrices de la ville, conçu de manière non orthodoxe et contraire aux traditions italiques, a dû surprendre les contemporains.

7.15 Temple de Vénus et de Roma, Rome, vu du Colisée. Dédicace 135 apr. J.-C. Béton, granite, travertin et marbre. Largeur : 99 m.

7.16 Plan du temple de Vénus et de Roma, Rome.

Hadrien fit construire pour lui-même un grand mausolée en face du champ de Mars, sur l'autre rive du Tibre, ainsi que le pont qui y conduit (ill. 7.17). Il pourrait avoir choisi ce site parce qu'il y avait déjà un cimetière à proximité, et qu'il n'était pas très éloigné de la tombe d'Auguste, qui servit de modèle à celle d'Hadrien.

Comme le mausolée d'Auguste, celui d'Hadrien a la forme d'un immense tambour sur lequel on avait à l'origine entassé de la terre. Ce tambour reposait sur un socle carré, et était couronné par une structure circulaire plus petite (ill. 7.18) sur laquelle se dressait à l'origine une statue en bronze d'Hadrien dans un quadrige. À l'intérieur du grand tambour circulaire se trouvait un espace ouvert réservé à son urne funéraire (ill. 7.19) ; celles de tous les empereurs depuis Hadrien jusqu'à Caracalla (qui mourut en 217 apr. J.-C.) y ont été déposées.

Le mausolée d'Hadrien devint une fortification au Moyen Âge ; on l'appelle aujourd'hui le château Saint-Ange, en raison de l'ange en bronze qui brandit une

7.17 Mausolée d'Hadrien, Rome. Achevé en 140 apr. J.-C. Tuf revêtu de marbre. Diamètre : 65,23 m. Le pont romain au premier plan fut également construit par Hadrien.

7.18 Mausolée d'Hadrien, Rome. Dessin isométrique avec coupe, montrant la structure d'origine.

7.19 Mausolée d'Hadrien, Rome. Plan du monument, avec tours fortifiées ajoutées à la Renaissance.

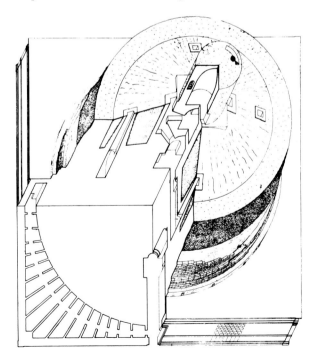

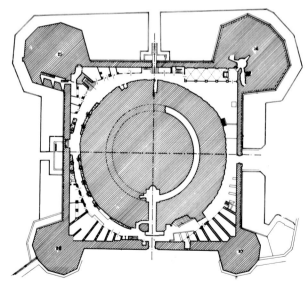

épée au sommet. C'est dans ce cadre dramatique que se déroule le dernier acte de la *Tosca* de Puccini.

Ouvrages en province   Nous nous sommes concentrés jusqu'ici sur les édifices construits par Hadrien à Rome et dans les environs ; mais il y eut d'autres constructions et dédicaces en son honneur dans toutes les provinces romaines.

L'affection d'Hadrien pour Athènes se reflète dans les nombreux édifices qu'il fit construire ou rénover dans cette ville. Il y fonda une grande bibliothèque, et les citoyens d'Athènes firent ériger en son honneur un arc séparant les parties grecque et romaine de la ville. L'empereur acheva également le temple de Zeus olympien, qui avait été commencé des siècles plus tôt, au VIᵉ siècle av. J.-C. (l'aquarelle reproduite ici, ill. 7.20, est l'œuvre d'Edward Lear, poète qui voyagea en Grèce au milieu du XIXᵉ siècle. Dans le fond, on voit le temple classique dédié à Athéna, le Parthénon).

Le temple de Zeus olympien fut à l'origine conçu comme un colossal édifice dorique, mais la construc-tion fut interrompue et ne fut reprise que par inter-mittence sur plusieurs centaines d'années. Finale-ment, lors de son troisième voyage en Grèce en 131-132 apr. J.-C., Hadrien fit achever cet immense temple (hauteur des colonnes : 16,98 m) dans l'ordre corinthien. Son amour de l'art et de l'architecture grecs, et de la Grèce elle-même, explique qu'il ait investi des sommes considérables dans la construc-tion d'édifices à Athènes.

Hadrien s'intéressa de près à l'ensemble de l'Empire, et se rendit dans de nombreuses provinces, et jusque dans les plus éloignées. Il passa de nom-breuses années de son règne loin de la capitale, s'at-tirant ainsi la rancune du peuple romain. Une série de pièces de monnaie qui portent des figures symbo-liques des provinces au revers témoignent de certains de ses voyages (ill. 7.21). Ces voyages contribuèrent peut-être à répandre la renaissance classique ; et, inversement, l'empereur apprit certainement beau-coup sur le monde grec en le visitant lui-même.

Les Romains consacraient quantité d'efforts à l'architecture militaire, sous forme de murs et de

7.20 Le temple de Zeus olympien, Athènes. 131-132 apr. J.-C. Marbre. Hauteur des colonnes : 16,98 m. Aquarelle d'Edward Lear, 1848.

7.21 *Aureus* d'Hadrien, Rome.
L'empereur, à gauche,
salue une personnification féminine
de la province d'Afrique. 136 apr. J.-C.
Pièce en or. Diamètre : 1,9 cm.
British Museum, Londres.

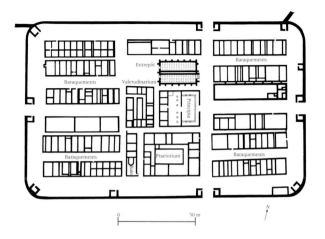

fortifications sur leurs frontières. Ils avaient mis au
point un système particulièrement élaboré dans les
pays germaniques, s'étendant de Mayence à Vienne,
et un autre pour la défense de la Syrie et de la
Palestine. L'une des fortifications les plus connues
porte le nom de l'empereur : le mur d'Hadrien en
Écosse. Ce n'était pas seulement un mur, mais une
ligne de défense stratégique qui traversait le pays de
la côte ouest à l'est, avec un petit fort tous les milles,
et douze substantiels postes de garnison sur les
130 kilomètres de frontière. L'un d'eux se trouve à
Housesteads (ill. 7.22), l'ancien Borcovicium,

7.22 Plan de camp romain, Housesteads,
l'un des forts le long du mur d'Hadrien dans le nord
de l'Angleterre, en Écosse. IIe siècle apr. J.-C. Pierre.

7.23 Coupe du mur d'Hadrien près du fort de Housesteads.

construit près d'une section particulièrement bien préservée du mur lui-même (ill. 7.23). Comme le *castrum* à Ostie et la ville de Timgad (voir p. 62 et 178), le plan est un rectangle avec des rues principales orientées nord-sud et est-ouest, qui se terminaient par des portes traversant les murs de défense extérieurs. Les quatre angles étaient arrondis, et il y avait des tours aux principaux endroits le long des bords. À l'intérieur se trouvait une grande salle de réunion pour tous les soldats (*principia*), un grenier, des bains, une infirmerie (*valetudinarium*) et des baraquements. Le commandant de l'unité avait sa propre maison, le *praetorium*. Malgré toutes les

7.24 *En haut :* Détail de l'« arc syrien » sur la colonnade d'entrée, temple d'Hadrien, Éphèse. Derrière, le relief ornemental au-dessus de la porte. 130-138 apr. J.-C. Marbre.

7.25 *À gauche :* Temple d'Hadrien, Éphèse. 130-138 apr. J.-C. Marbre et autres pierres.

7.26 *Ci-dessus :* Temple d'Hadrien, Éphèse. Reconstitution.

commodités, le séjour dans un fort comme celui-ci devait être particulièrement pénible pour des Romains habitués à un climat méditerranéen.

Un petit temple décoratif dans l'une des principales rues d'Éphèse est un bon exemple du genre

d'édifices qui furent dédiés à Hadrien dans les villes de tout l'Empire (ill. 7.25 et 7.26). La frise élaborée qui court sur la façade (ill. 7.24) s'élève en un arc reposant sur deux colonnes corinthiennes et s'étendant sur l'entrée du porche. Un fronton, qui a disparu, sauf aux angles, fermait l'espace au-dessus de l'arc. Cette combinaison d'un arc avec un fronton, caractéristique de l'architecture romaine originaire du Proche-Orient, fut très prisée à l'époque impériale. Une autre porte, derrière l'arc extérieur, dit syrien, conduit au temple proprement dit. La porte est surmontée d'un relief représentant une figure féminine émergeant de feuilles et de tiges d'acanthe.

Un autre édifice d'Éphèse, dédié à Hadrien vers la fin de son règne, est la bibliothèque de Celsus (ill. 7.27). Elle fut identifiée par une inscription et récemment reconstituée par des archéologues autrichiens qui travaillent dans la ville. Les Romains de la partie orientale de l'Empire aimaient le genre de façade mouvante qu'on voit ici, avec des pavillons saillants coiffés de frontons ronds et pointus. L'un des procédés les plus utilisés consistait à faire alterner les portions saillantes (les paires de colonnes surmontées d'un entablement). On notera que chacun des pavillons du deuxième niveau est à cheval sur

deux pavillons du premier niveau. Non seulement les pavillons eux-mêmes donnent l'impression d'une façade en mouvement, mais les niches dans les murs, généralement ornées de sculptures, accentuent l'effet tridimensionnel.

Architecture domestique et commerciale Près de Rome, dans la ville portuaire d'Ostie, on peut voir certains des bâtiments commerciaux et des maisons les mieux préservés de l'Antiquité de toute l'Italie. Ostie avait crû rapidement dans un espace relativement restreint, si bien que des immeubles avaient jailli pour abriter les habitants de plus en plus nombreux. Ces *insulae*, ou îlots (ill. 7.28), situés autour d'une cour centrale, comptaient jusqu'à quatre ou cinq étages. On a également retrouvé une partie d'un immeuble de ce genre à Rome, construit sur le Capitole (ill. 7.29). Ici, le rez-de-chaussée était percé comme de coutume de larges portes surmontées de fenêtres carrées plus petites, façades de boutiques, tandis que les étages étaient réservés à l'habitation.

À Ostie, comme à Pompéi, à Éphèse et à Timgad, on découvre une véritable ville romaine en marchant dans les rues pavées de pierre, bordées de bâtiments des deux côtés. À Ostie, certains de ces bâtiments étaient des entrepôts, construits pour abriter le surplus de grain envoyé de Sicile, qui était conservé dans le port avant d'être distribué à Rome. Ces « greniers », ou *horrea*, portent le nom de leurs propriétaires ; celui-ci s'appelle Horrea Epagathiana et Epaphroditiana (ill. 7.30). Une impressionnante entrée cintrée, en brique, est bordée de chaque côté de colonnes engagées avec des chapiteaux corinthiens, et surmontée d'un fronton. Des boutiques

7.27 *Ci-contre :* Façade de la bibliothèque de Celsus, Éphèse. 135 apr. J.-C. Marbre.

7.28 *Ci-dessous : Insulae*, Ostie, reconstitution. IIe siècle apr. J.-C. Brique et béton.

7.29 *À droite :* Immeubles d'habitation construits sur le flanc du Capitole, Rome. Reconstitution. Première moitié IIe siècle apr. J.-C. Brique, béton et travertin.

7.30 *Horrea Epagathiana*, entrée, Ostie. Milieu IIe siècle apr. J.-C. Brique.

donnaient sur la rue, de chaque côté de l'entrée, tandis que le grain lui-même était entreposé dans les pièces qui entouraient la cour centrale.

Portraits

Hadrien fut le premier empereur à porter un collier de barbe (ill. 7.31) ; cette mode fut bientôt adoptée, et trouva également sa place dans les portraits conventionnels. Peut-être voulait-il ressembler aux héros grecs qu'il admirait tant ; mais il était sans doute également convaincu que la barbe rehaussait son image impériale. Elle permettait aux sculpteurs d'exploiter davantage les jeux d'ombre et de lumière dans les portraits masculins. Nous avons déjà noté, dans les portraits sculptés de plusieurs femmes flaviennes (voir ill. 5.17 et 5.19), les possibilités qu'offrait le clair-obscur ; mais cette méthode avait rarement été appliquée à des hommes ; à cette époque d'ailleurs, le réalisme des Flaviens et la tradition des visages glabres la rendaient inadaptée aux portraits masculins.

Autre changement dans les portraits de l'époque : l'œil défini par une incision du pourtour de l'iris, avec deux cercles peu profonds percés dans la pupille pour évoquer le reflet de la lumière. Cet usage devait se prolonger dans la plupart des visages sculptés jusqu'à la fin de l'Empire. Jusque-là, ces détails étaient peints directement sur la pierre lisse.

Sabine, l'épouse d'Hadrien (ill. 7.32), était d'une beauté digne et paisible qui s'alliait bien avec le visage élégant et réfléchi de son mari. Plus hautaine que lui, elle représentait une espèce d'idéal inaccessible qui convenait bien au personnage d'une impératrice. Dans un relief sculpté après sa mort (ill. 7.33), elle s'élève de son bûcher funéraire vers le ciel, sur le dos d'une figure féminine ailée presque nue. Hadrien assiste à l'ascension, et la figure masculine, à gauche, symbolise le champ de Mars, où avaient lieu les obsèques. Une scène comme celle-ci était appelée « apothéose », qui signifie que le défunt est défié.

7.31 Portrait d'Hadrien portant une couronne de rameaux de chêne. 117-138 apr. J.-C. Marbre. Plus grand que nature. Musée archéologique, Khania, Crète.

7.32 *Ci-dessus :* Portrait de Sabine.
117-134 apr. J.-C. Marbre. Hauteur : 35,6 cm env.
Museo nazionale romano delle Terme, Rome.

7.33 *À droite :* L'apothéose de Sabine, Rome.
136-138 apr. J.-C. Relief en marbre. Hauteur : 2,68 m.
Palazzo dei Conservatori, Rome.

L'effet global s'apparente un peu à celui d'un relief
tombal athénien du IVe siècle, mais l'iconographie
est ici typiquement romaine.

   Hadrien avait un favori, Antinoüs, originaire de
Bithynie, dans le nord-ouest de l'Asie Mineure, qui
vivait avec lui et partageait sa quête culturelle.
Lorsque Antinoüs mourut noyé dans le Nil en
130 apr. J.-C., Hadrien en fut profondément attristé.
Il fonda une nouvelle ville, Antinoöpolis, fit déi-
fier son favori comme s'il avait été un membre de la
famille impériale, et instaura le culte d'Antinoüs.

   De nombreuses statues du jeune homme sont
parvenues jusqu'à nous. Il apparaît sous des traits
classiques d'une rare beauté (voir p. 1) : il résume
mieux que quiconque l'idéal hellénique de beauté
masculine à l'époque romaine. Mais puisqu'il avait

7.34 Relief
d'Antinoüs
en Sylvain, signé
d'Antonianos
d'Aphrodisias,
130-138 apr. J.-C.
Marbre.
Hauteur : 1,42 m.
Banca nazionale
romana, Rome.

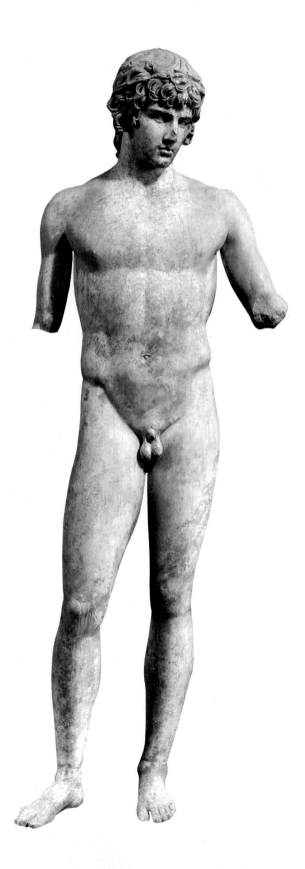

été déifié, nous ne connaissons pas son vrai visage. Un relief (ill. 7.34) le montre sous les traits d'une divinité mineure, Sylvain, dieu des terres non cultivées. La silhouette d'Antinoüs et son ravissant visage conviennent parfaitement au caractère bucolique de ce personnage paisible, debout avec son chien devant un petit autel et des vignes. L'œuvre est signée d'Antonianos d'Aphrodisias, qui travaillait probablement à Rome, où fut trouvé le relief. Une statue d'Antinoüs, debout, nu (ill. 7.35), saisit également le visage pensif et sensible, aux traits fins encadrés par de charmantes boucles.

Reliefs

L'arc de Constantin, construit plus d'un siècle et demi après le règne d'Hadrien, est orné d'une série de huit grands médaillons de 2 mètres de diamètre qui furent empruntés à un monument d'Hadrien. On ne sait pas comment ils avaient été utilisés à l'origine sur ce monument, mais le thème des reliefs était l'empereur à la chasse. Trois des médaillons montrent une scène de chasse véritable : la chasse au sanglier (ill. 7.36), et une chasse à l'ours et au lion. Un médaillon dépeint la scène de départ, et quatre autres représentent des sacrifices aux dieux – y compris à Antinoüs récemment déifié. Dans la scène reproduite ici, l'empereur, suivi de deux compagnons, chasse un sanglier velu, sur une ligne horizontale étroite. L'arbre sur la gauche sert de bordure, dans le style des modèles hellénistiques.

Ces scènes servaient à illustrer le goût d'Hadrien pour la chasse. Mais, surtout, la chasse symbolisait la *virtus* de l'empereur, car elle demandait courage et force de caractère. De même, les scènes de sacrifice servaient à souligner sa *pietas*, tout comme la scène de sacrifice avec Énée sur l'Ara Pacis Augustae (voir p. 101). Ces messages de propagande étaient le dessein premier du monument d'Hadrien. Puis, lorsque les médaillons furent transférés à l'arc de Constantin, ils furent chargés du même message, mais appliqué, cette fois, au nouvel empereur.

7.35 *À gauche :* Portrait d'Antinoüs. Vers 130-138 apr. J.-C. Marbre. Hauteur : 1,8 m. Musée archéologique de Delphes.

7.36 *Ci-contre :* Chasse au sanglier, médaillon de l'époque d'Hadrien, réutilisé sur l'arc de Constantin, Rome. Vers 130-138 apr. J.-C. Marbre. Hauteur : 2 m.

Sarcophages

À la fin de la période républicaine et à l'époque julio-claudienne, les morts étaient le plus souvent incinérés, mais pas toujours ; l'inhumation, et en particulier l'emploi de sarcophages en pierre sculptés, semble s'être développée à l'époque de Trajan. Pour des raisons encore mal comprises, certaines personnes ont dû penser qu'il était préférable d'être enterré dans un cercueil plutôt qu'incinéré et revinrent donc aux usages du début de la période républicaine. On ne connaît pas d'autres changements sensibles dans les pratiques religieuses, mais la présence de sarcophages en pierre qui peuvent être datés du début du IIᵉ siècle témoigne de cette nouvelle coutume.

SARCOPHAGES ATTIQUES

Sous Hadrien, ces nouvelles coutumes funéraires s'imposèrent, et on commença à utiliser des sarcophages dans tout l'Empire romain. Les artistes s'emparèrent de cet espace rectangulaire qui se prêtait à des scènes figuratives, et leur enthousiasme ne fit sans doute qu'amplifier l'emploi de cercueils de pierre. L'avant et les deux extrémités du sarcophage étaient sculptés, tandis que l'arrière était parfois laissé nu, puisque, en Italie, la tradition était de placer le cercueil contre un mur ou dans une niche du tom-

beau. Les couvercles étaient également sculptés de scènes sur une étroite bande à l'avant. On appelle ce type « sarcophage attique », car cette tradition semble originaire d'Athènes, en Attique, où nombre de sarcophages furent effectivement sculptés.

De l'époque d'Hadrien jusqu'au cœur de l'ère chrétienne, les reliefs ornant les sarcophages permettent de suivre au mieux les changements stylistiques ainsi que l'évolution des thèmes sur une importante série d'œuvres. Bien que certains d'entre eux soient décorés de guirlandes, comme le sarcophage Caffarelli (voir ill. 3.21), on prit bientôt l'habitude de sculpter des scènes figuratives de deux types : soit une évocation de certains moments de la vie du défunt – scènes de mariage, de sacrifice, de guerre ou de manifestations publiques –, soit des scènes mythologiques, souvent liées à la mort et à l'au-delà. Certains de ces derniers thèmes étaient effrayants, ce qui ne semble pas avoir gêné les commanditaires romains.

L'une des légendes violentes qui apparaissent sur les sarcophages est celle d'Oreste (ill. 7.37). Trois scènes successives sont représentées. À gauche, deux Furies sont assises près de la tombe d'Agamemnon, dont le fils Oreste venge la mort dans la scène suivante, en tuant sa mère, Clytemnestre, et son amant Égisthe – les meurtriers de son père. Clytemnestre gît aux pieds d'Oreste, tandis que le corps d'Égisthe est déformé et retourné. Oreste est aidé par son ami

7.37 Le mythe d'Oreste, sarcophage. 130-138 apr. J.-C. Marbre. Hauteur : 0,80 m ; longueur : 2,12 m. Cleveland Museum of Art, Cleveland, Ohio, don du John Huntingdon Art and Polytechnic Trust.

7.38 Hector traîné autour des murs de Troie, sarcophage, Rome. Vers 190 apr. J.-C. Marbre.
Hauteur : 1,4 m ; longueur : 2,34 m. Museum of Art, Rhode Island School of Design, Providence, Rhode Island.

Pylade, qui tient un morceau d'étoffe, tandis que la nourrice horrifiée détourne la tête et se cache le visage pour ne pas voir le crime. Deux Furies jaillissent de derrière une autre étoffe, pour poursuivre Oreste à cause du meurtre qu'il vient de commettre. Cette deuxième scène occupe la plus grande partie de l'avant du sarcophage. La troisième, sur la droite, montre Oreste enjambant le corps d'une Furie en quittant le trépied de la Pythie à Delphes (à l'extrême droite) afin d'aller implorer le pardon d'Athéna à Athènes. Cette suite d'événements, malgré son caractère sanglant, représentait pour la famille du défunt l'expiation du crime et la quête du salut.

Toutes les figures sont sculptées en bas relief. Bien que certains personnages se recouvrent partiellement, chacun d'eux ressort nettement, et l'histoire tout entière est facile à lire. Les deux morceaux d'étoffe, qui forment chacun un arc légèrement cintré, servent d'élément de composition répété. La

Furie, en bas à gauche, est placée de manière à occuper l'angle, et le trépied sert de bordure sur le côté droit. La composition a été soigneusement pensée, mais peut-être pas par l'auteur de ce sarcophage particulier : il en subsiste en effet un second racontant la même histoire, avec beaucoup de détails identiques. Il devait exister certains modèles conventionnels de sarcophage, souvent utilisés, y compris d'un atelier à un autre. Bon nombre de ceux que nous connaissons existent en plusieurs versions.

Les scènes de la vie du héros grec Achille, comme celles de l'histoire d'Oreste, étaient également très appréciées sur les sarcophages. Les formes des figures, et en particulier les visages, se rattachent à la tradition grecque, mais certains des détails, tels les pectoraux des héros, sont typiquement romains. Dans l'une de ces scènes (ill. 7.38), Achille traîne le corps du héros troyen Hector autour des murs de Troie. Des événements successifs sont représentés ici :

7.39 Achille à la cour de Lycomède, sarcophage. Vers 250 apr. J.-C. Marbre. Hauteur : 1,3 m ; couvercle 1,06 m. Museo Capitolino, Rome.

d'abord le combat au corps à corps, puis le héros sur son char auquel le corps d'Hector est attaché, et enfin la figure de l'épouse d'Hector, Andromaque. La première scène se déroule devant les murs de Troie, sculptés en bas relief derrière les combattants. Andromaque, avec ses compagnes de part et d'autre, pleure son époux défunt.

Une autre série de scènes tirées de la vie d'Achille, sur un sarcophage dont on pensait autrefois qu'il appartenait à l'empereur Alexandre Sévère (ill. 7.39), représente l'instant où le héros est découvert par Agamemnon et Ulysse à la cour de Lycomède. Achille

y avait été envoyé, déguisé en jeune fille, pour être élevé avec les filles de Lycomède, parce que sa mère, Thétis, savait qu'il devait perdre la vie au cours de la guerre de Troie. Pour le démasquer, Ulysse apporta aux jeunes filles toutes sortes de cadeaux, y compris des armes. Alors Achille, incapable de résister à la vue du glaive, se dévoila, comme on le voit au centre droit. Sa robe féminine lui échappa, ce qui confirma les soupçons d'Ulysse. Une fois encore, ce sont divers épisodes de l'histoire qui sont montrés, et les figures s'inspirent de modèles grecs pour la finesse des proportions et l'élégance des étoffes. Les techniques mises en œuvre pour produire l'effet artistique sont cependant romaines : le relief de la chevelure et de la barbe, et les plis linéaires des vêtements des statues qui se trouvent sur le couvercle.

Les sarcophages attiques furent largement diffusés auprès de clients occidentaux, dans de nombreuses régions de l'Empire, mais restèrent absents des pays où la concurrence locale était bien organisée, ou alors où quand d'autres importations occupaient le marché. Ils étaient faits en beau marbre blanc du Pentélique, largement disponible dans les carrières proches d'Athènes. Certains couvercles étaient sculptés en forme de toit (ill. 7.38), inclinés, couverts de tuiles et bordés d'*antefixes* – tuiles décoratives en bordure de toit ; d'autres ressemblaient à un lit funéraire sur lequel était étendu le défunt (ill. 7.39). Les figures sur les faces verticales étaient presque pensées en trois dimensions, très saillantes par rapport à la surface du fond.

SARCOPHAGES ASIATIQUES

Le sarcophage attique, sculpté de reliefs à l'avant, et généralement aux extrémités, avait les faveurs de l'Italie et de la Grèce. Dans les régions orientales de l'Empire, toutefois, les sculpteurs taillaient les quatre côtés du sarcophage, même si l'arrière était moins soigneusement fini que les autres côtés. Ces cercueils étaient placés dans des cimetières le long de la route et en d'autres endroits – au centre d'un mausolée, par exemple –, où l'on pouvait voir les quatre côtés. On les appelle « sarcophages asiatiques », les principaux centres de production étant situés en Asie Mineure.

Les sarcophages asiatiques étaient eux aussi expédiés dans des régions éloignées de l'Empire, sauf en Grèce, où le sarcophage attique avait une espèce de monopole. Les couvercles asiatiques ressemblent à ceux des sarcophages attiques, mais les côtés s'en distinguent en ce qu'ils sont divisés par des séries de

7.40 Les travaux d'Hercule, sarcophage. 210-250 apr. J.-C. Marbre. Hauteur : 1,18 m ; longueur : 2,5 m. Musée archéologique, Konya.

colonnes qui entourent le cercueil (ill. 7.40). Normalement, chaque groupe de deux colonnes encadre une scène. Les sarcophages de ce type sont généralement beaucoup plus élaborés et ornés que les cercueils attiques. Le relief est encore plus haut, et les membres des figures sculptées sont souvent détachés du fond. Les détails architecturaux révèlent des entailles profondes pour les motifs des moulures, très exagérés par rapport à ce que l'on voit dans les exemples architecturaux grandeur nature.

On a trouvé des sarcophages, attiques et asiatiques, dans des épaves, qui confirment que, malgré leur taille et leur poids, ces objets étaient expédiés assez loin. Une étude des différents types de marbre utilisés permet également de confirmer leur large diffusion. On en exporta beaucoup qui n'étaient que partiellement sculptés : on laissait à un sculpteur sur le lieu de destination le soin de finir l'œuvre – les guirlandes, les figures, les portraits et d'autres détails. Et parfois les artistes du lieu d'origine des sarcophages faisaient un long voyage pour terminer le travail eux-mêmes.

SARCOPHAGES À STRIGILES

Les nombreux sarcophages ornés sur l'avant et les côtés de cannelures courbes en forme de S allongé (ill. 7.41) sont dits « à strigiles », car ces motifs rappellent les strigiles des athlètes grecs – racloirs en bronze qu'ils utilisaient pour se nettoyer le corps après les exercices. Ces sarcophages étaient parfois décorés de Saisons ou d'autres figures, et d'un médaillon central où le portrait du défunt était

sculpté sur commande. Ils étaient donc produits en série, et pouvaient facilement être personnalisés. Le sarcophage d'un individu ordinaire n'aurait pas été décoré du tout ; seuls les plus riches pouvaient s'offrir les sculptures ornementales figuratives dont nous venons de voir quelques exemples.

Parfois, les sarcophages partiellement sculptés à la carrière étaient achevés avec une décoration différente de celle qui était prévue à l'origine. Par exemple, bon nombre de sarcophages à strigiles avaient des têtes de lion à l'avant (ill. 7.42). Quand il quittait la carrière, le sarcophage était simplement laissé avec une importante saillie, sculptée ensuite sur le lieu de destination ; mais parfois aussi, ces saillies étaient sculptées autrement, en figures féminines drapées, par exemple.

Résumé

Le règne d'Hadrien connut une extraordinaire activité, en particulier dans les domaines de l'architecture et de la sculpture. Il donna le jour au Panthéon et à la villa de Tivoli, au mur de défense (mur d'Hadrien) en Écosse, à de beaux portraits classiques et à de très nombreux sarcophages. L'intérêt personnel d'Hadrien pour les œuvres grecques se reflétait à la fois dans l'architecture et dans la décoration sculptée de sa villa, ainsi que dans d'autres édifices, tel le temple de Vénus et de Roma. Si la place accordée aux modèles grecs n'était pas nouvelle, elle connut un regain d'importance au cours de cette période de retour au classicisme.

7.41 *Ci-contre, en haut :* Sarcophage à strigiles, orné d'un portrait en médaillon de Mercure (à gauche) et de Bacchus (à droite).
Seconde moitié IIIᵉ siècle apr. J.-C. Marbre.
Hauteur : 91,4 cm ; longueur : 2,21 m. Camposanto, Pise.

7.42 *Ci-contre, en bas :* Sarcophage à strigiles avec têtes de lion. Première moitié du IIIᵉ siècle apr. J.-C. Marbre.
Hauteur : 95,3 cm ; longueur : 2,35 m. Camposanto, Pise.

8
Les Antonins
138-193 apr. J.-C.

On commence à déceler dans l'art romain de l'époque des Antonins, et surtout vers la fin de cette période, les signes d'un changement radical. Le contraste de styles inspiré des traditions grecque et italique se perpétua, mais l'importance des courants plébéiens s'accentua dans l'art impérial. On s'intéressa à la frontalité (figures se présentant de face), et les relations spatiales furent analysées de manière à souligner les dispositions répétitives et schématiques. On renonça progressivement à la méthode qui consistait à placer une figure derrière l'autre pour donner une impression de perspective ; dans certains exemples, les figures censées être debout à l'arrière-plan sont placées au-dessus de celles du premier plan. En outre, le goût pour les monuments qui exaltaient l'armée romaine trouva une expression nouvelle dans les sarcophages, tandis que les monuments impériaux, sous le règne de Marc Aurèle, témoignent d'une sensibilité nouvelle au malheur de l'ennemi.

Le règne des Antonins, avec celui de Trajan et d'Hadrien, fut ensuite considéré comme l'âge d'or. L'Empire ne fut jamais aussi vaste, et une paix relative régna aussi bien à l'intérieur qu'à l'extérieur, malgré de perpétuelles escarmouches et des menaces aux frontières. La prospérité des Romains fut à son apogée au milieu du IIe siècle apr. J.-C.

Commode en Hercule, détail de l'ill. 8.36. Vers 190 apr. J.-C. Marbre. Palazzo dei Conservatori, Rome.

La famille des Antonins

Les empereurs romains qui succédèrent à Hadrien avaient des relations familiales compliquées qui permettent tout juste de leur donner le même nom de famille, Antonus. Antonin le Pieux, le premier d'entre eux, avait été adopté par Hadrien à la fin de son règne, peu de temps avant sa mort ; à la même époque, Antonin le Pieux adopta Marc Aurèle (le neveu de son épouse) et le jeune Lucius Verus.

Après la mort d'Antonin, Marc Aurèle et Lucius Verus partagèrent le trône impérial pendant huit ans (161-169 apr. J.-C.), jusqu'à la mort de Lucius. Ce fut certainement une alliance étrange, car Marc Aurèle était un esprit philosophe, réfléchi et intelligent, alors que Lucius Verus était apparemment plus frivole et égocentrique. Les *Pensées* de Marc Aurèle révèlent un souverain qui avait une profonde affection pour son peuple, et détestait les guerres qu'il était obligé de livrer.

Pour finir, Marc Aurèle associa à l'Empire son fils indigne, Commode, qui lui succéda. C'était seulement la deuxième fois depuis le début de l'Empire romain que le fils légitime d'un empereur succédait à son père. Titus avait succédé à Vespasien, mais toutes les autres successions avaient été orchestrées de manière à donner l'apparence de la légitimité à l'empereur suivant.

Le règne d'Antonin le Pieux

PORTRAITS

Antonin (138-161 apr. J.-C.) s'était vu décerner le titre de « Pieux », qui n'était pas sans rappeler celui d'« Auguste ». Le héros Énée est souvent qualifié lui aussi de pieux, dans l'*Énéide* de Virgile, un rapprochement qui n'aurait pas échappé au citoyen romain. Il soulignait que l'empereur avait eu à cœur de faire son devoir en persuadant le Sénat de voter les honneurs divins à son père adoptif, Hadrien. Un bio-

graphe enthousiaste le dépeint comme un homme tranquille et aimable, et son règne semble avoir été assez pacifique. Dans son apparence, il suivit le style inauguré par Hadrien – une barbe fournie et bouclée, et des cheveux encadrant le visage (ill. 8.1).

Antonin le Pieux épousa Faustina l'Aînée, qui partagea une part de l'honneur impérial avec lui. La tête d'une immense statue d'elle (ill. 8.2) fut trouvée au temple d'Artémis à Sardes. Le temple, qui contenait des statues colossales d'Artémis et de Zeus à l'époque grecque hellénistique, fut dédié au IIe siècle apr. J.-C. à l'empereur et à son épouse. La

8.1 Portrait d'Antonin le Pieux, provenant de Rome. Vers 140-150 apr. J.-C. Marbre. Hauteur : 38,1 cm. Bowdoin College Museum of Fine Arts, Brunswick, Maine, don de Edward Perry Warren.

8.2 Portrait de Faustina l'Aînée, provenant de Sardes. 140 apr. J.-C. Marbre. Hauteur : 1,45 m. British Museum, Londres.

tête seule, du menton au sommet, mesure près de 91 centimètres de haut, ce qui permet d'imaginer à quel point la statue tout entière devait être impressionnante. La coiffure de Faustina, raie au milieu, mèches ondulantes tirées sur le côté et surmontée d'un chignon caractérisa ensuite la mode de l'époque.

ARCHITECTURE

Antonin le Pieux ne fit pas bâtir de nombreux édifices, malgré un règne relativement long ; il ne fit pas non plus construire de monuments héroïques. Mais lorsque Faustina disparut prématurément, en 141 apr. J.-C., elle fut divinisée, et l'empereur érigea un temple en son honneur sur le Forum romain. À la mort de l'empereur, ce temple fut

rebaptisé pour devenir le temple d'Antonin et Faustina (ill. 8.3), aujourd'hui l'un des édifices les mieux préservés du Forum. Il fut en effet transformé en église au XVIIᵉ siècle, ce qui le sauva de la destruction. La façade baroque et les murs de l'église sont entourés des colonnes antiques faites de *cipollino* – un marbre gris avec un grain naturel qui ressemble un peu à celui d'une tranche d'oignon.

Le nouvel empereur dédia un temple à Hadrien déifié en 145 apr. J.-C. On l'a identifié avec le temple qui abrite aujourd'hui la Bourse de Rome (ill. 8.4). Il subsiste encore un certain nombre de colonnes du péristyle sur le côté, et une partie du mur de la *cella*, intégrés aux murs de l'édifice plus récent. Entre les colonnes, le soubassement du temple était orné de reliefs représentant des trophées et des personnifications des provinces (ill. 8.5) tellement importantes pour Hadrien. On a trouvé des figures semblables célébrant les provinces sur une série de pièces de l'époque d'Hadrien (voir ill. 7.21).

8.3 Temple d'Antonin le Pieux et Faustina. Forum romain, Rome. Après 141 apr. J.-C. Marbre et travertin.

L'une des grandes réalisations des ingénieurs d'Antonin le Pieux fut la construction d'un mur de défense dans la lointaine Écosse, baptisé en son honneur « mur d'Antonin », destiné à assurer la sécurité de ses troupes à mesure qu'elles progressaient vers le nord. Hadrien avait déjà fait construire un grand mur, mais Antonin décida de repousser les frontières encore plus loin. Une pièce de monnaie (ill. 8.6) commémore les victoires romaines en Bretagne (Britannia) sous son règne. Elle est frappée d'un côté de son portrait et, de l'autre, d'une figure de Victoire, avec l'inscription BRITAN [nicus].

8.4 *Ci-dessous :* Temple d'Hadrien, Rome. Dédicace en 145 apr. J.-C. Marbre et pierre. Hauteur des colonnes : 14,86 m.

8.5 *À droite :* Personnification d'une province, provenant du temple d'Hadrien, Rome. 145 apr. J.-C. Marbre. Hauteur : 2,08 m. Palazzo dei Conservatori, Rome.

8.6 *Ci-dessus :* Sesterce d'Antonin le Pieux, Rome. Tête d'Antonin le Pieux et Victoire. Pièce en laiton. 142-144 apr. J.-C. British Museum, Londres.

8.7 *Ci-contre :* Scène de bataille, Grand Relief antonin, Éphèse. Vers 140 apr. J.-C. Marbre. Hauteur : 2,06 m. Neue Hofburg, Vienne.

RELIEFS

À l'époque des Antonins, peut-être même dès le début, un autel monumental fut érigé à Éphèse pour honorer les dieux et la famille impériale. Sans doute souhaitait-on confirmer la légitimité d'Antonin le Pieux en tant que successeur d'Hadrien. Il ne subsiste que des fragments de cet autel de forme rectangulaire. Si l'on ne peut en reconstituer l'ordonnancement de

manière certaine, on peut du moins en retrouver la disposition générale. Aux niveaux inférieurs, des bucranes et d'opulentes guirlandes ornaient, semble-t-il, le haut socle, tandis que la frise figurative, dont de nombreux fragments ont été préservés, aurait été au niveau supérieur. L'un des fragments (ill. 8.7) représente un soldat romain portant une tunique et un casque qui s'apprête à frapper de son glaive un barbare presque nu. Derrière le Romain, un cheval, la langue sortie, est cabré sur ses pattes arrière, tandis que, sur la droite, un autre Romain se lance dans le combat. L'action se dirige à la fois vers la droite et vers la gauche : le soldat romain va vers la droite, mais regarde en arrière par-dessus son épaule ; le barbare, tourné vers la gauche, regardait probablement à l'origine son assaillant sur la droite.

Des scènes violentes comme celle-ci alternent avec d'imposantes figures debout, dont certaines sont

8.8 Membres de la famille impériale, provenant du Grand Relief antonin, Éphèse. Vers 140 apr. J.-C. Marbre. Hauteur : 2,06 m. Neue Hofburg, Vienne.

des portraits impériaux. Hadrien et les empereurs antonins ainsi que leurs épouses apparaissent chacun au moins une fois. La transmission du pouvoir d'Hadrien aux Antonins est particulièrement soulignée dans le portrait de groupe qui représente, de gauche à droite, Marc Aurèle, Antonin le Pieux, Lucius Verus enfant, Hadrien et peut-être Faustina II, épouse de Marc Aurèle (ill. 8.8). Au lieu d'un cortège en mouvement comme celui de l'Ara Pacis (voir ill. 3.26), les figures sont ici immobiles, et tournées vers le spectateur. D'autres reliefs antonins adoptent également cette disposition.

La sculpture est ici très profonde, si bien que chaque figure se détache très nettement du fond. L'ensemble devait être particulièrement impressionnant, avec l'alternance de scènes militaires dramatiques et de portraits officiels, qui rappelait aux Romains le rôle essentiel de leurs souverains dans les victoires militaires de l'Empire. C'était une grandiose déclaration, où les scènes de bataille étaient fondées sur des modèles hellénistiques, tandis que les figures debout étaient plus étroitement liées à la tradition des cortèges impériaux romains.

Le règne de Marc Aurèle et de Lucius Verus

PORTRAITS

Les portraits de Marc Aurèle et de Lucius Verus font apparaître des ressemblances entre les deux modèles, alors qu'ils n'avaient en fait aucun lien de parenté (ill. 8.9 et 8.10), ressemblances dues sans doute aux boucles profondément creusées et à la barbe similaire qu'ils portent. Marc Aurèle a de lourdes paupières et une expression un peu triste qui correspond bien au personnage que révèlent ses écrits. En revanche, la tête colossale de Lucius est sans expression. Les traits et le visage long et étroit sont d'une beauté inhabituelle, mais presque trop délicate par rapport aux abondantes boucles qui noient un peu le visage.

Une autre statue de Lucius Verus (ill. 8.11) le montre nu, en athlète ou héros. Il lève le bras droit dans un geste grandiose, et tient dans la main gauche

8.9 *À gauche :* Portrait de l'empereur Marc Aurèle. Vers 170 apr. J.-C., ou plus tard. Marbre. Hauteur : 36,2 cm. Kimbell Art Museum, Fort Worth, Texas.

8.10 *En bas, à gauche :* Portrait de l'empereur Lucius Verus, provenant d'Asie Mineure. 160-169 apr. J.-C. Marbre. Hauteur : 36,2 cm. Toledo Museum of Art, Toledo, Ohio, don de Edward Drummond Libbey.

8.11 *Ci-dessous :* Portrait en pied de Lucius Verus. 160-169 apr. J.-C. Marbre. Plus grand que nature. Musei Vaticani, Rome.

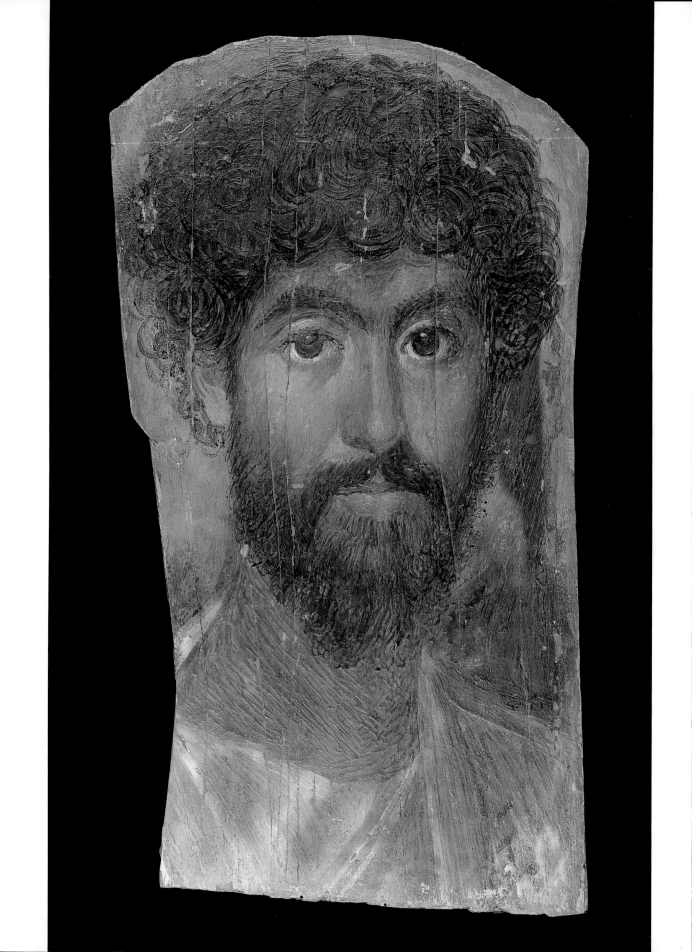

une Victoire debout sur un globe. L'idée de représenter l'empereur nu, qui peut sembler étrange, trouve son origine dans l'habitude qu'avaient les Grecs de se dévêtir pour les activités athlétiques. Lucius Verus est ainsi représenté dans la tradition des héros, athlètes et rois hellénistiques, et sa pose est plus solennelle que ne le serait son équivalent moderne – le président des États-Unis en maillot de bain ou en short de jogging. Il était cependant rare qu'on fasse des statues de l'empereur nu en Italie, et cet usage était plutôt réservé aux parties grecques de l'Empire romain.

Des portraits peints originaires d'Égypte ont été très bien conservés, en particulier dans une région du Nil qu'on appelle le Fayoum. La tête du défunt était peinte sur un panneau en bois, avec des pigments de couleur mélangés à de la cire d'abeille. La planche était placée sur la momie et enveloppée

8.12 *Ci-contre :* Portrait peint d'un jeune homme, provenant du Fayoum. 160-170 apr. J.-C. Peinture à l'encaustique sur bois. Hauteur : 35,6 cm ; largeur : 20,3 cm. Albright-Knox Art Gallery, Buffalo, New York, Charles Clifton Fund, 1938.

8.13 *Ci-dessous :* Portrait peint sur une momie, provenant du Fayoum. Troisième quart IIᵉ siècle apr. J.-C. Lin et peinture à l'encaustique sur bois. Museum of Fine Arts, Boston, don du Egyptian Research Account.

8.14 Portrait d'une jeune femme, provenant du Fayoum. Vers 300 apr. J.-C. Peinture à l'encaustique sur bois. Hauteur : 32,4 cm ; largeur : 19,1 cm. Arthur M. Sackler Museum, Harvard University, Cambridge, Massachusetts, don de Mrs John D. Rockefeller.

dans le tissu de lin qui entourait le corps de telle manière que le visage peint restait visible (ill. 8.13). Le type facial et la coiffure témoignent d'une observation attentive, à tel point qu'on peut souvent savoir à quelle époque la personne a vécu en comparant le style de coiffure à d'autres œuvres datées. Ainsi, bien qu'on ait peint des portraits au Fayoum du milieu du Iᵉʳ siècle apr. J.-C. jusqu'au IVᵉ siècle, on peut affirmer que le jeune homme de ce portrait (ill. 8.12) a dû vivre à l'époque de Marc Aurèle et de Lucius Verus, si l'on considère sa coiffure frisée. Un autre portrait, d'une jeune femme (ill. 8.14), peut être daté d'environ 300 apr. J.-C. grâce à ses grands yeux et à l'absence de modelé. Les visages juvéniles et les yeux pénétrants sont typiques des portraits du Fayoum, mais chacun d'eux a son caractère propre. La représentation directe, frontale, rappelle des portraits antérieurs (voir ill. 5.38 et 5.39) dans les peintures murales et les mosaïques pompéiennes. La seule statue équestre complète qui survive de l'Antiquité

est la figure plus grande que nature, de 3,5 mètres de haut, de Marc Aurèle à cheval (ill. 8.15). Elle ne fut pas refondue, afin d'en réutiliser le métal, parce que l'on pensait, tout au long du Moyen Âge, qu'il s'agissait d'une statue de Constantin, le premier empereur chrétien. Mais une comparaison de la tête avec d'autres portraits de Marc Aurèle confirme l'identification. La tête est un bel exemple de naturalisme, et révèle une personnalité sensible grâce au modelé soigné du visage. La chevelure et la barbe apportent des contrastes de texture.

La statue était à l'origine dorée, et il reste des traces de feuille d'or à la surface. L'empereur porte la tunique et la lourde cape associées au commandant de l'armée. Il tend le bras droit en s'adressant à la foule. La puissance de la monture, noble et imposante, n'anéantit pas le cavalier. Bien qu'il s'agisse d'une statue militaire, une expression réfléchie et bienveillante traduit bien l'esprit philosophe de l'empereur.

À la Renaissance, Michel-Ange plaça la statue au centre de sa place, le Campidoglio, au sommet du Capitole (ill. 8.16). Il la suréleva sur un haut socle, et conçut le pavage de manière à attirer l'attention sur cette œuvre célèbre et influente. Récemment, on a transporté le cheval et le cavalier, afin de les restaurer et les préserver, à l'intérieur du musée du Conservatoire, où ils ne souffrent plus de la pollution romaine.

LE SOCLE DE LA COLONNE D'ANTONIN LE PIEUX

Au début du règne de Marc Aurèle et de Lucius Verus, une colonne fut érigée à la mémoire de l'empereur défunt Antonin le Pieux. Le fût en granite, qui n'était pas orné de reliefs sculptés, n'a pas survécu, mais le socle intact se trouve dans une cour du Vatican. Trois des quatre côtés sont sculptés de figures en relief, tandis que le quatrième comporte une inscription dédicatoire des fils de l'Empereur. Les trois côtés sculptés révèlent un fascinant mélange de styles. L'avant a pour sujet l'apothéose de l'empereur et de son épouse (ill. 8.17) : ils s'élèvent vers le ciel, ici, transportés par un immense dieu ailé, accompagnés par les aigles de Jupiter. Une personnification du champ de Mars à Rome tient un obélisque – celui qui servait d'aiguille au cadran solaire d'Auguste (voir ill. 3.30). L'autre figure est la déesse Roma, personnification de la ville elle-même, qui préside à l'ensemble de la scène. Comme sur le relief de l'arc de Titus (voir ill. 5.9), elle porte un casque, et l'un de ses seins est dénudé. Le bouclier (ill. 8.18) est orné d'un emblème avec la louve, Romulus et Rémus.

L'échelle des figures fait curieusement apparaître l'empereur et son épouse relativement petits. Pourtant, la scène est classique dans son traitement ; elle s'inscrit dans la tradition des monuments impériaux inspirés de modèles grecs, en ce sens que les figures sont arrondies, et qu'on a une impression d'espace. Le relief rappelle du reste celui sculpté à la mémoire de Sabine, l'épouse d'Hadrien (voir ill. 7.33).

On est surpris de découvrir que les côtés de ce monument sont identiques (ill. 8.19). Ils représentent un défilé militaire (qui faisait peut-être partie des cérémonies funèbres), où les chevaux et les

8.15 *Ci-contre :* Marc Aurèle à cheval, Rome. 164-166 apr. J.-C. Bronze doré. Hauteur : 3,5 m.

8.16 *À droite :* Vue d'ensemble du Campidoglio, place de la Renaissance conçue en 1537 par Michel-Ange sur l'ancien Capitole, avec la statue de Marc Aurèle à cheval qui se dressait au centre jusqu'en 1981.

cavaliers forment un cercle autour d'un groupe de fantassins debout sur un rebord étroit qui représente le sol. Chaque cheval, qui ressemble à un jouet, est également debout sur un petit rebord. Les figures semblent plutôt petites et trapues, et forment un vif contraste avec les proportions classiques de la scène d'apothéose.

Nous avons déjà évoqué cette tendance à faire les figures plus trapues et à les isoler sur un fond ; c'est une caractéristique du style plébéien, par opposition aux tendances impériales plus formelles. Au lieu de montrer l'espace comme on le faisait sur les reliefs classiques, où les figures debout à l'arrière-plan sont perçues comme étant plus éloignées, ce relief traite le problème d'une autre manière : les cavaliers les plus éloignés sont représentés au-dessus des autres figures. Les dimensions des figures de l'arrière-plan (c'est-à-dire les figures supérieures), qui doivent en fait être à une certaine distance, sont peu modifiées. Elles for-

8.17 *Ci-contre, en haut :* Apothéose d'Antonin le Pieux et de Faustina, sur le socle de la colonne d'Antonin le Pieux, Rome. Vers 161 apr. J.-C. Marbre. Hauteur : 2,47 m. Musei Vaticani, Rome.

8.18 *Ci-contre, en bas :* Détail du bouclier de la déesse Roma, socle de la colonne d'Antonin le Pieux, Rome. L'emblème représente Romulus et Rémus (détail de l'ill. 8.17.)

8.19 *À droite :* Revue militaire, socle de la colonne d'Antonin le Pieux, Rome. Vers 161 apr. J.-C. Marbre. Hauteur : 2,48 m. Musei Vaticani, Rome.

8.20 *Ci-dessous :* Soumission des Barbares à Marc Aurèle, panneau en relief d'un arc de triomphe. Vers 176-182 apr. J.-C. Palazzo dei Conservatori, Rome.

ment les différentes parties du cercle simplement en étant tournées dans des directions différentes. L'artiste a utilisé deux points de vue incompatibles : il regarde la scène d'en haut, comme dans une vue aérienne, en même temps qu'il regarde les figures de face. Malgré cette bizarre conception visuelle, le relief est facile à lire, et nous n'avons aucune difficulté à comprendre le message, clarté qui provient peut-être de l'aspect quasi schématique du relief.

Le fait que cette nouvelle manière d'envisager l'espace apparaisse sur un important monument impérial marque un changement. Nous avons pourtant vu ce genre de représentation sur un certain nombre de reliefs antérieurs, dont celui du temple de Neptune et le relief des *vicomagistri* (voir ill. 2.23 et 4.16). Dans les arts picturaux, on peut trouver le modèle de cette convention dans la mosaïque du Nil, où, de la même manière, les objets plus élevés étaient censés être les plus éloignés. Les origines de ce type de représentation remontent donc au moins à la période républicaine, et peut-être au IIᵉ siècle av. J.-C., lorsque la tradition italique, plébéienne, était solidement établie en sculpture et en peinture.

PANNEAUX D'UN ARC DE TRIOMPHE

Marc Aurèle prit part à des batailles pendant une grande partie de son règne, même s'il affirmait qu'il aurait préféré rester paisiblement chez lui. Il

organisa deux campagnes de plusieurs années chacune dans le Nord, le long du Danube. Ces guerres furent commémorées par deux monuments, un arc de triomphe et une colonne sculptée.

Bien que l'arc de triomphe n'ait pas survécu, on en conserve plusieurs panneaux sculptés. L'un d'eux (ill. 8.20) montre l'empereur à cheval, entouré de son armée, symbolisée par quelques soldats en uniforme et des étendards flottant parmi les arbres. L'ennemi n'est représenté que par deux figures, à genoux dans l'angle inférieur droit. Malgré cette économie de moyens sculpturaux, l'artiste raconte toute l'histoire : l'empereur, à cheval, sa cape flottant au vent derrière lui, pardonne à l'ennemi – ce qu'on appelait la *clementia*. La pose est semblable à celle de la statue équestre en bronze en ronde bosse (ill. 8.15).

LA COLONNE DE MARC AURÈLE

On ne sait pas si les reliefs de la colonne de Marc Aurèle furent commencés à la fin de son règne ou au début de celui de son fils Commode, mais le travail fut long et n'était pas tout à fait achevé lorsque Commode mourut en 192 apr. J.-C. C'est à Septime Sévère qu'il incomba de dédier la colonne l'année suivante. La colonne (ill. 8.21), qu'on voit ici dans une vue imaginaire de Rome d'après une œuvre d'Enea Vico, artiste de la Renaissance, suit de près le modèle de la colonne Trajane (voir ill. 6.8). La hauteur est la même, et les reliefs sont également disposés en bandes qui s'enroulent en spirale autour de la colonne, mais les scènes sont bien moins nombreuses (ill. 8.22). Ici, la bordure qui sépare une spire de l'autre est plus lourde et plus épaisse, et les figures se détachent plus nettement du fond que sur la colonne Trajane. Les reliefs représentent les deux

8.21 *À gauche :* Colonne de Marc Aurèle, Rome, sur son socle d'origine. La vue de Rome dans le fond est imaginaire. À gauche on voit Romulus et Rémus. Gravure de Nicolas Beatrizet d'après Enea Vico. Milieu du XVIe siècle.

8.22 *Ci-contre :* Trois niveaux de reliefs en spirale montrant des scènes des guerres germaniques, sur la partie inférieure de la colonne de Marc Aurèle, Rome. 180-192 apr. J.-C. Marbre. Hauteur des spires : 1,24 m.

8.23 *À droite :* Le miracle de la pluie, détail de la colonne de Marc Aurèle, Rome. 180-192 apr. J.-C. Marbre. Hauteur : 1,24 m.

8.24 *Ci-contre, en haut :* Femmes et enfants captifs et soldats romains, détail de la colonne de Marc Aurèle, Rome. 180-192 apr. J.-C. Relief en marbre. Hauteur : 1,24 m.

8.25 *Ci-contre, en bas :* Massacre de Barbares, détail de la colonne de Marc Aurèle, Rome. 180-192 apr. J.-C. Relief en marbre. Hauteur : 1,24 m.

campagnes conduites par Marc Aurèle contre les tribus germaniques le long du Danube.

La colonne Trajane est dans l'ensemble un exemple de récit direct, qui décrit les activités quotidiennes de l'armée. Dans le même temps, l'admiration pour l'ennemi s'y exprime clairement, comme au moment du suicide de Décébale (voir ill. 6.15). Cette admiration rejaillit sur la gloire de l'armée romaine. Autrement dit, si l'ennemi est digne de louanges pour son courage et ses prouesses militaires, le peuple romain sera d'autant plus fier de ses soldats, qui ont réussi à le vaincre.

La colonne de Marc Aurèle reflète une vision quelque peu différente. Beaucoup de scènes dépeignent les horreurs de la guerre, et on n'y cache pas la douleur et la souffrance de l'ennemi. Les sources de cette vision pourraient se trouver dans des reliefs hellénistiques, tels ceux de Pergame, qui s'appuyaient sur l'expression d'émotions humaines. Mais il y avait d'autres raisons pour montrer tant de détresse et d'angoisse, car Marc Aurèle lui-même se sentait déchiré entre les tourments que lui inspiraient les aspects inhumains de la guerre et son devoir de défendre l'Empire, en tant que souverain et chef d'armée.

Bon nombre de scènes individuelles sont liées d'une manière ou d'une autre à celles de la colonne Trajane. Les deux colonnes utilisent des personnifications : représentations du Danube sous forme d'un dieu fluvial (voir ill. 6.12) sur la colonne Trajane ; sur la colonne de Marc Aurèle, on trouve un dieu de la pluie (ill. 8.23) qui domine des figures humaines à l'échelle plus petite. Mais ici la personnification ne se contente pas d'identifier le lieu : elle participe activement à l'histoire, et contribue à en déterminer l'issue. L'événement représenté est une bataille où les soldats romains, submergés par les effectifs beaucoup plus nombreux de l'ennemi, sont sauvés par une averse torrentielle qui fait déborder la rivière et noie de nombreux soldats ennemis et leurs chevaux. C'est donc la divinité, ailée et barbue, avec la pluie qui se déverse de ses bras étendus, qui provoque la défaite des Barbares. L'intervention d'un être supérieur dans la représentation de la victoire pourrait marquer une rupture par rapport à la vision plus rationnelle des événements illustrés par la colonne Trajane. Autrement dit, l'évocation d'un salut divin sur la colonne de Marc Aurèle laisse entrevoir le mysticisme croissant du peuple romain.

Une autre scène (ill. 8.24) montre la capture de femmes et d'enfants barbares lorsque l'armée romaine traverse un village (représenté par la cabane à gauche, au-dessus de la fenêtre qui éclaire l'escalier intérieur). Des soldats au premier plan s'emparent de femmes et les emmènent, tandis que, dans le fond, un soldat garde d'autres femmes avec leurs enfants. Les femmes barbares sont présentées de manière particulièrement classique, et il y a de l'ironie dans le fait que les vainqueurs romains paraissent plus grossiers et moins civilisés que l'ennemi.

C'est l'un des exemples les plus éloquents où l'artiste, en accord avec la philosophie de Marc Aurèle, jette un regard plein de compassion sur les vaincus et relate leur malheur avec humanité. De même, dans une scène montrant le massacre de soldats barbares, portant des pantalons larges caractéristiques (ill. 8.25), le spectateur prend facilement le parti de l'ennemi désarmé, qui n'a aucune chance contre les soldats romains en armes. Cela semble refléter encore une fois un malaise croissant ou une crise de confiance en l'ordre rationnel de l'armée et de l'État.

La scène de l'*adlocutio* sur la colonne Trajane (voir ill. 0.4) témoigne d'un traitement magistral de l'espace. L'empereur, de profil, s'adresse à une foule de soldats debout autour de lui dans des positions qui changent progressivement, vus de face, de profil et de dos. Dans la scène de l'*adlocutio* de la colonne de Marc Aurèle (ill. 8.26), l'empereur et ses lieutenants, debout sur un étroit rebord, nous font directement face. On comprend toujours que les soldats entourent l'empereur, et certains sont vus de face, de profil et de dos, mais l'accent est désormais mis sur la vue frontale de l'empereur. Cette évolution n'est

qu'une étape dans l'évolution régulière vers une frontalité croissante dans l'art romain.

SARCOPHAGES

Scènes de bataille   En réponse à un nouvel essor de l'activité militaire, les riches Romains commencèrent à prendre goût à un nouveau thème pour orner leurs sarcophages : la scène de bataille (ill. 8.27). De même que sur la colonne de Marc Aurèle, les Romains sont représentés comme une force supérieure, et en uniforme. Les barbares sont ici presque nus, mais leurs longs cheveux ébouriffés et le torque (bande d'or torsadée) que certains d'entre eux portent autour du cou les identifient clairement à des étrangers. La scène est violente, et montre les horreurs de la guerre ; et pourtant il y a un ordre artistique : un captif assis marque chacun des deux angles inférieurs, et une série de diagonales contribue à relier l'enchevêtrement de figures actives. Comme sur la colonne de Marc Aurèle, l'accent mis sur les effets psychologiques et émotionnels de la scène de bataille semble le reflet d'un malaise croissant dans la pensée du public.

Un autre sarcophage orné d'une scène de bataille, beaucoup plus compliquée, mais dans le même esprit, montre le combat entre des soldats romains et la cavalerie germanique (ill. 8.28). Ce qui semble à première vue un redoutable fouillis s'éclaire lorsqu'on comprend le système. Le chef militaire romain, à cheval, est au centre. Tout autour de lui, le combat fait rage, avec les diagonales de glaives qui contribuent à organiser un peu la composition. À l'extrême gauche et à l'extrême droite, des prisonniers, dont certains ont les mains liées, forment une bordure visuelle au relief. Au-dessus d'eux, les trophées romains complètent la structure verticale.

Vie quotidienne   Comme nous le disions plus haut, certains sarcophages représentaient des scènes de la vie quotidienne du défunt. Le sarcophage d'un général romain en est un exemple (ill. 8.29). La section du milieu montre le général devant un autel, célébrant un sacrifice, avec un taureau mis à mort par ses aides. À droite on le voit à son mariage, serrant la main de son épouse en présence d'autres personnes. Un enfant à l'avant symbolise le fruit de leur union, il est dans le même temps le pendant de l'enfant, sur la gauche, qui accompagne sa mère et son

8.26 L'empereur s'adresse à ses troupes, détail de la colonne de Marc Aurèle, Rome. 180-192 apr. J.-C. Relief en marbre. Hauteur : 1,24 m.

8.27 *Ci-dessus :* Bataille entre Romains et Gaulois, sarcophage. 160-170 apr. J.-C. Marbre. Hauteur : 1,24 m ; longueur : 2,11 m.
Museo Capitolino, Rome.

8.28 *Ci-dessous :* Bataille contre les Barbares, sarcophage. Vers 190 apr. J.-C. Marbre. Hauteur : 1,14 m ; longueur : 2,39 m.
Museo nazionale romano delle Terme, Rome.

8.29 *En haut :* Scènes de la vie d'un général romain, sarcophage. Fin IIᵉ siècle apr. J.-C. Marbre. Hauteur : 85,1 cm. Museo di Palazzo Ducale, Mantoue.

8.30 *Ci-dessous :* Le triomphe indien de Bacchus, sarcophage. Vers 180 apr. J.-C. Marbre. Hauteur : 99,1 cm. Walters Art Gallery, Baltimore, Maryland.

père – des barbares qui implorent la merci du général. Le général lui-même est debout sur une petite plate-forme, accompagné par une figure de Roma et une Victoire à l'extrême gauche. Le relief rappelle les monuments publics commandités par les empereurs, et est un bon exemple d'imitation de l'iconographie des monuments impériaux dans l'art au service d'un citoyen ordinaire. Les sarcophages comme celui-ci sont de nature biographique, et sont conçus pour illustrer les vertus du défunt. Ils se fondent sur un sens accru de la moralité, une moralité privée issue de la *virtus* qu'on attend d'un empereur.

Thèmes dionysiaques On a trouvé en 1885 un groupe de dix sarcophages dans deux chambres d'un grand tombeau appartenant à la famille des Calpurnii Pisones dans un cimetière de la via Salaria, au nord de Rome. L'un d'eux (ill. 8.30) représente Dionysos, le dieu du vin, soumettant la terre des Indes. Il arrive sur la gauche, tiré par un couple de panthères, accompagné d'éléphants, d'un lion, de ménades jouant de cymbales et d'autres personnes de sa suite. Les prisonniers barbares sont à cheval sur l'un des éléphants, et, au centre, remarquable tour de force, le goulot d'une cruche à vin nous fait directement face. Les sarcophages à thème dionysiaque permettaient d'échapper aux difficultés de la vie quotidienne, et laissaient entendre que le défunt partait pour un monde meilleur.

Grands sarcophages Un sarcophage trouvé près de Melfi, au sud-est de Bénévent, est un exemple remarquable de sarcophage asiatique (voir p. 205). Conservé maintenant en la cathédrale de Melfi (ill. 8.31), il peut être daté du règne de Marc Aurèle grâce au style de la coiffure de la femme allongée sur le lit. De dimensions inhabituelles (avec une hauteur de 1,70 mètre), il comporte des édicules des quatre côtés, avec des figures assises ou debout dans chacun d'eux. Les édicules sont surmontés alternativement de frontons triangulaires ou courbes en forme de coquille. À l'extrémité se trouve une porte qui confirme l'impression de maison ou de temple. Les fûts des colonnes qui séparent une figure de l'autre sont cannelés en spirale, et l'ornementation est taillée en profondeur, comme les figures. Chacune de ces dernières est un type inspiré de modèles grecs antérieurs, et beaucoup sont des dieux ou des déesses reconnaissables, comme Apollon et Vénus. Ils sont intégrés ici à un cadre funéraire typiquement romain.

Un autre grand sarcophage de cette période est le sarcophage de Velletri (ill. 8.32), trouvé en 1956. Le couvercle a la forme d'un toit de temple, où sont accrochées des guirlandes sculptées. La décoration est divisée en scènes théâtrales, et tout le sujet pourrait représenter une espèce de théâtre de la vie et de l'au-delà. L'extérieur est couvert de figures empruntées à différents mythes, réparties en deux registres. Celui du haut, avec des scènes représentant les travaux d'Hercule, est couronné de frontons alternativement courbes et triangulaires, emplis de figures mythologiques tel le dieu Soleil (Sol) et la déesse Lune (Luna). Le registre inférieur représente différentes scènes liées au monde infernal, dont le mythe de Proserpine emmenée dans un char par Pluton –

mais qui reviendra à chaque printemps. On voit ici, dans ce détail, le couple sur son trône (voir ill. 8.33), avec le dieu Ciel au-dessus, comme sur le pectoral de l'Auguste de Prima Porta (voir ill. 0.5). Le thème du rajeunissement est inhérent au mythe de Proserpine, et, comme sur tant de sarcophages, il est l'expression d'un message de victoire et, en dernier ressort, de salut.

Ce sarcophage a beaucoup de traits en commun avec le type asiatique, mais le style de sculpture des figures et des décorations montre qu'il fut exécuté en Italie. C'est un exemple intéressant de l'influence de l'art romain d'un pays sur l'art romain d'un autre pays ; en l'occurrence, l'influence ne s'exerce pas dans le sens que l'on attendrait habituellement.

Sarcophages à guirlandes L'un des types de sarcophage les plus appréciés est le sarcophage à guirlandes, qui, comme son prédécesseur, le sarcophage Caffarelli (voir ill. 3.21) et les autels funéraires plus

8.31 Sarcophage asiatique provenant des environs de Melfi. Après le milieu du IIᵉ siècle apr. J.-C. Marbre. Hauteur : 1,7 m. Cathédrale de Melfi, Melfi.

8.32 *Ci-dessus :* Sarcophage de Velletri, provenant de Velletri. Après le milieu du IIᵉ siècle apr. J.-C. Marbre. Hauteur : 1,45 m. Museo Civico, Velletri.

8.33 *À gauche :* Pluton et Perséphone surmontés par le dieu du ciel, détail de l'avant du sarcophage de Velletri (ill. 8.32).

message positif sur la vie dans l'au-delà. Sur cet exemple, les Cupidons non seulement tiennent les guirlandes sur les trois côtés décorés, mais se livrent également à une course de chars sur le couvercle. Ils semblent représenter ici les quatre saisons, préfigurant le rôle des Cupidons sur les sarcophages ultérieurs.

Le règne de Commode

Avec la mort de Marc Aurèle, la longue période de stabilité qu'avait connue l'Empire romain s'acheva – période qui avait commencé avec Nerva. Commode avait partagé le trône avec son père dès l'âge de seize ans ; pourtant, trois ans plus tard, lorsqu'il assuma seul le pouvoir, il inaugura une nouvelle ère de décadence. De toute évidence déséquilibré, il s'imagina d'abord être l'incarnation d'Hercule (ill. 8.36), puis celle de Jupiter. Dans le portrait reproduit ici, on reconnaît quelques traits de Marc Aurèle – en particulier les lourdes paupières et les boucles de la che-

courants du début de l'Empire (ill. 8.34), est orné de guirlandes accrochées à l'avant. Des fruits et des feuilles noués en un arc gracieux sont portés par des rubans, mais souvent également tenus par les figures (ill. 8.35). Les figures debout sur les sarcophages à guirlandes – généralement des Cupidons ou des Victoires – sont un

8.34 *À gauche :* Autel funéraire de A. Fabius Diogenes et Fabia Primigenia. Milieu Ier siècle apr. J.-C. Marbre. Metropolitan Museum of Art, New York, Fletcher Fund.

8.35 *Ci-dessus :* Sarcophage à guirlandes avec Cupidons, provenant de Capranica, près de Viterbe. Milieu IIe siècle apr. J.-C. Marbre. Hauteur : 78,7 cm ; longueur : 2,18 m. Metropolitan Museum of Art, New York.

8.36 *Ci-dessous :* Buste de Commode en Hercule. Vers 190 apr. J.-C. Marbre. Hauteur : 1,18 m. Palazzo dei Conservatori, Rome.

velure et de la barbe profondément creusées. De fait, ce portrait oppose de manière brillante les textures de la tête et des pattes du lion, symbolisant Hercule, à la peau lisse de l'empereur.

Commode mena, dit-on, une vie de débauche effrénée, sacrifiant uniquement à ses propres plaisirs et à ses vices. Dans l'un de ses nombreux décrets, il avait exigé que les noms des douze mois de l'année fussent modifiés pour correspondre chacun à l'un de ses titres ou surnoms.

Il ne s'intéressait nullement aux affaires étrangères ni à la protection des frontières, si bien que, petit à petit, toutes les conquêtes militaires de son père furent plus ou moins perdues, et que Commode laissa l'État dans un déplorable désordre politique. Sa mégalomanie lui valut d'être assassiné en 192 apr. J.-C.

Résumé

La période des Antonins avait débuté par le règne pacifique d'Antonin le Pieux, qui hérita d'Hadrien une situation relativement calme. Les batailles difficiles et violentes que dut conduire Marc Aurèle furent commémorées dans les reliefs en spirale de la grande colonne qui lui fut dédiée. Puis, lorsque cette période se termina avec la déchéance sous le règne de Commode, il fallut un homme d'une nouvelle dynastie pour réparer les dégâts.

9
Les Sévères
193-235 apr. J.-C.

Sous la dynastie des Sévères l'architecture et la sculpture connurent une évolution qui rehaussa le prestige de la maison impériale, pourtant le théâtre d'intrigues et de haines qui poussèrent les membres de la famille à s'entre-tuer ; mais à l'extérieur, les arcs de triomphe et les édifices publics reflétaient une image d'harmonie et d'amitié. Il est étonnant que le pouvoir impérial ait pu patronner un tel programme architectural, alors que les luttes intestines menaçaient d'anéantir tout sens moral. Les Sévères ont parrainé certains des ouvrages architecturaux les plus flamboyants de Rome et provoqué d'importants changements dans l'urbanisme et la conception des édifices monumentaux.

Sur le plan artistique, cette période se rattache à bien des égards à la fin de l'Empire. La frontalité est de plus en plus la norme. Les draperies et les chevelures profondément entaillées, qui rappellent les coiffures et les barbes de la période des Antonins et de certaines femmes de l'époque flavienne, sont caractéristiques. Ce qui auparavant était modelé au moyen de subtiles gradations et d'un travail au ciseau s'exprime alors généralement de façon plus linéaire, avec des contrastes plus marqués. On s'intéresse au contour plus qu'au volume, comme en témoigne l'emploi plus fréquent d'ornements architecturaux simplifiés et profondément

9.1 Victoires portant des trophées, dans les tympans de l'arc de Septime Sévère, Forum romain, Rome. On voit l'arc de Titus en arrière-plan. 203 apr. J.-C. Relief en marbre.

entaillés. Et on savait parfaitement tirer parti de la lumière méditerranéenne, comme le montrent des monuments que l'on rencontre d'Afrique du Nord jusqu'en Syrie.

Le règne de Septime Sévère

L'assassinat de Commode, le dernier des Antonins, suscita une âpre lutte pour le pouvoir, semblable à celle qu'avait provoquée la mort de Néron. Le général Septime Sévère en sortit vainqueur en 193 apr. J.-C., après avoir remporté quelques succès dans les provinces, notamment en qualité de gouverneur d'Illyrie et de Pannonie (l'ex-Yougoslavie et la Hongrie). Il fut le premier d'une nouvelle dynastie, celle des Sévères. Né à Leptis Magna, sur la côte d'Afrique du Nord, dans ce qui est aujourd'hui la Libye, il n'était pas romain de naissance. Son épouse, Julia Domna, était originaire d'Émèse en Syrie. Excellent stratège comme l'était Vespasien, il avait étudié la philosophie à Athènes et le droit à Rome.

PORTRAITS

Il subsiste un grand nombre de portraits de Septime Sévère, fonds qui permet de comparer les techniques artistiques de manière plus détaillée qu'on ne peut le faire pour la plupart des autres empereurs. Septime Sévère se prétendait le fils adoptif de Marc Aurèle, filiation usurpée qu'il aimait voir traduite dans ses portraits. Les empereurs tardifs ont souvent tourné à leur profit la réputation de leurs prédécesseurs en reprenant leur nom et leurs titres.

L'une des caractéristiques d'un des types de portrait de Septime Sévère (ill. 9.2) est la rangée de boucles qui lui tombent sur le front, et la barbe partagée dont chaque côté se termine par des boucles en torsades. Les sculptures sont encore abondamment percées, suivant la tradition inaugurée par les Antonins. Parmi les œuvres parvenues jusqu'à nous, l'une des plus insolites est la statue en bronze plus grande que nature de l'empereur (ill. 9.3). Il s'agit d'un bon exemple de sculpture exécutée dans les régions orientales de l'Empire, où l'on avait été formé à l'esthétique grecque du nu. La statue, trouvée à Chypre, semble témoigner de la force brute d'un

9.2 Buste de l'empereur Septime Sévère. 200-210 apr. J.-C. Marbre. Hauteur : 76,8 cm. Indiana University Art Museum, Bloomington, Indiana, donation de Thomas T. Solley.

homme dont la tête paraît trop petite par rapport au corps massif. La position rappelle celle des statues grecques classiques, mais les traits particuliers et les mouvements des bras sont typiquement romains.

Le seul portrait peint d'une famille impériale qui subsiste de l'Antiquité est un médaillon représentant la famille Sévère : Sévère lui-même, Julia Domna, et leurs fils Caracalla et Geta (ill. 9.5). Sévère, avec ses cheveux gris, est facile à reconnaître. Julia Domna ressemble elle aussi aux autres portraits en marbre et en bronze qu'on connaît d'elle (ill. 9.4) ; sa dangereuse personnalité d'intrigante y est tout aussi manifeste. Elle mit à la mode un nouveau style de coiffure avec de grandes vagues qui tombent en lourdes mèches de chaque côté du visage. Le garçon grassouillet et peu sympathique à droite est Caracalla, qui devait succéder à son père. En bas à gauche, on voit l'emplacement d'une tête qui a manifestement été grattée. Il s'agissait de Geta, assassiné après la mort de Septime Sévère par son frère jaloux, avec, au dire de certains, la complicité

9.3 *À gauche :* Portrait en pied de Septime Sévère nu.
200-210 apr. J.-C. Bronze. Hauteur : 2,06 m.
Musée de Chypre, Nicosie.

9.4 *Ci-dessous :* Portrait de Julia Domna,
provenant de Syrie. Vers 205 apr. J.-C. Bronze.
Hauteur : 35,6 cm. Arthur M. Sackler Museum,
Harvard University, Cambridge, Massachusetts,
donation de C. Ruxton Love, Jr.

9.5 Portraits de Septime Sévère, Julia Domna, Caracalla et Geta (Geta effacé), provenant du Fayoum. Vers 199 apr. J.-C. Peints sur bois. Diamètre : 35,6 cm. Antikenabteilung, Staatliche Museen Preussischer Kulturbesitz, Berlin.

de sa mère. Caracalla proclama ensuite une *damnatio memoriae*, ce qui signifiait que toutes les statues et autres représentations de Geta devaient être

détruites. Très peu de représentations ou d'inscriptions ont survécu à ce décret.

Chacune des figures du portrait familial regarde vers l'extérieur, mais seul le regard de Julia Domna croise le nôtre. Septime Sévère porte la couronne impériale, ornée de bijoux, et est un peu plus grand que les autres représentations. La technique utilisée pour rendre ses traits est plus raffinée et plus soigneuse que celle employée pour les autres person-

9.6 *Ci-dessus :* Arc de Septime Sévère, Forum romain, Rome. 203 apr. J.-C. Marbre. Hauteur : 20,6 m env.

9.7 *À droite :* L'empereur Septime Sévère s'adresse à ses troupes, arc de Septime Sévère, Rome. 203 apr. J.-C. Relief en marbre.

nages ; ceux-ci ont également des couronnes, et l'on voit très nettement les pendants d'oreille et le collier de Julia Domna.

ARCS DE TRIOMPHE

Rome Au cours de son règne, Septime Sévère battit à plusieurs reprises les Parthes. On lui rendit les honneurs militaires en érigeant entre autres deux arcs de triomphe, l'un à Rome et l'autre sur son lieu de naissance, Leptis Magna. L'arc de Rome est l'un

SCALE of METRES

0   1   2   3   4   5

K.G.B & S.D.T.S
MENS. ET DELT.

9.8 *Ci-contre :* Reconstitution de l'arc de triomphe à quatre voies, ou *tetrapylon*, de Septime Sévère, Leptis Magna. 203-204 apr. J.-C. Marbre. Reconstitution et dessin de Denys Spittle.

9.9 Victoire sur le tympan de l'arc de Septime Sévère, Leptis Magna. 203-204 apr. J.-C. Marbre. Musée de Tripoli.

des monuments les mieux préservés du Forum romain (ill. 9.6). Beaucoup plus grand que l'arc de Titus, il comporte trois ouvertures. L'extérieur est sculpté de reliefs sur les deux côtés, et d'immenses colonnes posées sur des socles se dressent jusqu'à l'attique, qu'elles semblent soutenir. Les socles sont ornés de reliefs expressifs représentant des soldats captifs. Des victoires emplissent les tympans de l'arc central (ill. 9.1, p. 232), et des dieux fluviaux occupent les tympans des arcs latéraux ; juste au-dessous se trouvent de petits garçons qui symbolisent les quatre saisons. Les victoires volantes, portant des trophées sur de longues perches, sont comparables à celles de l'arc de Titus, mais les corps, les draperies et les ailes, moins délicatement modelés, sont plus durs et plus linéaires.

Les grandes surfaces carrées au-dessus des arcs latéraux accueillent les quatre principales scènes narratives, chacune centrée, bien entendu, sur les exploits de l'empereur. L'inscription sur l'attique rappelle ses combats contre les Arabes et les Parthes. Ces reliefs sont aujourd'hui très abîmés, mais l'effet d'ensemble en est encore perceptible. Dans le relief où il s'adresse à ses troupes (ill. 9.7), l'empereur est entouré de ses deux fils, Caracalla et Geta. La disposition s'apparente de très près à celle que l'on trouve sur la colonne de Marc Aurèle (voir ill. 8.26), mais les figures sont plus petites et plus trapues, et les plis sont devenus plus schématiques. La conception d'ensemble de la sculpture est une espèce de vue aérienne de villes, de fleuves et de paysages à laquelle ont été incorporées des scènes indépendantes reconnaissables, telles des batailles militaires.

Leptis Magna L'arc de triomphe de Leptis Magna, érigé en 203 apr. J.-C., donne une impression complètement différente (ill. 9.8). Il s'agit de ce qu'on appelle un *tetrapylon*, un arc à quatre ouvertures, au carrefour de deux routes – ici, le croisement du *cardo* et de l'un des nombreux *decumani* (voir p. 62). Il était donc placé à l'un des endroits les plus importants de la ville. Deux ouvertures colossales enjambaient les deux rues à angle droit. Chacun des quatre côtés était surmonté d'un fronton dit brisé : les deux angles inférieurs du triangle sont présents, mais le milieu du fronton est remplacé par l'attique normal d'un arc. L'espace rectangulaire est occupé par des sculptures en relief et non par une inscription.

La décoration architecturale est flamboyante, avec des motifs floraux percés en profondeur, des colonnes et des pilastres ornés. Dans les tympans des arcs se trouvent des victoires tenant des couronnes et des rameaux de palmier (ill. 9.9). La draperie est proche de celle des victoires de l'arc de Titus et de l'arc de Septime Sévère sur le Forum romain (ill. 9.1), mais la présentation des corps nus n'est pas du tout traditionnelle.

L'arc était richement décoré de panneaux en relief, dont certains ornaient l'intérieur des piles (ill. 9.10). Ici, les Romains assiègent une ville, et des soldats morts gisent au pied de ses murs. L'événement dans le panneau le plus bas est probablement lié au triomphe de Caracalla. D'autres reliefs furent sculptés sur l'attique, où il fallait une sculpture très évidente et marquée qui puisse être vue du sol. On utilisa la lumière du jour pour donner l'impression de traits sombres dans les rainures profondes, en traçant les contours des figures et des détails tels les plis de la draperie. L'un des sujets est le char impérial dans un cortège triomphal (ill. 9.11). Sévère est debout entre ses deux fils : Geta est à sa gauche, mais son visage a été effacé sur l'ordre de Caracalla.

Chaque membre de la famille impériale nous regarde de face, bien que le char impérial soit vu de profil. À droite, la suite impériale est également vue de face, tandis que les quatre chevaux et le cavalier à gauche sont de profil. Même si les figures ne se chevauchent pas, il y a deux rangées à gauche et à droite ; il faut comprendre que les rangs de derrière sont plus éloignés, et non littéralement au-dessus des autres.

Sur un autre relief de l'attique de l'arc, Julia Domna, sur la gauche, célèbre un sacrifice (ill. 9.12). Sa chevelure est délimitée par un motif percé en profondeur, qui ne prend son sens que vu d'une certaine distance. On voit également ici que les plis de sa robe sont taillés en profondeur : vus de près, ils ressemblent à des rainures droites mais de loin, leur apparence est plus naturelle. Le fait que la sculpture

soit relativement plane ne nuit pas à la clarté, car la définition linéaire et les contours accentués donnent une image très nette.

9.10 Demi-coupe de l'arc de Septime Sévère, Leptis Magna. Les reliefs représentent le siège d'une ville par l'armée romaine. 203-204 apr. J.-C. Marbre. Reconstitution et dessin de Denys Spittle.

9.11 *Ci-dessus :* Cortège triomphal de Septime Sévère et de ses deux fils, arc de Septime Sévère, Leptis Magna. 203-204 apr. J.-C. Marbre. Hauteur du relief : 1,68 m. Musée de Tripoli.

9.12 *Ci-dessous :* Sacrifice d'un taureau en présence de Septime Sévère et de Julia Domna, arc de Septime Sévère, Leptis Magna. 203-204 apr. J.-C. Marbre. Hauteur du relief : 1,68 m. Musée de Tripoli.

ARCHITECTURE

Leptis Magna était bien mieux alimentée en eau dans l'Antiquité qu'aujourd'hui – donnée essentielle pour comprendre l'expansion et la prospérité de la ville. Comme c'était son lieu de naissance, Septime Sévère dépensa des sommes considérables pour y financer un programme de constructions. Il y existait certes déjà de grandioses ouvrages d'architecture, notamment les impressionnants thermes d'Hadrien, mais la ville fut ensuite l'une des mieux dotées de l'Empire sous le règne de Sévère, qui y fit construire un immense nouveau forum, une basilique et une longue rue à colonnade qui conduisait au port. Les fouilles ont mis au jour des parties remarquablement bien conservées de ces lieux, et beaucoup de blocs de marbre sont restés sur place ; comme le site lui-même a été abandonné, les pierres n'ont pas été pillées comme dans tant de villes d'Europe.

Le forum de Sévère était clos de hauts murs avec un portique. Les tympans des arcades étaient déco-

9.13 *À gauche :* Pilastres de la basilique de Sévère, Leptis Magna. Vers 216 apr. J.-C. Marbre.

9.14 *Ci-dessous :* Thermes de la Chasse, Leptis Magna. Fin IIe siècle ou début IIIe siècle apr. J.-C. Béton. Longueur : 26,2 m env.

rés de grandes têtes de femmes, tour à tour des nymphes et des méduses (Méduse était un monstre avec une chevelure en forme de serpents, qui transformait les hommes en pierre) (ill. 9.15). À une extrémité du forum se dressait un grand temple placé sur un soubassement, de manière traditionnelle, et, à l'autre extrémité, une immense basilique terminée

9.15 Partie de l'arcade décorée de têtes de méduses et de nymphes, forum de Sévère, Leptis Magna. Dédié en 216 apr. J.-C. Marbre.

en abside, richement décorée (ill. 9.13). Des feuilles d'acanthe s'enroulent dans un rinceau de vigne, tandis que des figures humaines et animales emplissent les espaces entre les courbes des tiges et des feuilles. Ces reliefs sont eux aussi taillés en profondeur, de manière à former des ombres marquées sous l'intense lumière d'Afrique du Nord. Des inscriptions indiquent que certains des sculpteurs étaient originaires d'Asie Mineure ; ils ont parfois été associés à Aphrodisias, l'un des grands centres de la sculpture à cette époque.

Les thermes de la Chasse (ill. 9.14), à Leptis, datent de la fin du IIe siècle apr. J.-C. Enfouis dans le sable, ils ont été bien conservés et donnent un excellent exemple de l'emploi du béton dans une série d'espaces voûtés pour les différentes salles. Il semble qu'on n'ait jamais cherché à orner l'extérieur de colonnes ou d'autres décorations classiques, mais l'intérieur, lui, comportait des peintures murales (ill. 9.16). Des chasseurs transpercent un léopard surnommé Rapidus, tandis qu'un homme est malmené par un autre léopard. C'est une scène d'arène, où les hommes tuent

9.16 Chasse au léopard, détail de la peinture sur le mur sud des thermes de la Chasse à Leptis Magna. Fin IIe siècle ou début IIIe siècle apr. J.-C. Peinture murale. Hauteur de l'ensemble de la peinture : 1,6 m.

les animaux. Les fausses chasses qui avaient lieu dans le Colisée et d'autres amphithéâtres se déroulaient avec des fauves telles qu'en représente l'ill. 11.15. Leptis était peut-être l'un des lieux d'où on les expédiait à Rome.

Palmyre   Palmyre, située aux confins du désert syrien, est une autre ville qui bénéficia des largesses de Septime Sévère. Le fait que l'épouse de l'empereur fût syrienne pourrait expliquer qu'il se soit intéressé de près à cette région ; à quoi s'ajoutaient des raisons pratiques, d'ordre stratégique et économique, qui tenaient à Palmyre elle-même. Ce qui auparavant avait été, dans une large mesure, une ville en brique crue, se vit désormais doter de nombreux nou-

9.17 Vue panoramique de Palmyre, du nord-est, gravure de Thomas Major tirée de *The Ruins of Palmyra* de Robert Wood, 1753, d'après G. B. Borra. A : Temple de Bel ; H : arc monumental ; la colonnade est à droite de l'arc monumental. Largeur de la gravure : 1,48 m.

veaux édifices en marbre. De longues rues à colonnades et un immense arc de triomphe témoignent encore de ce programme architectural (ill. 9.17).

L'art de Palmyre reflète un mélange de styles romains et parthes. Il atteignit l'apogée de sa splendeur sous le règne de la reine Zénobie au IIIe siècle apr. J.-C., mais il était sous l'influence romaine depuis l'époque des Julio-Claudiens. Les œuvres d'art les plus connues de Palmyre sont les portraits funéraires en relief sculptés dans le calcaire pour orner de grandes chambres funéraires familiales. Les plus élaborées de ces chambres ont des murs couverts de portraits en relief placés dans un cadre architectural. Les figures sont normalement identifiées par le nom de leur père, ainsi que par le leur.

L'un de ces reliefs funéraires représente un homme nommé Yarkhai, fils d'Ogga, et sa fille Balya ; on peut les identifier grâce à l'inscription dans le fond (ill. 9.18). Cet exemple est daté de la seconde moitié du IIe siècle, mais on continua de produire ce type d'œuvres jusqu'au siècle suivant. Les deux figures se détachent en haut relief, au point que l'avant-bras de Balya est pratiquement détaché du fond. Toutes deux regardent directement le spectateur, mais sans croiser son regard. Les poses sont typiques, avec les mains remontées vers la tête, soit posées dans les plis des vêtements, soit les tenant (dans le cas de la femme).

Les artistes de Palmyre s'intéressaient vivement aux motifs, comme le montre ici l'importance accor-

9.18 Relief funéraire de Yarkhai, fils d'Ogga, et de sa fille Balya, provenant de Palmyre. Seconde moitié IIe siècle apr. J.-C. Calcaire. Hauteur : 55,9 cm ; largeur : 83,2 cm. Portland Art Museum, Portland, Oregon, don d'Aziz Atiyeh.

dée aux plis des vêtements et au tissu tendu derrière les figures, mais également la bordure de la robe de Balya et sa chevelure. Même le motif des doigts étendus est répété. Ils s'intéressaient également aux bijoux, à la fois pour leur effet décoratif et en tant que signe de richesse. Ici, la femme porte un collier avec un pendentif et deux bracelets.

Les têtes sont en un certain sens des portraits, comme le montrent en particulier la bouche et le nez fort de Yarkhai, ainsi que ses rides. Mais il y a par ailleurs une similitude entre les reliefs de Palmyre, qui fait qu'ils laissent tous un peu la même impression. Peut-être est-ce dû à la frontalité, aux longs yeux ovales et à la répétition de motifs. Certains de ces traits ont contribué à la formation du style byzantin.

Le baroque sévérien en Syrie   Sur un autre site en Syrie romaine, Baalbek, un petit temple, peut-être dédié à Vénus (ill. 9.19), a survécu malgré les

9.19 *À gauche :* Le temple de Vénus, Baalbek. Première moitié IIIᵉ siècle apr. J.-C. Marbre.

9.20 *Ci-dessous :* L'amphithéâtre d'El Djem (Thysdrus). Vers 238 apr. J.-C. Pierre et béton. Longueur : 147,52 m.

9.21 Thermes et gymnase (Cour de marbre) à Sardes, reconstitution de D. DeLong fondée sur une étude antérieure de F. K. Yegül. 211-212 apr. J.-C. Marbre. Hauteur : 19,8 m env.

ravages de la guerre au Moyen Âge et à l'époque moderne. Il se dresse près d'un temple colossal dans le sanctuaire qu'on appelle Héliopolis, l'équivalent grec du sanctuaire de Baal. Les murs du temple de Vénus sont circulaires, avec des niches à l'extérieur. La *cella* est entourée d'un portique de colonnes corinthiennes placées sur un socle élevé. Les parties les plus remarquables sont l'entablement et le soubassement, qui s'incurvent dans les murs de la *cella* entre les colonnes du portique. Les murs concaves de l'entablement, qui se reflètent dans le soubassement courbe et les niches, s'opposent aux murs convexes de la *cella*. À bien des égards, il semble que ce soit l'exemple ultime du style baroque sévérien que l'on pouvait voir à Leptis Magna.

Édifices sévériens ultérieurs Palmyre et Baalbek ne sont que deux des nombreuses villes situées aux confins de l'Empire romain, qui dominent le pay-

sage environnant. El Djem (l'ancien Thysdrus), dans l'actuelle Tunisie, en est un autre exemple. L'amphithéâtre s'y dresse de manière spectaculaire dans un paysage plat (ill. 9.20), nous rappelant que les villes romaines ont laissé leur empreinte sur toutes les côtes méditerranéennes.

Les habitants des villes romaines de l'Empire dédiaient des édifices publics à la famille impériale et l'indiquaient dans des inscriptions et des statues. Les grands thermes dans la ville de Sardes en Asie Mineure en sont un exemple. Le gymnase avait été à l'origine dédié à Lucius Verus, mais une grande entrée (ill. 9.21), peut-être destinée au culte impérial, fut ajoutée dans la seconde moitié du règne de Septime Sévère. Il fut dédié à la famille de Julia Domna, Caracalla et Geta, ce qui signifie que l'ouverture se fit après la mort de Septime en 211 apr. J.-C. La date peut être déterminée encore plus précisément, car le visage de Geta est effacé du groupe

9.22 *À gauche :* Satyre riant sur un chapiteau de la Cour de marbre, Sardes. 211-212 apr. J.-C. Marbre. Hauteur : 38 cm. Musée de Manisa.

9.23 *À droite :* Porta nigra, Trèves. Fin IIᵉ siècle apr. J.-C. Grès. Hauteur : 30 m.

9.24 *Ci-contre :* Théâtre, Sabratha. Fin IIᵉ siècle apr. J.-C. Marbre.

familial, et il ne fut assassiné qu'en 212 apr. J.-C. Nous avons donc une fourchette de dates très étroite pour la dédicace de ce monument, 211-212, et une date précise pour l'ornementation qu'on y trouve.

On retrouve ici le style élaboré de décoration caractéristique de l'arc de Leptis Magna. Certaines des colonnes de la colonnade à l'avant de la grande entrée à Sardes ont des chapiteaux corinthiens avec des têtes saillantes. L'une d'elles (ill. 9.22) est une tête de satyre qui rit, issue de la tradition hellénistique. L'idée de mettre des têtes et des bustes sur des éléments architecturaux n'était pas entièrement nouvelle, mais elle fut particulièrement prisée à l'époque des Sévères.

Travées et niches saillantes ou en retrait sont également typiques de l'époque. On peut les comparer à un autre édifice sévérien, le théâtre (ill. 9.24) d'une ville d'Afrique du Nord, sur la route côtière partant de Leptis Magna, Sabratha. On y retrouve les travées, et les chapiteaux sur les colonnes sont sculptés de la même manière que ceux de Sardes.

Un autre projet architectural de Septime Sévère qui subsiste encore est la Porta nigra, dans la ville allemande de Trèves, l'Augusta Treverorum des anciens (ill. 9.23) (certains considèrent que c'est une œuvre de la fin du IIIᵉ siècle ou du début du IVᵉ siècle). Construite en un grès noirâtre qui donne son nom à la porte, c'est l'un des exemples tardifs de l'emploi de l'arc avec des colonnes engagées. À la différence des motifs décoratifs du Colisée, ces pilastres ont de simples chapiteaux toscans à tous les niveaux. Deux massives tours rondes flanquent l'épaisse porte percée de deux ouvertures en arc. Le prolongement rythmé d'arcs plus petits sur toute la façade donne son unité à la porte et en fait un impressionnant et élégant chef-d'œuvre architectural plutôt qu'une simple fortification, fonction qui resta néanmoins celle de la Porta nigra pendant plusieurs siècles.

Le règne de Caracalla

Avec l'avènement de Caracalla débuta une période de cruauté telle qu'on n'en avait pas connu depuis plus d'un siècle. Un coup d'œil sur ses portraits (ill. 9.25 et 9.26), qui reflètent tous un peu le caractère brutal du modèle, donne une bonne idée de son manque de scrupules. Son front plissé lui donne un air revêche et menaçant, accentué par le regard en coin qu'on voit dans la première des deux illustrations. La seconde, sculptée en Égypte en granite rouge, traduit cette même expression poussée jusqu'à une sorte d'abstraction. La tête, de 51 centimètres de haut, semble encore plus grande tant les traits sont puissamment marqués. Le garçon grassouillet du médaillon peint s'est transformé en un homme à la mâchoire lourde, au front saillant et ridé. Ce visage est bien celui d'un homme capable de tuer son frère cadet et d'instaurer un nouveau règne de la terreur.

D'un autre côté, il avait des compétences administratives et sut élargir la base de la citoyenneté

dans tout l'Empire. Était-ce une forme de philanthropie, ou souhaitait-il simplement augmenter les rentrées fiscales ? Sans doute la seconde hypothèse est-elle plus probable, car l'inflation galopante ne fit qu'empirer quand se répandit une nouvelle pièce de monnaie, l'*antoninianus* (ill. 9.27), censée valoir deux deniers d'argent. La monnaie en fut dépréciée, et les pièces en cuivre argenté furent alors considérées comme des pièces en argent. La situation continua de se détériorer jusqu'aux réformes de Dioclétien à la fin du IIIᵉ siècle, lesquelles ne réussirent pourtant pas à régler le problème de l'im-

9.25 Portrait de Caracalla. Début à milieu IIIᵉ siècle apr. J.-C. Marbre. Hauteur : 36,2 cm. Metropolitan Museum of Art, New York, Samuel D. Lee Fund.

9.26 Portrait de Caracalla, provenant d'Égypte.
Début IIIᵉ siècle apr. J.-C. Granite rouge. Hauteur : 51 cm.
University Museum, University of Pennsylvania,
Philadelphie, Pennsylvanie.

9.27 Pièce d'argent dépréciée
de Caracalla, *antoninianus*.
214 apr. J.-C.
Diamètre : 2,9 cm. British
Museum, Londres.

mense déficit impérial. C'est à Constantin qu'il
incomba de rétablir la confiance dans la valeur de
la monnaie, ce qu'il fit en faisant frapper le *solidus*,
une pièce en or.

THERMES PUBLICS

Le plus important projet parrainé par Caracalla fut
l'achèvement des grands thermes qui avaient été
commencés à Rome par son père, et qu'on appelle
les thermes de Caracalla. Le plan (ill. 9.28 et 9.29)

fait apparaître une disposition fondamentalement
rectangulaire et symétrique. Comme tous les
thermes romains, ceux de Caracalla s'organisaient
autour des trois bassins essentiels : le *frigidarium* (eau
fraîche), le *tepidarium* (eau tiède) et le *caldarium* (eau
chaude) (voir p. l65). Il y avait également une piscine à ciel ouvert et des petits bassins. Ce qui est
nouveau ici, et typique des thermes impériaux tardifs, est que le bâtiment central avec les différents
bassins est flanqué des deux côtés d'espaces découverts réservés aux exercices de gymnastique, alors
qu'auparavant (voir ill. 6.1) ce bâtiment se poursuivait jusqu'à l'un des côtés du mur d'enceinte.
Malgré les dimensions importantes de ces thermes,
la disposition était caractéristique de celle des petits
établissements thermaux dans tout l'Empire. Toute
ville en possédait un ou plusieurs, et se rendre aux
thermes faisait partie de la vie quotidienne dans le
monde romain.

On pouvait autrefois se faire une idée de l'ampleur du *frigidarium* en visitant la vieille Pennsylvania
Railroad Station de New York (ill. 9.30). Cet édifice,
maintenant détruit, avait été construit sur le modèle
des thermes de Caracalla, et ses voûtes reproduisaient
la construction romaine en béton.

L'intérieur des thermes était haut en couleur,
grâce aux décorations en marbre sur les murs et au
sol, aux mosaïques et aux sculptures peintes. Un certain nombre d'œuvres sculptées provenant des
thermes de Caracalla devaient toujours être en place
à la fin de l'Antiquité, car elles s'y trouvaient encore
lorsqu'on exploita les trésors des thermes au
XVIᵉ siècle. Certaines de ces sculptures étaient colossales, comme l'« Hercule Farnèse » (ill. 9.31), qui
mesure 3,17 mètres de haut. La gravure du XVIᵉ siècle
reproduite ici donne une bonne idée de la taille de
la statue, immense comparée aux têtes des spectateurs en bas à droite.

Les sculptures étaient, semble-t-il, disposées le
long d'un axe central, de sorte que, en regardant
d'une extrémité des thermes à l'autre, par exemple
dans l'axe de la longueur, on aurait pu voir les
immenses statues à travers les ouvertures donnant
d'une salle à la suivante. D'une palestre à l'autre (voir
plan, ill. 9.29), la vue était ininterrompue, et des
sculptures étaient placées certainement dans les
exèdres aux deux extrémités. Il semble également
que les nombreuses niches dans les murs étaient
ornées de sculptures.

9.28 *Ci-dessus :* Vue aérienne des thermes de Caracalla, Rome. Vers 211-217 apr. J.-C. Marbre et béton.

9.29 *Ci-dessous :* Thermes de Caracalla, Rome, plan.

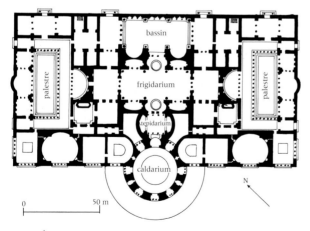

9.30 *À droite :* Vue de l'intérieur de la salle des pas perdus de l'ancienne Pennsylvania Railroad Station, New York. 1906-1910. Travertin, marbre et plâtre.
Copie des thermes de Caracalla par les architectes McKim, Mead et White. Aujourd'hui démolie.

9.31 Hercule Farnèse,
provenant des thermes de Caracalla,
Rome. Début IIIᵉ siècle apr. J.-C.
Marbre. Hauteur : 3,17 m.
Museo nazionale archeologico,
Naples. Gravure de Hendrick
Goltzius, 1617. Musée Boymans-Van
Beuningen, Rotterdam.

Aux thermes de Caracalla, la superficie réservée à la course à pied et aux jeux était immense, mesurant 328 mètres sur 400 mètres. Il y avait même des bibliothèques et des jardins à l'intérieur de ces murs. Comme pour les thermes impériaux plus anciens, la somptuosité de l'édifice, construit par l'empereur pour le bien-être de ses sujets, ne pouvait manquer de rejaillir sur l'image qu'il souhaitait donner de lui-même.

SARCOPHAGES

Les figures sur les sarcophages de la fin de la période sévérienne restent tributaires des modèles classiques, et pourtant les sculpteurs ne manifestent plus autant d'intérêt pour les détails de l'anatomie et de la draperie que leurs prédécesseurs. De même que les artistes qui sculptèrent la figure de la Victoire sur l'arc de Leptis Magna (ill. 9.9), avec sa grâce sinueuse

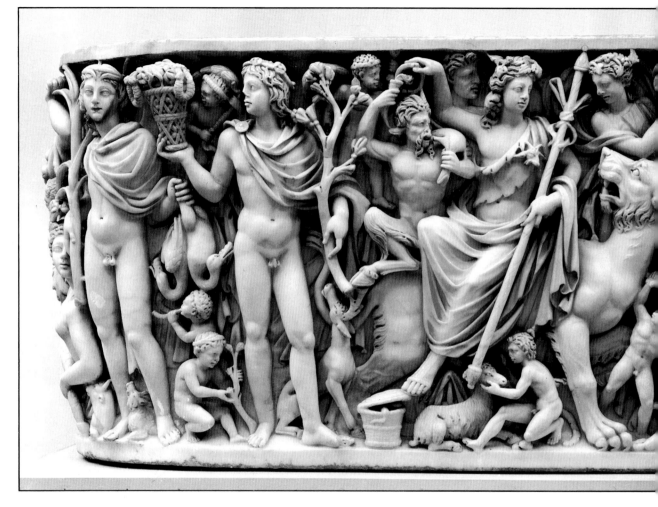

9.32 Bacchus et les quatre saisons, sarcophage dit de Badminton. Vers 220 apr. J.-C. Marbre. Hauteur : 99 cm. Metropolitan Museum of Art, New York, legs Joseph Pulitzer.

qui paraît déconcertante au premier abord, les sculpteurs de sarcophages jetèrent un regard neuf sur les figures.

Le sarcophage des Saisons en est un bon exemple (ill. 9.32), qu'on appelle parfois le sarcophage de Badminton, du nom de la demeure de ses anciens propriétaires britanniques. Il s'agit d'un cercueil en marbre en forme de cuve à vin ; le thème est ici Bacchus triomphant, qu'on voit avec de jeunes hommes nus représentant les quatre saisons. Chacune des saisons est debout, le poids du corps reposant sur une seule jambe, l'autre jambe étant tendue vers l'avant, mais la répartition du poids n'est

pas convaincante, et la musculature paraît un peu étrange.

Bacchus, au centre, est à cheval sur une panthère, entouré de satyres, d'animaux et de petits enfants, sortes de cupidons. Les ménades jouant de cymbales, la musique, la danse et le vin sont autant d'allusions au culte du dieu. Les figures tiennent des arbres et des sarments de vigne, symboles de la campagne. Il se dégage de cette œuvre une impression d'ensemble très riche, où se mêlent personnages, animaux et végétation, et pourtant l'effet est très différent de celui produit par le sarcophage que nous évoquions plus haut, dont le thème est également

accéda au trône à l'âge de quatorze ans, on note une certaine ressemblance avec les portraits du jeune Caracalla, sans doute parce qu'il était essentiel de souligner le lien de parenté afin d'appuyer ses prétentions au trône. La chevelure plaquée au crâne est caractéristique de ce style sévérien tardif, de même que les épais sourcils, qui forment contraste avec la peau très lisse. Les yeux regardent de côté, mais, à la différence de ceux de Caracalla, ils ont une expression plus mélancolique. À certains égards, cette tête préfigure les têtes expressionnistes du milieu du IIIe siècle, mais les portraits de Caracalla servirent de modèle pour la génération suivante. Son expression dure et féroce a dû plaire aux soldats qui devinrent empereurs dans les décennies suivantes.

9.33 Portrait d'Alexandre Sévère. Vers 220 apr. J.-C. Marbre. Hauteur : 76,2 cm. Museo Capitolino, Rome.

bacchique (voir ill. 8.30), mais dont le sculpteur semblait mieux maîtriser les corps, la draperie et les formes végétales.

Épilogue

Après la mort de Caracalla en 217 apr. J.-C., le préfet militaire qui avait organisé son assassinat régna quelque temps. Mais ensuite, grâce aux intrigues de certaines femmes de la famille de Caracalla, deux autres Sévères prirent le pouvoir : d'abord Élagabal, souverain haï, et ensuite son cousin, Alexandre Sévère. Dans le portrait de ce dernier (ill. 9.33), qui

10
Les empereurs-soldats
235-284 apr. J.-C.

Entre l'assassinat du dernier des Sévères en 235 apr. J.-C. et le début du règne de Dioclétien en 284, plus de vingt-cinq hommes portèrent le titre d'empereur. La plupart ne furent pas élus par le Sénat, mais proclamés par l'armée. L'époque des empereurs-soldats est symbolisée, peut-être plus que par toute autre chose, par les portraits qui immortalisent une série de visages étonnamment menaçants. Les souverains furent presque sans exception d'impitoyables militaires, comme en témoignent clairement les pièces de monnaie et la sculpture. Ce n'est pas seulement l'accent mis sur l'aspect militaire qui est si frappant ; le nouveau style adopté pour le portrait l'est tout autant. Les visages acérés et les crânes aux formes accentuées sont caractéristiques de cette période. On voit également apparaître de nouvelles techniques pour représenter les cheveux courts, au moyen de poinçons et de ciseaux, comme si la grossièreté de la technique contribuait à saisir la brutalité de cette période.

Ces changements de style et de technique sont le reflet d'une nouvelle dimension psychologique dans l'art du portrait. Il y avait déjà eu une évolution dans ce sens sous les Antonins et, dans une certaine mesure, à la fin de la période des Sévères,

Bataille entre Romains et Barbares, détail de l'ill. 10.14. Sarcophage Ludovisi, provenant des environs de Rome. Vers 250 apr. J.-C. Marbre. Museo nazionale romano delle Terme, Rome.

mais les portraits du règne des empereurs-soldats sont encore plus expressifs. Ces changements stylistiques s'expliquent par une inquiétude fondamentale et nouvelle, qui touchait non seulement les empereurs, mais l'ensemble de la population. L'ancien ordre s'était effondré, et l'on n'avait plus confiance dans le système établi. Beaucoup se tournaient vers de nouvelles doctrines, telles les religions à mystères, qui leur offraient un espoir de salut. En outre, les adeptes de la philosophie néo-platonicienne, qui se répandit au milieu du IIIe siècle, s'intéressaient plus à la dimension spirituelle du portrait qu'à ses aspects concrets. Toutes ces forces se conjuguèrent pour créer un nouveau style qui soulignait les qualités intérieures et les préoccupations du modèle.

Pendant une cinquantaine d'années, au milieu du IIIe siècle apr. J.-C., aucun empereur ne put tenir les rênes du pouvoir sans le soutien de l'armée. D'un autre côté, l'armée permettait aussi à tel général ou autre usurpateur de prendre brusquement le pouvoir. Mais personne ne put le conserver plus de quelques années, et certains empereurs ne restèrent même sur le trône que quelques mois. Presque tous périrent de mort violente, après avoir pris le pouvoir en assassinant leur prédécesseur. Entre-temps, la guerre faisait constamment rage aux frontières de l'Empire. Dans ces conditions, l'État était totalement déstabilisé, et on n'avait ni le temps ni le goût d'embellir les villes avec de beaux ouvrages de sculpture ou d'architecture, ou de décorer les édifices privés et publics de peintures et de mosaïques. Il n'y eut guère de projets de construction au cours de ces années ; les ingénieurs de l'armée étaient au combat et n'avaient pas le temps de bâtir. La production artistique de cette époque fut assez minime, excepté dans trois domaines : la monnaie, les portraits et les sarcophages.

La monnaie

Plus encore qu'aux époques précédentes, les pièces de monnaie nous aident, avec leurs effigies officielles, à identifier même les empereurs dont le règne fut très bref, et dont les représentations sculptées sont extrêmement rares. Les pièces nous laissent aussi le portrait de prétendants au trône impérial, dont les autres images furent presque certainement détruites.

Outre leur intérêt iconographique à des fins d'identification, elles offrent des repères datés permettant de suivre les changements stylistiques.

Portraits

Les portraitistes romains avaient toujours plus ou moins aspiré à donner une image ressemblante de leurs modèles. Les divergences reposaient sur les préférences prédominantes à telle ou telle période pour l'idéalisme, la généralisation ou la spécificité. Désormais, au IIIe siècle, de nouveaux éléments prirent de l'importance : l'abstraction, et un intérêt accru pour la profondeur psychologique. Le réalisme était encore un facteur important dans les portraits, et, à certains égards, il prévalait encore plus qu'au-

10.1 Portrait de Maximin le Thrace. Vers 235 apr. J.-C. Marbre. Hauteur : 43,2 cm. Ny Carlsberg Glyptotek, Copenhague.

paravant ; mais on tendit également à accentuer les traits du visage et la forme générale de la tête ou de la chevelure. En outre, le front était souvent plissé, comme pour traduire une certaine inquiétude, et les yeux donnaient l'impression de scruter l'avenir.

MAXIMIN LE THRACE

Maximin le Thrace (235-238 apr. J.-C.), général d'armée originaire de Thrace, dans le nord de la Grèce, prit le pouvoir après le meurtre d'Alexandre Sévère. C'était un paysan inculte et sauvage à la stature impressionnante, qui avait des talents de lutteur, mais aucun intérêt pour les affaires d'État, si ce n'est le soutien de l'armée. Dans ses portraits (ill. 10.1), qui révèlent son caractère violent et brutal, il a le regard sombre, sous d'épais sourcils. Les rides profondes du front et des joues, sur le visage carré, accentuent l'air revêche déjà rencontré dans les portraits de Caracalla.

Ici, la chevelure est traitée de manière nouvelle : au lieu de donner une impression de volume en perçant, les artistes sculptent une chevelure pratiquement plate. De petites marques donnent l'idée de texture dans ce qui est presque exclusivement un traitement de surface. Les cheveux courts dépassent légèrement et régulièrement, et, sur cette surface qui

10.2 *À gauche :* Sarcophage de Balbin. Vers 238 apr. J.-C. Marbre. Hauteur : 2 m. Catacombe de Prétexte, Rome.

10.3 *Ci-dessus :* Tête de Balbin, détail du sarcophage de Balbin. Vers 238 apr. J.-C. Marbre. Grandeur nature. Catacombe de Prétexte, Rome.

ressemble à une perruque, de nombreuses petites marques faites au ciseau évoquent une chevelure véritable.

Trois ans seulement après son accession au trône, Maximin le Thrace fut à son tour renversé et assassiné par ses propres soldats. Cette année-là, en 238 apr. J.-C., il n'y eut pas moins de cinq empereurs : après la mort de Maximin, un père et un fils, qui s'appelaient tous deux Gordien, régnèrent ensemble ; puis deux hommes, Pupien et Balbin, furent placés sur le trône par le Sénat. Mais leur règne commun ne dura que trois mois à l'issue desquels ils furent eux aussi assassinés par l'armée.

BALBIN

Un sarcophage considéré comme étant celui de Balbin et de son épouse (ill. 10.2) comprend des portraits sculptés, sur les figures qui ornent le couvercle, ainsi que sur le relief antérieur, qui représente leurs noces et un sacrifice. La coutume consistant à mettre des figures étendues sur le dessus pourrait renvoyer à la tradition étrusque, mais aussi venir plus directement de certains sarcophages attiques. Le portrait réaliste, mais peu flatteur, sur le couvercle (ill. 10.3), montre que Balbin était lourd, avec un visage large et un double menton. Sa chevelure a encore moins de volume que celle de Maximin le Thrace, et la forme de son crâne est accentuée. Le style rappelle celui de plusieurs têtes de la fin de la période républicaine. Des marques au ciseau définissent la moustache épaisse et la barbe courte, ainsi que la coiffure qui avait été mise à la mode par Caracalla, mais ce qui était rendu dans son cas en volumes tridimensionnels est maintenant simplement taillé dans la surface.

PHILIPPE L'ARABE

L'un des plus dynamiques parmi les portraits des empereurs-soldats est celui de Philippe l'Arabe (244-249 apr. J.-C.) (ill. 10.5). Originaire de Syrie, il commença à comploter contre l'empereur dès qu'il fut nommé préfet de la garde prétorienne. Son succès fut éphémère : cinq ans plus tard, il fut lui-même renversé et assassiné. Ses portraits qui montrent toute la dureté de l'homme révèlent une remarquable sensibilité de la part de l'artiste. Ses yeux inquiets lancent un regard expressif sous les sourcils saillants. La tête qui se tourne est un procédé formel introduit dans les portraits de Caracalla, et repris dans ceux de Maximin le Thrace. Mais le regard est maintenant dirigé vers le haut, comme s'il cherchait une inspiration divine, plutôt que vers le bas et sur le côté, comme pour les portraits de Caracalla.

La force de caractère de Philippe s'exprime également à travers le nez sémitique, long et osseux, la bouche aux lèvres épaisses et le visage profondément ridé. Le plus remarquable est peut-être la manière dont l'artiste a su saisir un instant dans le temps,

10.5 Portrait en buste de Philippe l'Arabe. 244-249 apr. J.-C. Marbre. Hauteur : 71 cm. Musei Vaticani, Rome.

comme si le visage de Philippe était en mouvement, et que l'expression fugace avait été capturée dans la pierre. C'est là l'une des grandes qualités des portraits du IIIᵉ siècle.

Philippe porte un type de vêtement différent, la trabée, avec une large bande plate sur la poitrine ; ce fut ensuite le costume typique de la fin de l'Empire. Elle était faite en un tissu lourd, et n'avait normalement que quelques plis assez raides, qui rendent ces portraits tardifs encore plus solennels. La coiffure est également sévère, presque comme un bonnet où de petits éclats de pierre auraient été taillés. On retrouve tous ces traits sur l'une des pièces de monnaie à son effigie (ill. 10.4).

TREBONIANUS GALLUS

Trebonianus Gallus (251-253 apr. J.-C.) fut lui aussi un empereur éphémère, le premier depuis longtemps à être issu d'une ancienne famille italique. La grande statue en bronze de 2,43 mètres conservée au

10.4 Médaillon de Philippe l'Arabe. 244 apr. J.-C. Argent. Diamètre : 3,8 cm. Museum of Fine Arts, Boston, donation à la mémoire de Zoe Wilbour.

10.6 *Ci-dessous :* Gallus,
détail de la tête. 251-253 apr. J.-C.
Bronze. Metropolitan Museum
of Art, New York, Rogers Fund.

10.7 *À droite :* Portrait en pied
de Gallus nu. 251-253 apr. J.-C.
Bronze. Hauteur : 2,43 m.
Metropolitan Museum of Art,
New York, Rogers Fund.

Metropolitan Museum le représente peut-être
(ill. 10.7). Sa main droite levée tenait sans doute une
lance. C'est la seule statue à peu près complète d'un
empereur (assemblée à partir de nombreux fragments) qui subsiste de cette époque. Du moins
semble-t-il s'agir d'un empereur, car, pour autant
qu'on sache, un citoyen ordinaire n'aurait jamais eu
l'honneur d'une aussi grande statue. L'identification
se fonde sur la ressemblance de la tête avec des effigies figurant sur des pièces de monnaie.

10.8 Portrait de Gallus. 251-253 apr. J.-C. Bronze. Hauteur : 26,7 cm. Museo archeologico, Florence.

La statue, nue, porte un morceau d'étoffe posé sur son épaule et son bras gauches, et une paire de sandales. L'effet de cette immense figure, aux longs bras et jambes, mais au torse court et carré, avec une tête qui paraît beaucoup trop petite pour le corps, est quelque peu grotesque. Il n'y a pas le moindre intérêt ici pour les proportions corporelles idéales de la statuaire classique. La chevelure, suggérée par des entailles faites sur le haut du crâne, est plate et sans aucun volume (ill. 10.6). Les artistes avaient alors mis au point une technique efficace mais grossière pour rendre les textures de surface. On le voit encore plus clairement dans une tête en bronze (ill. 10.8) qui pourrait représenter le même empereur. Les marques qui rendent la barbe et les cheveux sont appliquées de telle sorte que l'on a l'impression que les poils sont en train de pousser.

UN PORTRAIT DE FEMME

Ce bel exemple de portrait de femme de la période des empereurs-soldats (ill. 10.9) est révélateur de l'observation psychologique qui caractérise tant de ses équivalents masculins de cette époque, mais l'intensité n'est pas la même. La coiffure, avec une raie

au milieu et les cheveux derrière les oreilles, reproduit celle de Julia Domna (voir ill. 9.4), qui avait pourtant été quelque peu modifiée par certaines des impératrices suivantes. Le regard de côté et la bouche au léger sourire donnent au visage une expression d'inquiétude, mais également une certaine animation.

GALLIEN

L'empereur Gallien (253-268 apr. J.-C.) non seulement suscita un nouveau style de portrait, mais favorisa également l'érudition et la culture comme on ne l'avait pas fait depuis longtemps. Il réhabilita les anciennes valeurs romaines, et réveilla l'intérêt pour

10.9 Buste féminin. Première moitié IIIᵉ siècle apr. J.-C. Marbre. Hauteur : 64,8 cm. Marbre. Metropolitan Museum of Art, New York, Rogers Fund.

10.10 Portrait de Gallien. 253-268 apr. J.-C.
Marbre. Hauteur : 36,8 cm. Antikensammlung, Staatliche
Museen, Berlin.

les arts. Fils de l'empereur Valérien, il partagea le
trône avec son père jusqu'à ce que ce dernier fût fait
prisonnier par les Perses en 260 apr. J.-C. En tout,
avec son père puis seul, Gallien régna une quinzaine
d'années, soit plus qu'aucun souverain depuis
Septime Sévère.

Ses portraits (ill. 10.10) sont ceux d'un bel
homme, dont la coiffure cherche à l'évidence à rappeler Auguste. On notera les mèches qui tombent
sur le front. L'accent est mis ici sur la sensibilité et
l'intelligence de Gallien, plutôt que sur la force brute
– caractéristique essentielle de ses prédécesseurs. Le
sculpteur prête une grande attention aux yeux pen-
sifs et à la bouche sensible, non seulement dans un

souci de réalisme, mais aussi, peut-être, pour montrer que son modèle était digne de succéder à son
père.

À l'époque de Gallien, la philosophie néoplato-
nicienne prit une grande importance, sous l'influence
du grand philosophe Plotin. Celle-ci minimisait l'importance de la ressemblance physique dans le portrait, et insistait davantage sur le contenu spirituel
et les émotions intérieures. Ces idées, en contra-
diction totale avec les idéaux du classicisme gréco-
romain, influèrent fortement sur les changements
survenus dans la seconde moitié du IIIᵉ siècle et par
la suite : un courant néoplatonicien majeur se développa en effet tout au long du Moyen Âge et jusqu'à
la Renaissance.

Ce portrait, l'un des trois de la même personne
conservés à Ostie (ill. 10.11), représente peut-être
Plotin. Par contraste avec les techniques utilisées
pour les empereurs-soldats, la sculpture est exécutée
ici de manière à souligner les textures délicates du

10.11 Tête de Plotin, provenant d'Ostie. Vers 260-270 apr.
J.-C. Marbre. Hauteur : 33,7 cm. Musée d'Ostie.

10.12 Portrait d'Aurélien (ou de Dioclétien) avec une couronne de feuilles de chêne. 270-275 apr. J.-C. Marbre. Hauteur : 39,4 cm. Istanbul Arkeoloji Müzeleri, Istanbul.

Le mur d'Aurélien

Au cours de ses cinq années de règne, Aurélien se révéla l'un des meilleurs empereurs-soldats, en particulier dans les combats qu'il mena pour repousser l'ennemi aux frontières de l'Empire et même pour le chasser d'Italie. Ces incursions des Barbares venus du nord étaient suffisamment menaçantes pour qu'il construise un grand mur de défense, le mur d'Aurélien, autour de la ville de Rome (ill. 0.3 et 10.13). Pour la première fois depuis les invasions gauloises du IVᵉ siècle av. J.-C. il paraissait en effet nécessaire de fortifier la capitale ; jusque-là, on avait construit des murs de défense dans les contrées les plus reculées de l'Empire, mais jamais dans la mère patrie. Le mur d'Aurélien préfigure les fortifications médiévales qui allaient encercler les villes, petites et grandes, dans les siècles à venir.

L'enceinte fut bâtie en un temps record ; on utilisa dans bien des cas les murs de bâtiments existants ou d'espaces fermés et l'on incorpora de nombreux fragments de monuments inutilisés ou abandonnés, souvent en marbre, d'où un étrange contraste avec la couleur rouge de la brique qui est le matériau essentiel du mur. L'enceinte faisait 19,3 kilomètres de long, avec des tours carrées érigées tous les 30 mètres, qui servaient de plate-forme d'artillerie et permettaient de résister aux assauts de l'ennemi. La hauteur d'origine, qui fut augmentée à la faveur de plusieurs rénovations, était d'environ 7,5 mètres, et le mur fut sans doute conçu plus comme un écran que comme une véritable protection contre un siège long et difficile. L'organisation générale est comparable à celle des murs frontières en Bretagne ou en Germanie (voir p. 194). L'effort colossal que représente la construction d'un tel mur, qui reste aujourd'hui encore l'un des plus impressionnants monuments de Rome, et la confiscation à cette fin de propriétés privées montrent combien les Romains étaient résolus à défendre leur ville contre les hordes barbares venues du nord.

visage et de la peau. L'expression, qui a quelque chose d'intemporel et de profondément réfléchi, est caractéristique des portraits de philosophes qui datent du IVᵉ siècle av. J.-C. ; et pourtant, cette œuvre semble préfigurer la distance et l'abstraction de portraits exécutés à la fin du IIIᵉ siècle apr. J.-C.

AURÉLIEN

Gallien fut assassiné par des officiers en 268 apr. J.-C., en partie à l'instigation d'Aurélien, qui devint empereur peu de temps après. Ce portrait (ill. 10.12) le représente peut-être avec une couronne de feuilles de chêne, mais il est possible qu'il s'agisse de l'un de ses successeurs, Dioclétien. Les yeux semblent regarder au loin, et la symétrie du visage lui confère une certaine impassibilité ; pourtant, le traitement de la chair, des muscles et de la chevelure est plus plastique qu'il ne l'était à l'époque de Valérien et de Gallien.

10.13 *Ci-contre :* Mur d'Aurélien, près de la Porta San Sebastiano, Rome. 271-275 apr. J.-C. Brique et béton. Hauteur : 7,5 à 10 m. Photographie du XIXᵉ siècle.

10.14 Bataille entre Romains et Barbares, sarcophage Ludovisi, provenant des environs de Rome. Vers 250 apr. J.-C. Marbre. Hauteur : 1,52 m. Museo nazionale romano delle Terme, Rome.

SARCOPHAGES

Depuis le milieu du IIᵉ siècle, l'inhumation des défunts dans des sarcophages aux sculptures élaborées devenait de plus en plus populaire, aux dépens de la coutume plus traditionnelle de l'incinération. De nombreux types de sujets figuratifs apparaissaient sur les sarcophages, en particulier des scènes dionysiaques et des représentations de batailles. Même si les thèmes sont nombreux, l'idée prédominante est la quête du salut. Les sujets évoquent tous le triomphe sur la mort ou l'accès à la vie dans l'au-delà. Si certaines allégories sont beaucoup plus évidentes que d'autres, toutes sont le reflet d'une dévotion religieuse croissante, surtout à l'égard des religions à mystères, qui promettaient une vie meilleure après la mort.

Le sarcophage le plus impressionnant de cette période est sans doute le sarcophage Ludovisi (ill. 10.14), du nom du cardinal qui en devint le propriétaire après qu'on l'eut découvert au début du XVIIᵉ siècle. Daté de la seconde moitié du IIIᵉ siècle, il est le dernier des grands sarcophages ornés de scènes

de batailles si appréciées pendant un temps. Le défunt est à cheval en haut, au milieu du relief, conduisant ses troupes contre les Barbares. La tête, à l'évidence un portrait, a dû être sculptée par un professionnel. Le héros central domine la masse des figures inférieures, desquelles il semble indépendant ; il regarde au loin, et son geste ample paraît aller au-delà de la souffrance que l'on voit partout ailleurs. Autour de lui, la bataille fait rage, et deux hommes, un près de chaque angle supérieur, accompagnent le fracas du combat du son de leurs trompes. L'effet d'ensemble est un enchevêtrement de corps contorsionnés, avec des bras, des jambes et des têtes qui se rattachent tous, si l'on y regarde de près, à l'un de ces corps. Les soldats romains, faciles à distinguer avec leur casque, leur pectoral et leur tunique, attaquent les ennemis, qui portent de longs pantalons flottants et des barbes épaisses. En général, les figures romaines semblent avoir le dessus, mais ce sont plutôt les visages et les expressions des Barbares qui attirent l'attention et la sympathie (ill. 10.15).

Un autre sarcophage de cette période, datant peut-être de 270 apr. J.-C., est celui d'Acilia, à mi-chemin environ entre Rome et la côte (ill. 10.16). Cette forme en baignoire fut utilisée à l'époque pour plusieurs hommes qui avaient le rang de sénateur, et qui sont généralement représentés dans un cortège au moment de leur prise de fonctions. Sur cet exemple, les parties les mieux préservées sont sur la gauche, où des hommes à la chevelure sculptée en profondeur et au visage intelligent marchent en cortège avec le sénateur.

La figure juvénile, sans doute le fils du sénateur, est à l'évidence un portrait. Les pupilles sont percées en profondeur, de même que les yeux ; contrairement aux autres personnages, il porte des cheveux très courts. Toutes sont taillées en haut relief, et semblent très détachées du fond – alors qu'elles ne le sont pas vraiment. Elles portent de longues toges, dont les plis lâches servent à créer un motif qui les relie entre elles. Le jeune homme se distingue des philosophes plus âgés non seulement en raison de son âge, mais aussi parce que le style de sculpture est différent. Son expression réfléchie et distante est un avant-goût de l'abstraction qui sera en vogue à la fin du siècle.

10.15 *Ci-dessous :* Tête d'un Barbare mourant, détail du sarcophage Ludovisi, provenant des environs de Rome. 250 apr. J.-C. Marbre. Museo nazionale romano delle Terme, Rome.

10.16 *Ci-dessus, à droite :* Dignitaires de rang sénatorial montrant le fils d'un sénateur, détail d'un sarcophage provenant d'Acilia, près d'Ostie. Vers 270 apr. J.-C. Marbre. Hauteur : 1,49 m. Museo nazionale romano delle Terme, Rome.

Résumé

L'époque des empereurs-soldats fut marquée par des luttes intestines et un climat d'insécurité. L'armée et les nombreux empereurs qui se succédèrent n'hésitèrent pas à recourir à l'assassinat politique. En ces temps agités, l'une des évolutions artistiques les plus importantes toucha l'art du portrait, qui, dans son réalisme, révélait toutes les tensions de l'époque ; on trouve des portraits extrêmement durs des empereurs aussi bien en sculpture que sur les pièces de monnaie.

Les sculpteurs firent également de nombreux sarcophages, qui font souvent référence à des batailles réelles ou imaginaires. Les reliefs de ce genre représentaient les généraux victorieux non seulement en héros militaires, mais aussi en vainqueurs de la mort, promis au bonheur dans l'au-delà.

Les souverains au pouvoir au cours de cette période, dite des empereurs-soldats, n'avaient guère de temps ou d'argent à consacrer aux grands projets architecturaux. Mais la menace barbare obligea l'empereur Aurélien à construire l'impressionnant mur d'enceinte qui reste aujourd'hui encore l'un des grands monuments de Rome.

11
Les tétrarques
284-312 apr. J.-C.

Depuis l'époque républicaine, les souverains romains avaient mis l'art au service de l'État, mais aussi à celui de leur propre gloire. Les tétrarques, ces groupes de quatre souverains qui partagèrent simultanément la responsabilité du pouvoir, excellèrent en ce domaine. Sous leur règne, le fossé entre les empereurs et le peuple s'agrandit, avec un cérémonial et des costumes de plus en plus élaborés à la Cour, comme le notent les textes biographiques et comme en témoignent l'art et l'architecture en particulier.

Les nouveaux édifices monumentaux et les ouvrages sculptés étaient pour ces souverains un moyen de faire clairement comprendre au peuple que leur pouvoir était plus solide et plus stable que sous les empereurs-soldats. Dans les portraits, la personnalité est alors presque entièrement masquée par une abstraction portée à l'extrême. La notion de pouvoir est désormais plus importante que les traits particuliers de qui le détient.

L'instabilité du pouvoir impérial prit fin en 284 apr. J.-C., lorsque Dioclétien, général de ce qui est aujourd'hui la Croatie, fut déclaré souverain dans la ville de Nicomédie (l'Izmit moderne). Son règne allait apporter de profonds changements à la culture romaine et produire un art plus manifestement que jamais au service de l'État. Son règne montre clairement comment l'organisation de l'État et les buts de ses souverains se reflétaient et s'exprimaient dans les œuvres d'art et d'architecture.

11.1 Salle centrale des thermes de Dioclétien, Rome. 298-306 apr. J.-C. Transformée en l'église Sainte-Marie-des-Anges, 1563-1566, par Michel-Ange. Hauteur : 27,4 m env.

L'instauration de la tétrarchie

Dioclétien, qui adopta bientôt le nom de Gaius Valerianus Aurelianus Diocletianus, pour se rattacher aux familles de ses prédécesseurs, hérita des problèmes que ceux-ci avaient connus, mais prit aussitôt des mesures pour les résoudre. Ses solutions, souvent simples – voire trop simples –, causèrent beaucoup de difficultés même à ceux qu'elles étaient censées servir. Les décisions qui eurent le plus d'incidence sur les arts furent prises dans le domaine de l'organisation politique.

Peu de temps après avoir été proclamé empereur, il demanda à un compagnon d'armes, Marcus Aurelius Valerius Maximianus, dit Maximien, de partager le trône avec lui avec la dignité d'«auguste ». Par la suite (293 apr. J.-C.), Gaius Galerius Valerius Maximianus, dit Galère, et Gaius Flavius Constantius, dit Constance Chlore, furent nommés « césars », adjoints des deux « augustes ». Les titres et la présence d'adjoints et probables successeurs n'étaient pas nouveaux en soi, mais la reconnaissance officielle de l'autorité sur des domaines territoriaux différents était une totale innovation. L'Empire était ainsi gouverné par quatre personnes, deux « augustes » et deux « césars » (les seconds étant les héritiers présomptifs des premiers), chacun avec sa région géographique, son armée et son centre administratif.

Dioclétien contrôlait ainsi la partie orientale de l'Empire, de la Thrace à l'Égypte, qui avait pour capitale Nicomédie ; Maximien régnait sur l'Italie et l'Afrique, et tout l'Occident romain, à partir d'un centre administratif situé à Milan, et non pas à Rome ; Constance Chlore régnait à Trèves, et Galère à Sirmium (Sremska Mitrovica en Serbie, non loin de Belgrade). Dioclétien était placé sous la protection de Jupiter, et Maximien sous celle d'Hercule – éléments importants pour comprendre une grande partie de l'iconographie figurant sur les pièces de monnaie ou les reliefs historiques.

Chacun des quatre tétrarques lança un grand programme de construction de palais et d'édifices publics dignes de l'État romain. Comme beaucoup de leurs prédécesseurs, ils les utilisèrent à des fins de propagande, et espéraient montrer, à travers d'immenses et somptueux édifices, que la grandeur de Rome avait été restaurée après les incertitudes des décennies passées. Les projets de construction furent donc nombreux, et on eut besoin de beaucoup de sculptures décoratives et commémoratives. Et comme la réorganisation ne concernait pas uniquement les échelons supérieurs du pouvoir, on créa des unités gouvernementales plus nombreuses et plus petites, ce qui nécessita des bâtiments supplémentaires dans bien des provinces.

L'architecture à Spalato

Après vingt ans passés au pouvoir, Dioclétien se retira dans une villa qu'il avait fait construire à Spalato (aujourd'hui Split) dans son Illyrie natale, en Croatie. Son aspect extérieur (ill. 11.2 et 11.3) montre clairement qu'il redoutait des attentats contre sa vie, ou tout simplement l'agitation dans les campagnes environnantes. Le plan était rectangulaire, un peu plus profond que large, et l'édifice mesurait environ 200 mètres sur 170 mètres, l'un des côtés donnant sur la mer. Les trois autres côtés étaient bordés d'un haut mur, avec chacun une petite porte centrale, et des tours carrées aux angles, séparées par des tours plus petites. Les portes elles-mêmes étaient encadrées et protégées par des tours octogonales et, du côté nord, l'enceinte était décorée d'une façade avec des arcades, des colonnes et des niches destinées à recevoir des statues. L'étroitesse des entrées et l'existence d'une seconde porte au-delà d'une cour d'une certaine dimension donnaient l'impression d'un camp fortifié, et montrent combien le propriétaire était soucieux de sa sécurité. Cette idée de villa fortifiée préfigure le château médiéval.

Outre les nécessités de la vie quotidienne pour lui-même et sa suite, Dioclétien, même en tant qu'ex-empereur, se devait de répondre aux exigences que lui imposait son statut. C'est pourquoi il fit construire une cour à colonnade (ill. 11.4) avec une entrée officielle à une extrémité, destinée aux apparitions de l'« empereur ». La cour, appelée péristyle, utilise des arcs qui naissent directement des chapiteaux des colonnes, sans architraves (éléments architecturaux horizontaux qui surmontent les colonnes). Ce genre de construction fut souvent repris dans les bas-côtés des premières basiliques chrétiennes. La grande porte comporte au premier plan un motif qui

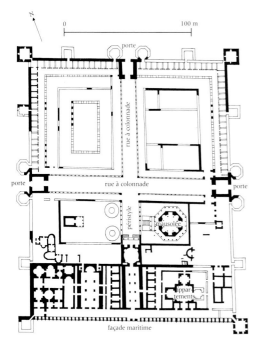

11.2 *Ci-dessus :* Plan du palais de Dioclétien, Split. Vers 300 apr. J.-C. 200 m x 170 m env.

11.3 *Ci-dessus, à droite :* Palais de Dioclétien, Split. Vers 300 apr. J.-C. Impression d'artiste de la reconstitution architecturale par E. Hébrard.

11.4 *À droite :* Péristyle, palais de Dioclétien, Split. Vers 300 apr. J.-C.

était employé sur les façades architecturales depuis de nombreuses années ; elle joue ici le rôle d'arc de triomphe, avec toutes les connotations qui lui sont associées. Elle rend évidente la signification implicite de tant de formes architecturales et de situations cérémonielles, et renforce la stature de celui qui fut pendant un temps le gardien de l'État romain.

Comme l'avaient fait certains des empereurs précédents, Dioclétien, pour préparer sa mort et la perpétuation de sa mémoire, fit construire un mausolée au sein de son palais. Ce mausolée devint ensuite la cathédrale, ce qui est assez paradoxal pour

le monument funéraire de l'un des plus virulents persécuteurs des premiers chrétiens. L'édifice octogonal, entouré d'une rangée de colonnes, était niché dans une cour donnant sur le péristyle central. Le tout était surmonté d'une coupole ornée de mosaïques.

Les dimensions du palais de Dioclétien sont remarquables ; au XVIIIe siècle, l'essentiel de la ville de Spalato était contenu à l'intérieur des murs. Et si cet édifice bien construit est à ce point préservé, c'est qu'il fut constamment adapté et utilisé en fonction de divers besoins.

L'architecture à Rome

À Rome, les thermes de Dioclétien sont le monument le plus remarquable qui subsiste de ce règne (ill. 11.5). Leurs dimensions et leur disposition sont comparables à celles des thermes de Caracalla (voir ill. 9.28 et 9.29). L'édifice, en grande partie bien conservé, abrite aujourd'hui le Museo nazionale romano delle Terme (Musée national romain des thermes). La salle centrale fut transformée par Michel-Ange en l'église Sainte-Marie-des-Anges et, grâce aux rénovations qu'il fit en 1563, avant que la partie centrale de l'édifice ne s'effondre, un autre grand intérieur voûté a été préservé, qui nous donne une bonne idée de ce qu'étaient les espaces couverts romains (ill. 11.1). Il était encore plus grandiose à l'origine, puisque le plancher a été surélevé d'un mètre environ et qu'il manque au plafond sa riche décoration.

En regardant le plan de ces thermes (ill. 11.6), on voit comment Sainte-Marie-des-Anges s'intègre à l'ensemble d'origine. Les espaces sont vastes, ce dont on se rend bien compte lorsqu'on est à Rome, puisqu'il faut plusieurs minutes pour aller à pied de

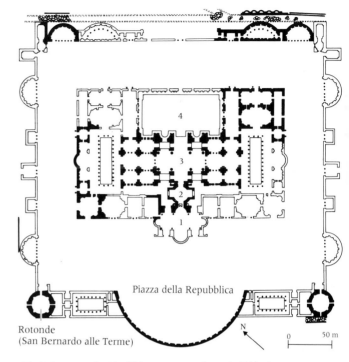

Piazza della Repubblica

Rotonde
(San Bernardo alle Terme)

N

0   50 m

11.6 Thermes de Dioclétien, Rome, plan : 1 *Caldarium* ; 2 *Tepidarium* ; 3 Salle centrale ; 4 Bassin.

11.5 Thermes de Dioclétien, Rome. Eau-forte du XVIᵉ siècle par E. Dupérac. Hauteur : 22,9 cm ; longueur : 39,4 cm.

Sainte-Marie-des-Anges à Saint-Bernard, l'un des édifices circulaires sur le mur d'enceinte des thermes.

Bon nombre des constructions et des restaurations d'édifices anciens sont attribuées à Maxence. Fils de Maximien, il fut l'un des tétrarques de la « seconde génération ». Il eut le contrôle de l'Italie de 306 à 312, avant d'être battu et tué aux abords de Rome par les troupes de Constantin le Grand à la bataille du pont Milvius. Cet événement a été commémoré par une grande fresque du peintre italien de la Renaissance Piero della Francesca (ill. 11.13), qui peignit toute une série d'œuvres célébrant la victoire de Constantin et le triomphe du christianisme.

La principale contribution de Maxence fut peut-être la basilique de Maxence, également appelée basilique de Constantin, sur le Forum romain (ill. 11.7). La construction de cet édifice était à l'évidence une déclaration politique, qui réaffirmait la primauté de Rome face aux nouveaux centres politiques instaurés par Dioclétien. Le rôle de cette grande salle – espace public destiné aux affaires municipales – était alors important, et sa grandeur essentielle pour un souverain qui rendait des jugements impériaux.

La forme de la basilique s'éloignait radicalement des exemples antérieurs de ce type, telle la basilique Ulpia du forum de Trajan (voir ill. 6.7). Traditionnellement, de tels édifices avaient plusieurs bas-côtés formés de rangées de colonnes, une nef centrale et des absides aux extrémités. Les plafonds des basiliques étaient en bois, et plats. La basilique de Maxence (ill. 11.8 et 11.9) était, elle, couverte d'une immense voûte surplombant la nef centrale, et flanquée de part et d'autre de trois grandes travées aux voûtes plus basses. La voûte dite d'arêtes

11.7 *À gauche :* Basilique de Maxence et Constantin, Rome. Vers 306-313 apr. J.-C. Brique et béton.

11.8 *Ci-dessous, à gauche :* Basilique de Maxence et Constantin, Rome, plan.

11.9 *Ci-dessous :* Basilique de Maxence et Constantin, Rome, reconstitution architecturale. Plate-forme : 100 m x 65 m.

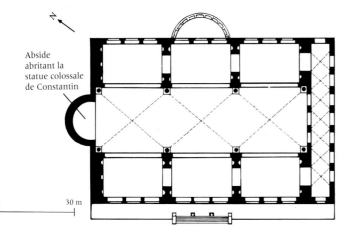

Abside abritant la statue colossale de Constantin

N

0   30 m

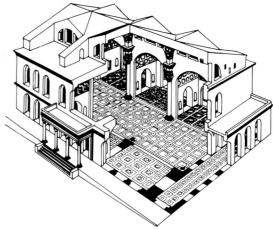

de la nef s'apparentait à celles de l'Aula des marchés de Trajan (voir ill. 6.5) et aux voûtes des thermes publics romains, mais c'était la première fois qu'on utilisait de tels éléments dans une basilique.

La basilique de Maxence, érigée sur un gigantesque socle en béton de 100 mètres sur 65 mètres, fut achevée et modifiée par Constantin, à qui elle fut dédiée à nouveau en 313 apr. J.-C. Il lui fit ajouter une autre entrée avec des marches sur le côté sud et une abside identique à l'extrémité nord de la travée centrale, brouillant un peu l'orientation de l'édifice. L'abside de l'extrémité ouest, sur l'axe de la longueur, formait autrefois le cœur de l'édifice, et, curieusement, c'est là que furent trouvés les fragments de la colossale statue de Constantin assis (voir ill. 12.12). Il se pourrait donc que la tête de Constantin ait en fait été substituée à celle de Maxence, et qu'on ait donné une nouvelle identité à la statue quelques années plus tard.

La basilique de Maxence fut le dernier grand bâtiment administratif construit à Rome, même s'il y a eu d'autres édifices importants et inventifs comme le temple de Minerva Medica et le mausolée de Constance, aujourd'hui devenu l'église Santa Costanza (voir chapitre 12). Il n'existait plus vraiment de raison de construire d'autres édifices de cette ampleur après que Constantin eut créé sa nouvelle Rome, ou Constantinople (Istanbul), et que le centre de gravité de l'Italie elle-même se fut déplacé vers le nord, vers la nouvelle capitale, Milan.

L'architecture dans le Nord de la Grèce

Les nécessités administratives de la tétrarchie donnèrent également naissance à un ensemble monumental à Thessalonique, dans le Nord de la Grèce, la ville choisie comme capitale pour le tétrarque Galère lorsqu'il devint césar. On ne connaît pas précisément le plan véritable de son palais, mais il subsiste un grand édifice circulaire, probablement destiné à lui servir de mausolée, devenu l'église Saint-Georges (ill. 11.10). Le mausolée est un grand bâtiment circulaire, revêtu de brique, avec un dôme central, placé dans une cour octogonale. Il semble avoir été transformé en église avant 400 apr. J.-C. et fut décoré de belles mosaïques byzantines représentant des saints martyrisés.

Galère fit également construire un splendide arc de triomphe (ill. 11.11) sur la via Egnatia, qui était la principale route est-ouest entre l'Italie et les provinces orientales. Elle était reliée au mausolée par un portique couvert et une large avenue. Commencé en 296 apr. J.-C., l'arc était assez différent de ceux qui se trouvaient à Rome et ailleurs dans la péninsule italienne. Il était construit en brique, mais les parties les plus basses étaient revêtues de dalles de marbre sculptées en relief. Les principales façades avaient une ouverture triple, une grande et deux plus petites, donnant sur la rue principale. Il existait également un passage sur les petits côtés pour la circulation dans la rue transversale qui conduisait au palais d'un côté, et au mausolée de l'autre (voir ill. 11.10). Si bien qu'il ressemble davantage à un arc à quatre voies, ou *tetrapylon*, comme celui de Leptis Magna (voir ill. 9.8), qu'aux arcs cérémoniels de Rome. Le plan créait aussi un important espace voûté au principal croisement ; le début de la courbe de l'arc subsiste encore, même s'il en reste relativement peu d'éléments par rapport à ce qui survivait au XIXᵉ siècle.

Les sculptures de l'arc célèbrent les succès des campagnes de Galère contre les Sassanides – les successeurs des Parthes en Mésopotamie – sur la frontière orientale. Pour ce qui est des sujets, les motifs militaires et triomphaux habituels prédominent, avec un peu de couleur locale, telles des représentations d'éléphants et de chameaux (ill. 11.12). En revanche, il est encore plus difficile de déceler

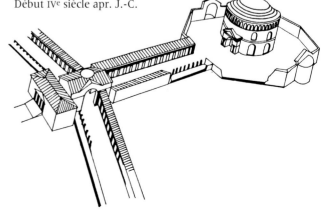

11.10 Reconstitution du mausolée de Galère et de l'arc de Galère dans la rue principale à colonnade, la via Egnatia, Thessalonique. Début IVᵉ siècle apr. J.-C.

une progression narrative que sur l'arc de Septime Sévère sur le Forum romain (voir ill. 9.7). Dans l'un des panneaux, on voit que la victoire est en quelque sorte partagée par tout le groupe, dont les membres sont tous munis d'attributs divins, dans une vue solennelle et frontale.

Les reliefs sur les piles de l'arc ont été sculptés presque comme s'il s'agissait de sarcophages, et certains pensent que des sculpteurs spécialisés pourraient avoir été engagés pour ce projet grandiose. Ce qui est vraisemblable : beaucoup de scènes ont en effet leurs extrémités fermées dans le cadre de la composition, comme les sarcophages ornés de scènes de bataille du temps de Marc Aurèle (voir ill. 8.27 et 8.28), et par ailleurs les proportions se prêtent à ce type de sculpture. Certains des sculpteurs des reliefs de l'arc de Galère ont taillé d'étroites rainures autour des figures, comme pour mettre en valeur leur contour, technique également utilisée sur certains sarcophages antérieurs. En outre, sur un plan pratique, on ne voit guère quel autre groupe d'artisans aurait pu avoir la disponibilité et les compétences pour exécuter ce projet.

11.11 *Ci-dessus :* Arc de triomphe, ou *tetrapylon*, de Galère, Thessalonique. Vers 300 apr. J.-C. Brique et marbre.

11.12 *Ci-dessous :* Scène de bataille avec un éléphant, détail de l'arc de Galère, Thessalonique. Vers 300 apr. J.-C. Marbre.

Mosaïques

Les peintures figuratives et les mosaïques de cette période et de la suivante révèlent une simplification de la forme, avec une préférence pour les vues planes et frontales. Cette préférence n'était bien entendu pas nouvelle, et nous en avons déjà relevé les premiers signes en sculpture dans les reliefs des arcs de Septime Sévère (voir ill. 9.7, 9.11 et 9.12).

La mosaïque d'une villa à Hippo Regius (Bône), en Algérie, est un bon exemple de cette conception nouvelle de la représentation et de la narration (ill. 11.15). La mosaïque est baptisée « Chronique de la chasse », car elle représente une série d'événements liés à la capture d'animaux sauvages. Sur la gauche, des chasseurs poursuivent des antilopes et des autruches et, au centre, des hommes munis de boucliers et de torches repoussent des bêtes sauvages vers un filet. L'un des hommes a été renversé par un léopard.

L'artiste a utilisé différents points de vue au sein du même champ de vision. Sur la gauche, chaque figure est vue comme si elle était au niveau des yeux, mais l'une est placée au-dessus de l'autre pour montrer la perspective. La scène centrale, elle, semble vue d'en haut. Sous certaines des figures, une ombre concrétise le sol. L'impression générale est celle d'un ensemble de découpages plutôt que d'une continuité picturale.

On retrouve ce mélange de points de vue dans de nombreuses scènes d'une villa de Piazza Armerina, en Sicile. Elle fut probablement construite au début du IVe siècle, et des artistes ou des décorateurs venus d'Afrique réalisèrent les grandes mosaïques qui ornent les sols. On retrouve des scènes de chasse (ill. 11.16), qui représentent peut-être la capture d'animaux destinés à l'amphithéâtre. Dans le détail reproduit ici, une chasse au lion se déroule dans les sections supérieures. Des hommes vêtus de capes, armés de boucliers et de lances, s'attaquent à un lion, qui se retourne contre l'un des assaillants. En bas à gauche, c'est peut-être le propriétaire de la villa qui est représenté. C'est en tout cas un homme

11.13 *Ci-contre, en haut :* Constantin poursuit Maxence au pont Milvius. Vers 1460. Peinture murale de Piero della Francesca. Hauteur : 3,35 m ; largeur : 7,32 m. San Francesco, Arezzo.

11.14 *Ci-contre, en bas :* Détail de la grande chasse, à la villa de Piazza Armerina, Sicile. Début IVe siècle apr. J.-C. Mosaïque.

11.15 *Ci-dessous :* La Chronique de la chasse, provenant d'une villa à Hippo Regius (Bône). Début IVe siècle apr. J.-C. Hauteur : 3,75 m ; largeur : 6,7 m. Musée de Bône.

11.16 Détail de la grande chasse, à la villa de Piazza Armerina, Sicile. Début IVᵉ siècle apr. J.-C. Mosaïque. Hauteur : 5,08 m.

élégamment vêtu d'un costume brodé, et coiffé d'une toque caractéristique de l'époque, qui semble surveiller la scène, accompagné par deux des chasseurs. Le paysage a été réduit à des éléments schématiques : petits arbres, rochers, une grotte et des lignes de fond horizontales. Chaque figure est importante, et c'est l'activité générale qui relie plusieurs scènes entre elles, non le paysage ou un espace commun.

Dans une autre section de la scène de chasse, des hommes guident des autruches sur une passerelle pour les faire embarquer à bord d'un navire (ill. 11.14). Comme dans la mosaïque d'Hippo Regius, l'ombre sommaire des jambes dessine un motif de diagonales en angle sur le jaune de la passerelle. Même si la scène est traitée comme un motif plan – notamment dans la rambarde de la passerelle et les ombres –, le rendu du volume est remarquable,

ainsi pour les plumes sur les corps, les ailes et les queues des autruches. On a également traité avec une grande attention, même si l'art de la mosaïque ne s'y prête guère, aux cheveux frisés de l'un des hommes, à son costume et même à son visage. Le propriétaire de la villa a sans doute engagé les artistes les plus talentueux pour la décorer.

Cette nouvelle conception artistique était le résultat d'un récent manque d'intérêt pour le réalisme et le rendu de l'aspect réel des objets, des personnes ou des paysages. Créer une illusion de volume par les plis ou la perspective dans une scène de chasse n'était plus le but de la plupart des artistes. Les plis, rendus pour l'essentiel sous forme de motifs, n'ont rien de concret. Quant à l'espace, il est presque uniquement exprimé par des techniques sommaires.

Le portrait

Une grande partie de la sculpture officielle de cette époque peut être considérée comme une manifestation stylistique particulière des idées que Dioclétien et les autres tétrarques souhaitaient propager. Il faut notamment observer les caractéristiques suivantes : clarté, uniformité, simplicité d'organisation, et distance par rapport à l'observateur. Sur les pièces de monnaie ou dans la statuaire de cette époque, il est difficile de distinguer l'un des empereurs de l'autre, bien que les noms inscrits indiquent qu'il s'agit de personnes différentes. La personnalité est estompée au profit de la mise en valeur de l'uniformité du pouvoir et de l'administration de l'État. Certains traits individuels ne peuvent être cachés, comme le nez de Constance Chlore (ill. 11.17), mais, en général, la présentation simplifiée, en bloc, est appliquée à tous. Nous avons déjà vu certains des procédés descriptifs, telle la coiffure rendue par des séries de points, mais jamais sous une forme aussi extrême, ni pour exprimer l'idéologie impériale.

L'uniformité qu'on observe dans les portraits gravés sur les pièces de monnaie se retrouve également dans un groupe sculpté représentant les tétrarques en haut relief. Taillé en porphyre – pierre égyptienne rouge violacée, utilisée en particulier pour les statues impériales –, le groupe ornait probablement le palais impérial de Constantinople ; il fut ensuite reconstitué à l'extérieur de la cathédrale Saint-Marc à Venise (ill. 11.18). Étant donné que l'emploi du porphyre pour les statues ou les sarcophages était exclusivement réservé à la famille impériale, il doit s'agir de représentations officielles des empereurs.

On peut repérer ici certaines règles qui s'appliquaient aux pièces de monnaie. Les quatre hommes, à l'angle de Saint-Marc, ne sont pas reconnaissables, si ce n'est par la barbe que porte, dans chaque paire,

11.18 Les tétrarques. Vers 305 apr. J.-C. Porphyre. Hauteur : 1,3 m. Angle extérieur de Saint-Marc de Venise.

11.17 Portrait de Constance Chlore. Médaillon en or, frappé à Trèves, 296-297 apr. J.-C. Diamètre : 2,5 cm env. Musée municipal, Arras.

l'homme de gauche – sans doute pour indiquer l'auguste, plus âgé, l'autre étant son fils adoptif. C'est la dignité d'empereur qui est importante, et l'homme qui en est porteur n'est que secondaire. Les Romains appelaient cela *similitudo*, et les sources littéraires confirment qu'on estimait souhaitable qu'il n'y eût pas de différence évidente entre les souverains. Les fronts plissés et les autres traits du visage, mais aussi les vêtements, les armes et même les gestes sont répétés exactement. L'artiste s'intéresse à l'évidence aux motifs, et joue avec la répétition des plis dans les capes, les manches et les tuniques, ainsi qu'avec les manches et les fourreaux des glaives, sertis de bijoux. La position des hommes, le bras de l'un enserrant l'autre, symbolise leur *concordia*.

L'un des portraits les plus convaincants et les plus instructifs de cette époque est un buste en porphyre maintenant conservé au musée du Caire en Égypte (ill. 11.19), illustration concrète de ce que nous venons de voir. Il se dégage de cette tête une impression de puissance, de distance, et d'intensité, aux dépens de la personnalité du modèle. Comment cet effet a-t-il été obtenu ? Tout d'abord, le matériau, extrêmement dur, se prête plus au meulage et au polissage qu'à la taille ou au perçage. Ensuite, il n'y a pratiquement pas de détails particuliers : les yeux, immenses et conventionnels, sortent presque du visage, les plis du front et les marques des joues se combinent pour traduire la préoccupation et la tension en général, ils ne sont pas personnalisés. Si on ajoute à cela l'effet produit par les rangées rythmées d'entailles qui dominent la chevelure et la barbe, l'accompagnement artistique du changement politique devient clair.

Même les plis de la toge sont conventionnels et rythmés. On ne peut pas dire que l'Égypte, où fut trouvée la tête, a produit le style abstrait des tétrarques, mais on voit qu'il convenait parfaitement aux pierres dures que les Égyptiens travaillaient depuis trois mille ans. La roche ignée n'est cependant pas la seule à être appropriée à ce style : les artistes utilisèrent aussi le marbre et le bronze. On retrouve les mêmes caractéristiques dans la sculpture miniature et colossale, et sur les pièces en bronze, en or et en argent.

11.19 Buste d'un tétrarque. Début IVᵉ siècle apr. J.-C. Porphyre. Hauteur : 75 cm. Musée égyptien, Le Caire.

Le relief des *decennalia*

Une fois les césars parvenus au terme de dix années de règne partagé avec leurs collègues plus âgés qui régnaient, eux, depuis vingt ans, les tétrarques érigèrent un monument sur le Forum romain pour célébrer cet anniversaire, baptisé *decennalia*. Cela se passa en 305 apr. J.-C., quand Dioclétien abdiqua et se retira dans son palais de Spalato. Le monument était formé de cinq colonnes, qui furent représentées dans le relief ultérieur de l'arc de Constantin (voir ill. 12.4). Le socle de l'une des cinq colonnes subsiste sur le Forum romain, qui montre d'un côté deux Victoires tenant un *clipeus*, ou bouclier, gravé d'une inscription relative à l'événement (ill. 11.20). Il s'agit d'un motif très ancien, souvent repris sur les tympans d'arcs de triomphe romains (voir ill. 5.7, 9.1, 9.8 et 9.9).

Le traitement des Victoires est ici linéaire. Les plis des draperies et les plumes des ailes sont taillés de manière à évoquer les traits d'un dessin, de même pour les armes et les trophées à l'extrême droite et à l'extrême gauche. Si au début de l'Empire les figures étaient plastiquement modelées, elles sont traitées ici sans volume, mais on décèle néanmoins les intentions de l'artiste.

Résumé

L'art du temps des tétrarques semble traduire la notion de pouvoir, et en particulier le pouvoir de l'autorité impériale incarné par les tétrarques eux-mêmes. Les formes simplifiées ne permettent pas au spectateur d'être distrait par des complexités orne-mentales ; le message direct ne laisse place ni à l'ambiguïté ni à la nuance.

Le partage du trône entre quatre hommes paraît avoir intensifié l'activité des bâtisseurs et des maçons, car il fallait exprimer le pouvoir de l'État en diffé-rentes régions de l'Empire. Pendant tout ce temps, les impôts servirent à construire des bâtiments admi-nistratifs et résidentiels, plutôt que des ouvrages d'uti-lité publique comme des ponts ou des routes. Les architectes de cette époque continuèrent néanmoins d'explorer les structures voûtées, et le besoin de grands espaces où le public pût se réunir – pour le bain ou les affaires judiciaires – guida les grandes formes architecturales.

Au début du IVe siècle, l'un des tétrarques se dis-tingua tout particulièrement par son énergie et sa force : Constantin, fils de Constance Chlore. Ce sou-verain puissant, mais impitoyable, fut surnommé Constantin le Grand. Il fut le premier empereur chrétien.

11.20 Deux Victoires tenant un bouclier, du socle des *decennalia*, Forum romain, Rome. Vers 305 apr. J.-C. Marbre. Largeur : 1,78 m.

12
Constantin
307-337 apr. J.-C.
et son héritage

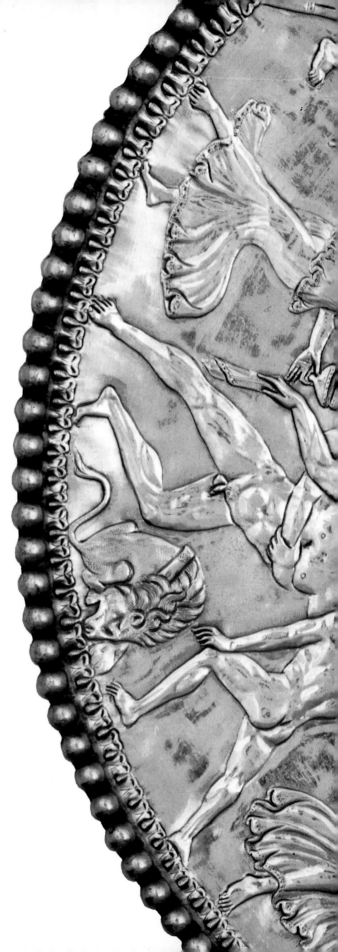

De même que les tétrarques avaient su tourner à leur profit le message exprimé par l'art et l'architecture, Constantin utilisa des œuvres d'art, souvent colossales, pour proclamer sa propre grandeur. Mais il inaugura également une toute nouvelle pratique : enlever des sculptures aux monuments de ses prédécesseurs pour les mettre sur l'un des siens. Il espérait ainsi s'approprier l'honneur et le prestige de ceux dont il réutilisait les panneaux sculptés. Il choisit des reliefs provenant de monuments des empereurs les plus vénérés du IIe siècle – Hadrien, Trajan et Marc Aurèle – pour décorer son propre arc commémoratif, qu'il fit probablement enlever sur des monuments encore en place à l'époque. Il s'attribuait ainsi un peu de la gloire associée à ces monuments anciens.

Le style de portrait alors en vogue est issu de l'abstraction de la période des tétrarques, qu'on qualifie parfois de « cubisme tétrarchique » ; il y a pourtant plus d'individualité dans les portraits exécutés sous le règne de Constantin que sous ses prédécesseurs, voire une pointe de classicisme. On vit d'audacieuses innovations en architecture, dont beaucoup au service de la nouvelle religion recon-

Détail du grand plat de Mildenhall, ill. 12.29.
Milieu IVe siècle apr. J.-C. Argent. British Museum, Londres.

nue, le christianisme. La conversion de Constantin lui-même contribua à ce que l'art officiel, qui jusque-là avait toujours été païen, s'associât à la gloire de l'Église.

L'art antique tardif

Aux IIIe et IVe siècles apr. J.-C., la représentation dans les arts figuratifs était beaucoup moins préoccupée qu'auparavant par les questions traditionnelles de la perspective et de la réalité corporelle. Des buts différents, tels que la clarté de l'organisation, la hiérarchie de position, ou les indices de pouvoir, l'emportèrent sur la représentation des volumes ou la cohérence des proportions. Ce choix transparaît dans les portraits sculptés et dans les reliefs historiques, ainsi que dans les peintures et les mosaïques. Les idées et les exigences des commanditaires évoluaient, et même le retour provisoire à des éléments plus classiques ne pouvait renverser le courant.

Cette période, que l'on appelle l'« Antiquité tardive », fait en quelque sorte le lien entre la tradition classique et le monde médiéval. La préférence pour la représentation frontale et des proportions lourdes et carrées, et pour les figures humaines aux contours nets, est souvent considérée comme la clef de cette période. Mais ces préférences artistiques et d'autres sont nées d'un changement dans les mentalités, dans les besoins, dans le système politique et religieux. Il ne faut pas minimiser le rôle du christianisme dans cette évolution qui fait passer au second plan les aspects naturalistes de la tradition classique et qui exalte l'esprit aux dépens du corps. Ces nouvelles attentes s'allièrent aux exigences de clarté et de hiérarchie typiques de cette époque, qui furent transmises à l'art de Byzance et à celui des débuts de la période médiévale.

La différence artistique entre la tétrarchie et l'époque de Constantin n'est pas plus nette que la différence politique. Constantin devint le seul souverain en Occident après avoir battu le tétrarque Maxence, lors de la bataille du pont Milvius en 312 apr. J.-C. En revanche, il ne défia Licinius, qui avait pris le contrôle de l'Orient, qu'en 324 apr. J.-C. Deux traditions, donc, coexistaient : l'une était le prolongement et la confirmation explicite du système gouvernemental qui avait vu le jour avec la tétrarchie ; l'autre s'éloignait délibérément de ses

formes dures et compactes, mais sans rien perdre de l'autorité que les images tétrarchiques avaient si bien réussi à exprimer.

Monuments impériaux

L'ARC DE CONSTANTIN

L'arc de Constantin (ill. 12.1) est le monument public le plus accessible de cette période, et il présente lui aussi un mélange conflictuel de styles et de traditions. D'après l'inscription gravée, il fut érigé par le Sénat pour commémorer la victoire de Constantin sur l'usurpateur Maxence. La forme architecturale et les dimensions rappellent celles de l'arc de triomphe de Septime Sévère, situé à l'autre extrémité du Forum romain (voir ill. 9.6).

La disposition des sculptures est très différente, même si on peut lire sur les deux monuments le récit de campagnes militaires, que l'on ne peut d'ailleurs pas rattacher à des événements précis. Le programme sculptural de l'arc de Constantin est composé pour l'essentiel de panneaux empruntés à des monuments plus anciens, qui sont combinés avec une frise historique de petites dimensions relatant des événements contemporains : la lutte avec Maxence et l'instauration du gouvernement de Constantin à Rome. Les grands panneaux, qui à l'origine étaient associés à Hadrien, Trajan ou Marc Aurèle, pouvaient désormais se comprendre, avec la frise de Constantin, comme des idées générales liées aux succès ou aux qualités personnelles de cet empereur.

Lorsqu'on observe chacune des faces de l'arc de Constantin, les groupements, dans l'organisation de la décoration sculptée, deviennent apparents. L'inscription dédicatoire sur l'attique est flanquée de deux paires de panneaux encadrés qui illustrent les succès et l'activité militaire de l'empereur. Les reliefs

12.1 *Ci-contre, en haut à gauche :* Arc de Constantin, Rome. 312-315 apr. J.-C. Marbre. Hauteur : 21,34 m ; largeur : 26,11 m.

12.2 *Ci-contre, en bas à gauche :* Figure de Victoire, de l'arc de Constantin, Rome. 312-315 apr. J.-C. Marbre.

12.3 *Ci-contre, à droite :* Un Dace de l'époque de Trajan, sur l'attique de l'arc de Constantin, Rome. Début IIe siècle apr. J.-C. Marbre.

12.4 *Oratio* de Constantin, et les médaillons de l'époque d'Hadrien au-dessus, arc de Constantin, Rome. 312-315 apr. J.-C. Marbre. Hauteur de la frise : 1 m.

12.5 *Donatio* : l'empereur Constantin distribuant des dons, frise de l'arc de Constantin, Rome. 312-315 apr. J.-C. Marbre. Hauteur : 1 m.

réutilisés ici ornaient à l'origine un monument de Marc Aurèle. Ces éléments principaux sont séparés et encadrés par des figures de prisonniers daces debout, dans une attitude qui ressemble à celle que l'on voit sur les sarcophages ornés d'une scène de bataille (ill. 12.3).

Ces statues daces sont également des emprunts provenant d'un monument de Trajan. Elles sont debout sur des socles qui prolongent le cadre architectural jusqu'au niveau du sol. Les trois côtés du socle en longueur, à la base de l'arc, portent des décorations sculptées : à l'avant, des Victoires et, sur les côtés, d'autres prisonniers.

Des Victoires ornent les tympans de l'arc central (ill. 12.2), et des dieux fluviaux occupent les mêmes espaces au-dessus des petits arcs latéraux. Les Victoires sont des descendantes encore plus tardives de celles que l'on voit sur les arcs de Septime Sévère à Rome et à Leptis Magna (voir ill. 9.1 et 9.9). Ici, elles sont devenues plus planes et même, pourrait-on dire, inélégantes. Leur draperie flotte derrière elles dans ce qui semble au mieux une pâle imitation des modèles classiques. Mais ce sont quand même des femmes puissantes, chargées d'un symbolisme parfaitement clair, et, en ce sens, les sculpteurs se sont parfaitement acquittés de leur mission.

Le programme sculptural semble centré sur les espaces qui surmontent les arcs latéraux. En haut, ils reçoivent deux paires de grands médaillons à connotations classiques (voir ill. 7.36). Ils fonctionnent de la même manière que les panneaux de l'attique : ils font référence aux qualités abstraites à associer avec Constantin, à des vertus implicitement transmises par Hadrien (pour qui ils avaient été faits) à l'empereur régnant. De même, la scène de bataille et le couronnement de Trajan par la Victoire sur la frise qui se trouve sous l'arc (voir ill. 6.19) ont dû représenter, pour Constantin et ses contemporains, une sorte de victoire générique qui pouvait lui être attribuée aussi bien qu'à n'importe lequel de ses prédécesseurs.

Les emprunts de Constantin à des monuments antérieurs eurent une importante conséquence pratique. Ces reliefs, exposés au regard dans un cadre nouveau, rappelaient au public l'ancien style classique, et ils servirent de modèle au courant classicisant qui se prolongea à l'ère chrétienne, parallèlement à de nouveaux styles qui n'avaient, eux, rien de classique.

Sous les médaillons se trouvent deux longs panneaux étroits qui représentent les événements conduisant à la victoire de Constantin et ses premiers gestes officiels à Rome : l'*oratio* (ill. 12.4) et la *donatio* (ill. 12.5), qui prennent place tous deux sur le Forum romain. Le premier est un discours public qu'il prononça, et le second un don d'argent qu'il fit au peuple romain sur ses fonds personnels. Ces frises de petites dimensions représentent des événements contemporains, mais elles perpétuent des usages qui apparaissent souvent dans les reliefs historiques romains, bien établis tout au long de l'Empire.

Ces panneaux furent sans doute sculptés par des artistes d'ateliers locaux, probablement habitués à faire des sarcophages et d'autres reliefs sculptés pour la bourgeoisie romaine. Ils n'étaient certainement pas formés à la tradition classique des reliefs empruntés aux monuments du IIe siècle qui servirent à orner le même arc.

Dans la scène de l'*oratio*, Constantin est debout sur les rostres dans le Forum romain, ses ministres autour de lui. La tête a disparu. Les membres de la suite impériale vêtus d'une toge nous font face, mais la tête tournée de côté, soit pour regarder l'empereur soit, plus rarement, pour converser avec un voisin. À chaque extrémité de la plate-forme se trouve une statue assise, majestueuse, qui regarde droit devant elle. L'une est identifiée à Marc Aurèle et l'autre à Hadrien.

Sur le côté se tiennent deux rangées de Romains en tunique courte, l'une derrière l'autre, même si le mode de représentation les place l'une au-dessus de l'autre (ill. 12.7). On a également employé ici le procédé selon lequel, pour éviter l'uniformité, quelques têtes ne sont pas tournées vers le centre, qui retient malgré tout l'attention. Quelques enfants jouent ce même rôle de diversion, mais ils ne sont pas du tout aussi animés ou mêlés à l'action que leurs équivalents sur l'Ara pacis (voir ill. 3.26). La scène est spécifique au lieu (ill. 12.4) et montre, outre les rostres et le monument à cinq colonnes des tétrarques à l'arrière, trois autres monuments essentiels du forum : à gauche, on reconnaît la basilique Julia et l'arc de Tibère (aujourd'hui détruit) qui commémorait ses succès en Germanie ; à droite, l'arc de Septime Sévère.

Le relief représentant les largesses de Constantin, la *donatio*, est sans doute encore plus abstrait et

formel (ill. 12.5). Constantin est assis au centre, sur son trône, privé également de tête. Il est clair que, sculptée dans un morceau de marbre séparé (probablement de meilleure qualité), elle a dû tomber ou être enlevée plus tard. Ses ministres l'entourent, de nouveau sur deux rangs. Au-delà du groupe central, on voit quatre divisions, semblables à des fenêtres, avec des balustrades au niveau supérieur, à l'intérieur desquelles sont représentées de petites scènes où un homme distribue les dons tandis qu'un autre, avec un rouleau, tient les registres (ill. 12.8). Juste au-dessus, on aperçoit une rangée d'hommes debout, qui lèvent chacun une main et tournent la tête vers le haut pour regarder l'empereur. De jeunes

12.6 Paons, grappes de raisin et autres fruits, détail des mosaïques à Santa Costanza, Rome. Milieu IVᵉ siècle apr. J.-C.

12.7 *Ci-dessus :* Côté gauche de la frise de l'*oratio*, arc de Constantin, Rome. 312-315 apr. J.-C. Marbre.

12.8 *Ci-dessous : Donatio*, détail de l'extrême gauche, frise de l'arc de Constantin, Rome. 312-315 apr. J.-C. Marbre.

enfants ou des nouveau-nés sont disséminés ici et là. Ce sont des gens du peuple, les bénéficiaires de la générosité de Constantin.

Dans les deux frises, les têtes humaines ont un rôle essentiel. C'est seulement en les comptant qu'on peut lire le relief, et l'espace est défini par leur position, l'une derrière l'autre. Cet accent mis sur la tête préfigure l'icône byzantine, où l'importance accordée au visage est encore plus prononcée. On ne prête guère attention aux corps, souvent couverts d'une draperie aux rainures linéaires taillées en profondeur, qui dessinent un motif caractéristique, facile à lire même à cette petite échelle et à cette hauteur sur

l'arc. L'ensemble est traité sans volume, et les figures ne sont guère différentes les unes des autres. Le message est clair : les foules se tournent en signe d'adoration vers leur empereur qui, supérieur et triomphant, domine chacune des scènes.

LE SOCLE DE L'OBÉLISQUE DE THÉODOSE

Le socle sculpté commandé en 390 apr. J.-C. par Théodose pour porter l'obélisque égyptien de l'hippodrome de Constantinople (ill. 12.9) est un monument beaucoup plus tardif, où l'exigence formelle de frontalité est très évidente ; le schéma organisa-

12.9 Socle de l'obélisque de Théodose, Istanbul. Vers 390-393 apr. J.-C. Marbre. Hauteur : 4,2 m env.

tionnel relevé dans les petits panneaux de l'arc de Constantin est ici beaucoup plus exploité. Sur l'une des faces, on voit Théodose debout au balcon du pavillon impérial, tenant une couronne à la main. De part et d'autre du pavillon, des hommes tiennent des *mappae*, les serviettes qui servaient à donner le départ des courses. Ils sont placés plus bas que l'empereur, bien que l'échelle des différents corps soit la même.

La scène supérieure est située au-dessus de deux rangées de personnages, dont les têtes frontales répétées sont la caractéristique la plus marquante. Ils assistent à une cérémonie officielle, et tous les participants regardent de face vers l'extérieur. La forme des balcons et des couronnes donne une certaine indication sur le lieu et l'occasion. Le programme n'est pas sans ressembler à celui des petites frises de l'arc de Constantin, mais les individus sont plus arrondis, et sont moins des silhouettes découpées que sur l'arc ; en outre, la rangée du fond n'est pas aussi manifestement réduite à des têtes sans corps. L'ensemble de la scène a souffert des intempéries, qui ont probablement atténué cette frontalité rigoureuse.

Portraits

Pour illustrer l'importance que représentait, aux yeux de Constantin, la propagande par les images, aucun exemple n'est plus parlant que les fragments de sa colossale statue assise, installée dans l'abside à l'extrémité de la basilique de Constantin sur le Forum romain (voir p. 60 et 274, et ill. 12.10 et 12.12). Ses dimensions – plus de 9 mètres de haut – suffisaient à la rendre extrêmement impressionnante. La main placée à proximité de la tête, dans la cour du musée de Rome où elle est maintenant exposée, donne une bonne idée de ses proportions écrasantes.

Mais rien ne peut se comparer à la force psychologique qui émane de la tête colossale, de 2,6 mètres de haut (ill. 12.11). Les yeux immenses regardent vers le haut, accentués par les pupilles en forme de croissant, percés en profondeur. En outre, le traitement grandiose de traits particuliers, comme le nez imposant, et la simplification générale des formes, telle la chevelure qui ressemble à un bonnet, donnent encore davantage d'impact à la tête. Depuis Hadrien, c'était la première fois

qu'un empereur ne portait pas la barbe ; le visage glabre souligne la mâchoire puissante et ajoute du caractère aux contours lisses de l'ensemble. Cette tête est directement issue des statues cultuelles païennes, parfois très grandes, qui avaient un peu de cette expression distante que l'on voit ici. Cette

12.10 Tête et main de la statue colossale de Constantin, provenant de la basilique de Constantin, Rome. 313 apr. J.-C. Marbre. Hauteur de la tête : 2,6 m. Palazzo dei Conservatori, Rome.

non figurative, on peut cependant y reconnaître une représentation de l'empereur. Non seulement les yeux et le grand nez sont caractéristiques, mais aussi l'air distant et inaccessible du souverain.

Le portrait de Dogmatius (ill. 12.14), sénateur de rang consulaire sous Constantin, nous donne une idée de la perfection à laquelle pouvaient atteindre les sculpteurs du IVe siècle. La statue a sans doute été érigée après la mort de Dogmatius par son fils. L'intensité et l'intelligence qui émanent de cette tête évoquent celles que suggéraient les portraits des empereurs-soldats, et quoiqu'elle conserve un peu

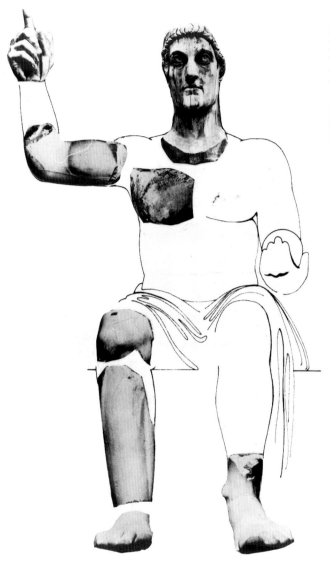

12.11 *Ci-contre :* Tête colossale de Constantin. Marbre. Hauteur : 2,6 m (la tête). Palazzo dei Conservatori, Rome.

12.12 *Ci-dessus :* Reconstitution par photomontage de la statue colossale de Constantin, basilique de Constantin, Rome.

12.13 Tête de Constantin. Vers 325 apr. J.-C. Marbre. Hauteur : 95,3 cm. Metropolitan Museum of Art, New York, legs de Mary Clark Thompson.

gigantesque statue dominait sans doute l'immense espace de la basilique.

Une tête de Constantin plus petite que la précédente, mais néanmoins bien plus grande que nature (ill. 12.13), illustre un genre de portrait beaucoup plus typique dans tout l'Empire. Impressionnante et

12.14 Portrait de Dogmatius. 326-333 apr. J.-C. Marbre. Hauteur : 21 cm (la tête). Museo Laterano, Rome.

Architecture

L'architecture sous Constantin était, comme la sculpture et les autres arts, dans une étape de transition entre ce que l'on considère comme romain et ce que l'on estime être byzantin – l'art chrétien qui s'est développé dans la partie orientale de l'Empire. Certains des anciens usages furent conservés, et Constantin s'appropria la basilique de Maxence ; mais un autre plan fut choisi pour l'ancienne basilique Saint-Pierre. Au lieu de voûtes, l'édifice avait un plafond en bois (ill. 12.15), et la nef était définie par des colonnes plutôt que par d'immenses piliers. L'accent était clairement mis sur l'axe longitudinal de l'édifice, en direction de l'autel, alors que la basilique de Maxence avait un second point d'attraction avec la niche en abside au milieu du mur nord (voir ill. 11.8).

12.15 Intérieur de l'ancienne basilique Saint-Pierre, Rome. Vers 320-330 apr. J.-C. Peinture murale du XVIe siècle d'après un dessin de Tiberio Alfarano. Musei Vaticani, Rome.

de l'abstraction caractéristique de la tétrarchie, ce portrait n'en est pas moins révélateur de la personnalité du modèle – beaucoup plus que ceux des tétrarques eux-mêmes, ou de Constantin d'après les deux portraits que nous venons d'observer. Les motifs qui forment la chevelure sont abstraits et formels, avec cette pointe dessinée au milieu du front ; les lignes que forment les sourcils, la bouche et la barbe sont extrêmement dures. L'ensemble de la tête est lui-même coupé au carré, jusqu'à ressembler à un bloc de pierre. Mais le regard, le nez, la forme de la bouche, et les marques des joues sont très personnalisés. L'expression autoritaire et les yeux intelligents et calculateurs nous en disent beaucoup sur le caractère de Dogmatius. C'est une merveilleuse combinaison d'abstraction et d'individualité, certainement sculptée par l'un des grands maîtres de la Rome constantinienne.

12.16 Intérieur de la basilique de Trèves. Vers 310 apr. J.-C. Brique. Hauteur : 30,5 m.

Une génération environ après que Trèves eut été établie comme la capitale la plus septentrionale de l'Empire romain, une basilique constantinienne y fut construite selon un plan encore différent (ill. 12.16). Au lieu de voûtes colossales comme dans la basilique de Maxence (voir ill. 11.9), cet édifice a un plafond en bois et un toit sur charpente. Et si la basilique romaine plus ancienne avait trois immenses travées voûtées de chaque côté de la nef principale, la basilique de Trèves a un seul espace intérieur rectangulaire, marqué par un arc à l'extrémité, avec une abside derrière celui-ci. Elle est elle aussi très grande, mesurant 100 pieds romains sur 200 (soit 29 mètres sur 58 mètres), pour une hauteur de plus de 30 mètres. D'une partie de l'édifice à l'autre la vue n'était obstruée ni par des piliers ni par des colonnes.

Les murs de la basilique de Trèves sont percés de deux rangées de fenêtres cintrées (ill. 12.17). Celles de l'abside sont légèrement plus petites, et la rangée supérieure de fenêtres est placée plus bas que les fenêtres de la nef, d'où l'impression que l'édifice est plus long et plus grand qu'il ne l'est en réalité. Aujourd'hui, il n'y a plus de décoration, et il ne reste que l'espace austère, les murs et la lumière ; mais à l'époque romaine, les murs et le sol étaient incrustés de marbre, et peut-être existait-il des pilastres et d'autres décorations.

12.17 Extérieur de la basilique de Trèves. Vers 310 apr. J.-C. Brique.

12.18 Basilique de Trèves, reconstitution.

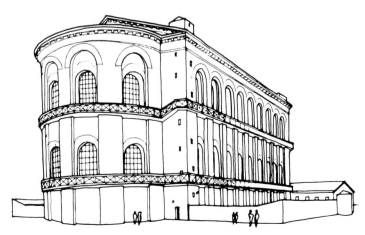

À l'extérieur, les seuls éléments que l'on voit aujourd'hui sont les fenêtres, et les imposants arcs aveugles, hauts et étroits, qui sont articulés dans le mur de brique. Les côtés de l'édifice sont très dépouillés et sans décoration, à l'exception des arcs, d'une force considérable. Mais on peut imaginer ces murs couverts d'un stuc rosâtre, dont il reste des traces ; par ailleurs, des galeries se trouvaient aux niveaux inférieurs des deux rangées de fenêtres (ill. 12.18).

La basilique de Trèves faisait partie du palais achevé par Constantin, et était peut-être la salle d'audience impériale, ou la salle de réception des invités de marque. C'est un important jalon dans l'histoire de l'architecture, à la fois en raison de l'immense espace d'un seul tenant, mais aussi de l'extérieur dépouillé avec les arcs aveugles dont le rôle est essentiel. On pressent ici l'évolution vers l'architecture romane du Moyen Âge.

12.19 Intérieur de Santa Costanza, Rome. Milieu IVe siècle apr. J.-C. Voûtes en brique, colonnes en granite, chapiteaux en marbre.

Autre édifice important de cette époque : le mausolée construit vers le milieu du IVe siècle pour Constance, la fille de Constantin (ill. 12.19). Bâti aux abords de Rome, il fut ensuite transformé en l'église Santa Costanza. Le plan s'inscrit dans la tradition du tombeau circulaire, comme celui d'Auguste (voir ill. 3.4), et préfigure les églises à plan central ; mais la disposition intérieure est d'une admirable originalité. L'architecture donne l'impression d'une colonne de lumière et d'air à deux niveaux, qui semble soutenue par une colonnade en forme de roue, faite de paires de colonnes, disposées radialement et reliées par le même bloc qui porte les arcs.

Cette disposition sépare bien l'espace central couvert du dôme de l'anneau voûté, plus sombre mais richement décoré, dans le déambulatoire qui l'entoure, où une grande partie de la décoration d'origine en mosaïque est préservée. Les mosaïques ont un fond clair, sur lequel sont présentés des scènes de vendanges et de magnifiques ornements floraux (ill. 12.6). Bien que conçue dans un contexte chrétien pour la fille du premier empereur chrétien l'iconographie elle-même, à la fois dans les mosaïques des voûtes et sur son sarcophage (ill. 12.26), est païenne. On n'a pas tenté ici de donner une impression d'espace tridimensionnel ou de récit cohérent, mais l'effet décoratif à plat demeure inégalé.

L'édifice qu'on appelle depuis le XVIIe siècle le temple de Minerva Medica (ill. 12.20 et 12.21) témoigne d'un goût constant pour la couverture en dôme. Ce n'était en fait pas un temple, mais un *nymphaeum*, une construction élevée autour d'une fontaine et placée dans un jardin. Dans son dessein et dans sa forme, il était comparable au vestibule de la Piazza d'Oro à Tivoli (voir ill. 7.4). Ses ruines ont toujours suscité un certain intérêt, en raison de la construction et de la conception du dôme, qui était la caractéristique essentielle de cet édifice. Les nervures en brique, toujours apparentes dans ce qui subsiste aujourd'hui du dôme, apparaissaient encore plus clairement dans les illustrations plus anciennes (ill. 12.22), réalisées lorsque le dôme était moins endommagé.

Le plan d'origine était une seule salle couverte d'un dôme, faite de dix piliers disposés en un cercle d'environ 18 mètres de diamètre. Au niveau du sol, les ouvertures entre les piliers formaient des niches

12.20 « Temple de Minerva Medica », Rome.
Début IVᵉ siècle apr. J.-C. Brique.

12.21 Plan du « Temple de Minerva Medica », Rome.
Début IVᵉ siècle apr. J.-C.

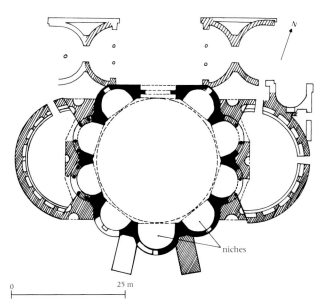

niches

0   25 m

12.22 « Temple de Minerva Medica », Rome,
tel qu'il apparaissait au XVIIIᵉ siècle. Dessin de F. I. Kobell,
1780. Graphische Sammlung, Munich.

profondes, qui donnaient encore plus d'ampleur à l'ensemble. Cette impression d'espace était accentuée par les colonnes qui remplaçaient le mur continu dans deux paires de niches latérales. Les fenêtres du mur au niveau supérieur, au-dessus de l'avant des niches, apportaient un surcroît de lumière.

Ce plan audacieux succomba aux pressions exercées par le dôme, et il fallut bientôt ajouter des arcs-boutants au sud. Des cours supplémentaires sur les côtés furent rattachées par la suite, peut-être pour étayer l'espace central. Elles se sont effondrées, mais une partie du centre est encore debout.

Un quartier résidentiel et ses peintures

Après avoir examiné un certain nombre d'édifices impériaux de l'époque constantinienne, nous allons nous intéresser à un quartier résidentiel récemment mis au jour à Éphèse. Ce remarquable ensemble de bâtiments est connu sous le nom allemand de *Hanghäuser*, ou maisons suspendues, car les différentes unités semblent suspendues à la colline sur laquelle elles sont construites, près du centre-ville (ill. 12.23). Des ruelles étroites séparent les groupes de maisons les uns des autres, mais beaucoup de ces maisons ont des murs contigus, comme les immeubles modernes.

De nombreuses peintures murales bien préservées, datant du Iᵉʳ au Vᵉ siècle apr. J.-C., ornent les intérieurs de ces maisons. Elles sont précieuses pour notre connaissance de la peinture murale romaine tardive, éclipsée par les nombreux exemples préservés à Pompéi et dans d'autres sites des environs de Naples. Les maisons furent occupées sur une plus longue période, si bien qu'on peut suivre les changements de style dans les différentes couches de plâtre peint superposées (ill. 12.24). Dans certains cas, l'ancienne surface peinte a été méthodiquement écaillée afin que la nouvelle couche de plâtre adhère bien.

12.24 Plusieurs couches de plâtre peint avec différentes décorations, maisons suspendues, Éphèse.

12.23 Maisons suspendues à Éphèse, maquette. Fouilles autrichiennes, Éphèse.

Bien qu'il y ait des différences de conception et de technique dans certaines pièces ou bâtiments, on est frappé par la présence constante de cadres rectangulaires. Ils sont généralement dessinés en rouge et rappellent les formes étranges du troisième style pompéien. Ces exemples plus tardifs montrent que les conceptions architecturales d'origine et le schéma romain de base pour la décoration des murs des maisons se perpétuèrent, fût-ce sous une forme un peu atténuée. À l'époque de Constantin, on note un retour à la représentation détaillée d'éléments architecturaux, devenus apparemment une fin en soi (ill. 12.25). Bien qu'ils créent d'élégants cadres, ils n'encadrent rien sinon une surface de couleur unie. On ne cherchait pas l'illusion de profondeur, bien que certaines indications de lumière tombent sur les colonnes et créent des ombres et une impression de

12.25 Motifs architecturaux peints sur les maisons suspendues, Éphèse. Début IVe siècle apr. J.-C. Peinture murale.

réalité. L'effet global est celui d'une surface plane, même si les détails apparaissent très nettement. On a ainsi tenté de rendre les rainures et les anneaux des socles des colonnes de même que les cannelures avec des contours rouge brun, des bandes grises adjacentes indiquant les ombres et donnant une impression de volume.

L'objectif essentiel de l'artiste semble avoir été d'indiquer la composition du mur et de ses panneaux, bien que la tension première entre la surface réelle du mur et la représentation qui y figure ait été maintenue. La colonnade en plâtre peint, encadrant une série de panneaux clairs et foncés alternés, apparemment faits de marbres de couleurs différentes découpés en de complexes motifs décoratifs, repose sur une bordure en marbre véritable.

Sarcophages

L'emploi de motifs évoquant le paradis et la vie éternelle est l'un des domaines où les traditions des mondes païen et chrétien se sont mêlées facilement. Les scènes avec Dionysos et des cupidons qui vendangent, comme on en voit dans les mosaïques du plafond du mausolée de Constance, continuèrent d'être appréciées sur les sarcophages. On les retrouve du reste sur l'immense sarcophage en porphyre de Constance (ill. 12.26), placé à l'origine en face de l'entrée de son mausolée circulaire. Ici, au milieu d'un pied de vigne sinueux et de ses rameaux, des cupidons actionnent les presses et préparent le vin. Des paons et un mouton, symboles d'éternité et de l'assemblée des fidèles, complètent l'iconographie du premier plan. Ce qui au départ était un sujet païen associé à Dionysos se transforme donc ici en une imagerie chrétienne.

L'un des plus importants sarcophages des débuts du christianisme est celui de Junius Bassus, préfet de la ville de Rome et ancien consul (ill. 12.27).

12.26 Sarcophage de Constance. Vers 350 apr. J.-C. Porphyre. Hauteur : 2,26 m. Musei Vaticani, Rome.

12.27 Sarcophage de Junius Bassus. Vers 359 apr. J.-C. Marbre. Hauteur : 1,18 m ; longueur : 2,44 m. Museo Laterano, Rome.

L'inscription qui figure sur le sarcophage l'identifie et précise qu'il est mort en 359 apr. J.-C. L'œuvre fut donc sculptée peu de temps après que Constantin eut déclaré le christianisme légal, et à l'époque où commençait à se définir l'imagerie chrétienne publique.

De nombreux éléments romains figurent dans l'iconographie pourtant plus chrétienne que païenne. Les scènes, empruntées à l'Ancien et au Nouveau Testament, sont les suivantes, de gauche à droite. Niveau supérieur : le sacrifice d'Isaac, l'arrestation de Pierre, le Christ en majesté entre saint Pierre et saint Paul, et, occupant deux travées, Jésus traduit devant Pilate. Niveau inférieur : Job sur son tas de fumier, Adam et Ève, l'entrée dans Jérusalem, Daniel dans la fosse aux lions, et saint Paul conduit au martyre. L'artiste a pris soin d'équilibrer ses récits, tant sur le plan thématique que dans la composition, si bien que les martyrs occupent des places équivalentes à gauche et à droite. Certains de ces sujets, comme Job sur son tas de fumier, ne furent pas beaucoup exploités plus tard, mais ce choix prouve un intérêt pour le salut à travers les récits bibliques, de la même manière que les sarcophages païens utilisaient des récits mythologiques pour évoquer le salut.

Pourquoi, dans ce cas, inclure cette œuvre dans un livre sur l'art romain ? Parce que, à bien des égards, elle relève encore de l'art romain. Le langage architectural est celui de l'architecture romaine et des sarcophages païens de type asiatique (voir ill. 7.40). Chaque scène, placée dans un pavillon, est séparée de sa voisine par une petite colonne corinthienne, sculptée de volutes ou de cannelures en spirale. Le groupe supérieur est surmonté d'un entablement droit, mais au niveau inférieur, des arcs tour à tour cintrés et en fronton coiffent chaque scène. Les figures sont souvent presque détachées du fond, et entourées de végétation, comme dans certains sarcophages des Saisons (voir ill. 9.32). Elles sont vêtues de toges romaines, et les visages sont également de type romain.

Une partie de l'iconographie est d'ailleurs empruntée aux modèles classiques. Le Christ en majesté, tourné vers l'extérieur dans une pose frontale et entouré d'autres personnages, est apparenté aux représentations de Constantin lui-même (ill. 12.5). L'entrée dans Jérusalem pourrait être comparée à la grandiose sculpture représentant Marc Aurèle devant ses ennemis vaincus (voir ill. 8.20). La représentation allégorique des cieux sous les pieds du Christ en majesté, dans le haut du panneau central, est un autre détail pris au classique. Nous avions déjà vu cette figure sur le pectoral de l'Auguste de Prima Porta (voir ill. 0.5), et, d'une certaine manière, la boucle est bouclée, du début de l'Empire romain jusqu'à sa fin.

Objets de luxe

La période romaine tardive nous a laissé des œuvres précieuses dans le domaine des arts du métal ; certaines furent trouvées dans leurs caches d'origine, surtout en Grande-Bretagne et en Allemagne, d'autres furent préservées dans les trésors des églises ou des cathédrales de tout l'Empire. Leur nombre est peut-être dû aux hasards qui ont permis à ces objets précieux de survivre, cachés au moment où le désastre menaçait ; mais il faut aussi tenir compte du besoin de nouveaux types d'objets liturgiques, ou du moins de nouvelles exigences de solennité imposées par le patronage impérial et les fondations de l'Église.

Les plats ou plateaux en argent, parfois de très grandes dimensions et ornés de complexes motifs en relief, sont fréquents. On a ainsi mis au jour, à Mildenhall, en Angleterre, un grand plat, avec plusieurs autres objets en argent, dont certains avaient des connotations chrétiennes (sur cette découverte, voir bibliographie, p. 312, le récit de Roald Dahl). Le plat est orné de scènes bachiques (dionysiaques)

12.28 Théodose Ier, Valentinien II et Arcadius, sur un plat cérémoniel provenant d'Istanbul (?). 388 apr. J.-C. Argent. Diamètre : 73,6 cm env. Real Academia de la historia, Madrid.

12.29 Grand plat provenant de Mildenhall. Milieu IVe siècle apr. J.-C. Argent. Diamètre : 61 cm env. British Museum, Londres.

12.30 Bacchus, Silène, un satyre dansant et une ménade, détail de l'extérieur du plat de Mildenhall. Milieu IVe siècle apr. J.-C. Argent. British Museum, Londres.

12.31 Hercule ivre soutenu par des satyres, détail de l'extérieur du plat de Mildenhall. Milieu IVe siècle apr. J.-C. Argent. British Museum, Londres.

disposées en plusieurs registres concentriques (ill. 12.29). Le thème est païen et traditionnel, et l'esprit semble nous ramener à des modèles beaucoup plus anciens. Les courbes fluides de la draperie des ménades et les ombres accentuées dans le bas de la robe évoquent la peinture plutôt que l'orfèvrerie (ill. 12.30). Le raccourcissement marqué du bras gauche d'Hercule ivre, soutenu par deux jeunes satyres (ill. 12.31), est original, de même que le rendu de sa cape en peau de lion. Toutes les figures témoignent d'une grande sensibilité dans le modelé des plis et des muscles au sein de contours très précis.

Un autre plat en argent (ill. 12.28), trouvé en Espagne, et daté précisément par son inscription faite à l'occasion du dixième anniversaire du règne de Théodose Ier (388 apr. J.-C.), est décoré dans un style beaucoup plus sévère et formel. Il s'assimile davantage aux grands reliefs impériaux ou à l'art officiel de la monnaie, à la fois par le sujet et par la présentation, qu'à des objets privés comme le plat de Mildenhall. L'empereur est assis au centre d'une porte monumentale pourvue d'un fronton en arc, qui ressemble à l'entrée des appartements de l'empereur dans le palais de Dioclétien (voir ill. 11.4). Il est entouré des deux hommes avec qui il partageait le pouvoir, Valentinien II et Arcadius (son fils), assis dans les ouvertures plus petites de part et d'autre, et qui sont à leur tour flanqués de membres de la garde impériale. Tous deux tiennent des globes qui symbolisent leur pouvoir séculier, tandis que Théodose s'adresse solennellement à l'un de ses dignitaires, représenté à une échelle beaucoup plus petite, comme il convient à son rang inférieur. Les deux coempereurs sont eux aussi un peu plus petits, puisqu'ils sont plus jeunes. Les poses sont celles qui apparaissaient sur les pièces de monnaie romaines tardives, même si les pieds et les repose-pieds se rattachent quelque peu à la tradition picturale naturaliste.

Plusieurs plaques d'ivoire rectangulaires de la fin du IVe siècle apr. J.-C., qu'on appelle diptyques, illustrent encore les formes classiques et les sujets païens. L'un de ces panneaux (ill. 12.32) montre une prêtresse qui répand de l'encens au-dessus d'un petit feu sur un autel, tandis qu'un enfant offre des fruits et une boisson dans une coupe à deux anses. La cérémonie a été associée à Bacchus, car les deux figures sont coiffées de couronnes de lierre.

12.32 Prêtresse répandant de l'encens sur un autel. Diptyque des Symmachi. 388-401 apr. J.-C. Ivoire. Hauteur : 29 cm ; largeur : 12,2 cm. Victoria and Albert Museum, Londres.

La sculpture illustre le mélange de deux traditions artistiques distinctes. L'autel est représenté de biais, ce qui donne une certaine profondeur, mais les détails de la guirlande sont plats. Il est fondé sur un motif qui était traditionnel pour les autels, comme on le voit à l'ill. 8.34, et qui apparaissait également sur les sarcophages (voir ill. 3.21). La draperie révèle en revanche un modelé délicat, et rappelle les monuments bien connus comme l'Ara pacis (voir ill. 3.26) ou la frise du Parthénon (voir ill. 3.27), même si le traitement illogique de certains détails anatomiques, telle l'épaule de l'enfant ou la jambe droite de la prêtresse, est conforme au goût d'alors.

On peut déterminer la date de plusieurs diptyques parce qu'ils sont souvent marqués du nom de famille et consignent un mariage dynastique ou l'occupation d'un consulat. Celui-ci témoigne d'une alliance de la famille Symmachus avec celle des Nichomachi (le panneau qui fait pendant est conservé à Paris). D'un point de vue social, l'œuvre est intéressante car elle révèle le goût des familles de l'élite romaine à cette époque pour l'art classique, et semble indiquer qu'elles résistaient à la foi chrétienne qu'on leur imposait.

Ces trois exemples de la même époque environ, à peu près un demi-siècle après la mort de Constantin, témoignent des constantes divergences entre les exigences officielles et formelles des commémorations et célébrations impériales, et l'attachement traditionnel des classes cultivées, dans leur vie privée, aux formes naturalistes associées à la tradition classique. Ce n'est certainement pas un hasard si plusieurs autres objets de luxe comportent des sujets classiques, ni si les premiers manuscrits illustrés d'Homère et de Virgile remontent à cette époque.

Conclusion

L'époque constantinienne et le déplacement de la capitale n'impliquent pas en eux-mêmes la fin de l'art romain ; les habitants de Constantinople se considérèrent comme romains, et donc comme les gardiens et les adeptes véritables de l'art romain, pendant plusieurs siècles. C'est cependant ici qu'il convient de clore notre étude, car cette période représente à la fois un apogée et un commencement : les derniers flamboiements de l'Empire païen et les prémices de l'État chrétien de Byzance. Constantin rendit possible le mélange des deux traditions et mêla leur iconographie pour les temps à venir, de la même manière qu'Auguste avait puisé aux traditions anciennes italiennes et grecques pour définir le style de son époque et des siècles suivants.

La phase ultime de l'art romain est indissociablement liée à l'attitude religieuse des empereurs successifs, qui reconnurent et encouragèrent le christianisme, lequel devint la foi naturelle et incontestée de la maison impériale. Mais cette acceptation ne fut ni immédiate ni totale. Constantin avait habilement tiré parti de la force de la foi chrétienne à des fins politiques, mais, plus tard, l'empereur Julien (360-363 apr. J.-C.), par exemple, essaiera de revenir aux traditions païennes et d'abolir tous les changements récents.

En même temps qu'au triomphe politique du christianisme, on assiste aux débuts de la prédominance de l'art qu'il inspire à l'Est et à l'Ouest : toutes les images ou presque furent intimement liées à la religion. Au IVe siècle, cette emprise n'était pas encore totale, et les images restaient étroitement tributaires des traditions de l'art païen dans tous les domaines. Une grande partie de l'iconographie ne doit pas être considérée comme surtout païenne, mais plutôt comme impériale.

À bien des égards, l'art des époques impériales antérieures a eu plus d'incidence sur l'art européen que celui de l'époque constantinienne, ou celui de Byzance. Les auteurs et les artistes de la Renaissance furent plus attirés par les formes classiques ou hellénistiques qui avaient les faveurs des débuts de l'Empire, et dont ils admiraient davantage la beauté. Les nouvelles découvertes ou l'étude attentive des monuments existants sont présents dans d'innombrables exemples de l'œuvre des « maîtres anciens » de la peinture ou de la sculpture, et la fascination qu'exerçaient les œuvres de l'Antiquité est palpable. Toute la tradition de l'art européen depuis la Renaissance repose sur l'art romain. Aujourd'hui encore, après avoir été délibérément rejetés par certaines écoles, les chefs-d'œuvre de l'art et de l'architecture romains continuent d'être une source d'inspiration à un point que leurs créateurs n'auraient jamais pu imaginer.

Empereurs romains

Les principaux empereurs romains, et les empereurs cités dans le texte, avec les dates de leur règne :

27 av. J.C.-14 apr. J.-C.	Auguste
14-37 apr. J.-C.	Tibère
37-41 apr. J.-C.	Gaius (Caligula)
41-54 apr. J.-C.	Claude
54-68 apr. J.-C.	Néron
69-79 apr. J.-C.	Vespasien
79-81 apr. J.-C.	Titus
81-96 apr. J.-C.	Domitien
96-98 apr. J.-C.	Nerva
98-117 apr. J.-C.	Trajan
117-138 apr. J.-C.	Hadrien
138-161 apr. J.-C.	Antonin le Pieux
161-180 apr. J.-C.	Marc Aurèle
161-169 apr. J.-C.	Lucius Verus
180-192 apr. J.-C.	Commode
193-211 apr. J.-C.	Septime Sévère
211-217 apr. J.-C.	Caracalla
222-235 apr. J.-C.	Alexandre Sévère
235-238 apr. J.-C.	Maximin le Thrace
238 apr. J.-C.	Balbin
244-249 apr. J.-C.	Philippe l'Arabe
253-268 apr. J.-C.	Gallien
270-275 apr. J.-C.	Aurélien
284-305 apr. J.-C.	Dioclétien
286-305 apr. J.-C.	Maximien
305-306 apr. J.-C.	Constance Chlore
305-311 apr. J.-C.	Galère
306-312 apr. J.-C.	Maxence
307-324 apr. J.-C.	Licinius
306-337 apr. J.-C.	Constantin Ier le Grand
379-395 apr. J.-C.	Théodose Ier

Auteurs anciens

Les auteurs anciens suivants sont cités dans le texte.

CICÉRON : Le plus célèbre orateur et homme politique du Ier siècle av. J.-C.

DENYS D'HALICARNASSE : Auteur grec de l'époque d'Auguste, célèbre surtout pour ses *Antiquités romaines*.

HÉRODOTE : Historien grec dont le principal sujet fut les guerres perses, mais qui consigna de nombreux détails historiques sur les cultures antérieures et voisines telle celle des Lydiens.

HOMÈRE : Le plus célèbre poète épique grec, auteur de *L'Iliade* et de *L'Odyssée*.

TITE-LIVE : Auteur d'une histoire de Rome de la fondation de la ville jusqu'à l'époque d'Auguste.

PLINE L'ANCIEN : Auteur de l'*Histoire naturelle*, une encyclopédie couvrant de nombreux domaines. Commandant de la flotte à Misène, il mourut en 79 apr. J.-C. à Pompéi. Oncle de Pline le Jeune.

PLINE LE JEUNE : Administrateur à l'époque de Trajan, connu surtout pour ses lettres.

PLUTARQUE : Philosophe grec et auteur de biographies qui vécut au début de l'Empire. Ses *Vies parallèles* sont une source importante pour connaître l'histoire et le caractère de nombreux grands hommes grecs et romains.

POLYBE : Homme politique et historien grec du IIe siècle av. J.-C., qui fut emmené à Rome. Son *Histoire* couvre la remarquable expansion de Rome aux IIe et IIIe siècles av. J.-C.

SUÉTONE : Auteur des *Vies des douze Césars*, qui est une importante source de détails personnels, pas toujours fiables, sur les premiers empereurs. Il écrivit à l'époque de Trajan et d'Hadrien.

VIRGILE : Poète épique de l'époque d'Auguste, auteur de *L'Énéide*.

VITRUVE : Architecte de l'époque d'Auguste, qui écrivit un traité d'architecture et donna les définitions de nombreux termes architecturaux grecs.

Glossaire

ABSIDE Espace semi-circulaire ou polygonal, généralement situé à l'extrémité d'une salle ou d'une basilique.

ACANTHE Plante à larges feuilles avec de nombreuses épines, qui sert de motif décoratif sur les chapiteaux corinthiens et les reliefs.

ACROLITHE Statue dont la tête, parfois les mains et les pieds, sont en pierre ou en marbre, le corps étant d'une autre matière, souvent en bois.

ACROTÈRE Ornement au sommet du fronton et aux angles du toit d'un temple.

ADLOCUTIO Discours officiel, souvent prononcé par un empereur à l'adresse de ses troupes.

ADVENTUS Arrivée officielle d'un empereur ou d'un général, avec toute la solennité voulue.

AFFRANCHI Esclave émancipé. Les affranchis devinrent souvent des hommes riches et des figures importantes à l'époque impériale.

ÂGE DU FER La période entre 1000 av. J.-C. et 700 av. J.-C. où se répandit l'usage du fer.

AGRÉGAT Matériau généralement formé de sable, de gravier ou de pierre concassée qui, mélangé au pouzzolane forme le béton.

ALA Aile ou côté d'une maison ou d'un temple.

ALIMENTARIA Coutume consistant à distribuer de la nourriture au peuple, souvent sur les deniers personnels de l'empereur.

APOTHÉOSE Cérémonie de déification après sa mort d'un grand personnage (souvent un empereur), lequel est représenté transporté vers le ciel.

ARA Autel. Le mot est souvent utilisé pour l'enceinte cérémonielle, ainsi que pour la pierre sacrificielle elle-même.

ARCHITRAVE Élément architectural horizontal au-dessus des colonnes dans un temple classique.

ARX Citadelle. À Rome, l'Arx était la partie fortifiée du Capitole.

ATRIUM Cour centrale d'une maison romaine traditionnelle.

ATTIQUE Partie supérieure d'un arc de triomphe.

AUGUSTE Titre d'empereur. Le nom fut adopté à l'origine par Octave, mais il servit ensuite pour tous les empereurs régnants.

AUREUS Pièce d'or romaine d'environ 2 centimètres de diamètre.

BARBARES Peuples étrangers, considérés comme moins civilisés que les Romains.

BAROQUE Terme emprunté à l'art du XVIIe siècle, appliqué à l'ornementation élaborée conçue comme une fin en soi, en particulier sur les façades.

BASILIQUE Terme désignant des bâtiments en forme de halle, abritant des services administratifs et servant de lieux de rassemblement public.

BUCCHERO Poterie noire polie faite par les Étrusques, en particulier aux VIIe et VIe siècles av. J.-C.

CAISSONS Compartiments creux dans le plafond de monuments architecturaux et d'arcs de triomphe, utilisés pour réduire la masse de la voûte.

CALDARIUM Étuve, dans les thermes romains.

CANNELURES Sillons verticaux sur les colonnes. Les cannelures doriques sont peu profondes et forment des arêtes vives. Les cannelures ioniques et corinthiennes sont séparées par un rebord plat.

CAPITOLIUM Le principal temple dans les colonies romaines, qui doit son nom aux divinités vénérées sur le Capitole à Rome (Jupiter, Junon et Minerve).

CARDO Nom d'une rue orientée nord-sud dans le système de grille rectangulaire de l'urbanisme romain. Le mot est souvent utilisé dans un sens plus large pour la principale rue nord-sud (voir *decumanus*).

CARYATIDE Figure féminine servant de manche de miroir, par exemple, ou de colonne.

CASTRUM Camp. Désigne le plan rectangulaire des colonies romaines qui adoptaient cette disposition.

CAVEA Espace creux et arrondi dans un théâtre où étaient placés les sièges.

CELLA Salle intérieure d'un temple, abritant généralement la statue cultuelle.

CÉSAR Titre utilisé par la famille impériale. C'était à l'origine le nom de famille de Jules César, mais il désigna ensuite un fils ou un prétendant plus jeune destiné au trône impérial.

CHAPITEAU Partie supérieure, évasée, d'une colonne, servant de transition entre le fût et les éléments horizontaux de l'architrave.

CHIMÈRE Animal mythique ayant l'apparence d'un lion crachant le feu, avec une tête de bouc (qui lui poussait généralement dans le dos) et une tête de serpent (généralement à la pointe de la queue).

CLAIR-OBSCUR Utilisation de l'ombre et de la lumière pour créer l'illusion de volume dans la peinture ou la sculpture.

COLOMBARIUM Tombeau collectif avec de nombreuses niches destinées à recevoir des urnes cinéraires, qui doit son nom à sa ressemblance avec un pigeonnier.

COLONNADE Rangée de colonnes entourant un temple ou dressée en tant qu'élément architectural indépendant.

COLONNES ENGAGÉES Demi-colonnes saillantes sur un mur qui donnent l'impression d'une colonnade fermée.

COMPOSITE Voir ill. 3.8, p. 92, « Les cinq ordres d'architecture ».

CONSULS Les deux principaux administrateurs de l'état romain à la période républicaine. Ils étaient élus tous les ans. La charge continua d'exister sous l'Empire, mais devint purement honorifique.

CORINTHIEN Voir ill. 3.8, p. 92, « Les cinq ordres d'architecture ».

COUPOLE Voûte sphérique d'un dôme.

DACES Peuple dont la patrie était située du côté nord du Danube inférieur, et qui équivalait à peu près à la Roumanie moderne. Ce sont les ennemis représentés sur les reliefs de la colonne Trajane.

DAMNATIO MEMORIAE Décret du Sénat condamnant la conduite d'un individu et ordonnant que toutes les images et tous les documents qui lui font référence soient détruits ou effacés.

DECUMANUS Rue est-ouest dans le plan en grille des villes romaines. Désigne souvent le *decumanus maximus*, principale artère est-ouest (voir *cardo*).

DENIER Pièce d'argent romaine la plus répandue, d'environ 2 centimètres de diamètre.

DICTATEUR Homme investi de pouvoirs d'exception à une époque de crise, pour restaurer le gouvernement ou défendre l'État. N'a pas la connotation péjorative de son équivalent moderne.

DOMUS Maison de ville d'une famille unique, par opposition à la villa, la maison de campagne.

DORIQUE Voir ill. 3.8, p. 92, « Les cinq ordres d'architecture ».

ÉDICULE Petit pavillon à fronton faisant partie d'une façade. Souvent utilisé pour les toiles de fond de théâtre, ou pour encadrer des figures sur un sarcophage.

EMBLÈME Motif central d'une mosaïque ; souvent mis en valeur par un cadre, et mieux exécuté que le fond.

ENCAUSTIQUE Technique de peinture utilisant de la cire fondue pour délayer les couleurs.

ENTABLEMENT Éléments architecturaux supérieurs d'un temple, au-dessus des colonnes.

EXÈDRE Grand espace courbe dans un mur ou une colonnade. Généralement découvert, et plus grand qu'une abside.

FASCES Faisceaux de haches et de cannes portées par la suite des hauts magistrats, indiquant leur pouvoir de condamner à des châtiments corporels ou à la peine capitale.

FAUNE Jeune homme portant oreilles et queue de bouc, qui suit le dieu du vin, Bacchus.

FIBULE Agrafe ou broche fermant ou retenant un vêtement.

FORUM Place publique d'une ville romaine ; servant à l'origine de marché, il devint le centre des activités politiques et administratives.

FRIGIDARIUM Bain froid dans les thermes romains.

FRISE Partie de l'entablement entre l'architrave et la corniche dans un temple classique, souvent orné de figures sculptées ou d'ornements floraux. Le mot est également utilisé pour toute décoration disposée en bande horizontale.

FURIE Personnification féminine de la vengeance, qui poursuivait les criminels, en particulier les assassins qui tuaient des membres de leur propre famille.

GRANULATION Décoration d'objets en or avec de petits grains d'or répartis à la surface en motifs décoratifs élaborés.

GROTESQUES Figures peintes (surtout des créatures imaginaires) copiées ou adaptées à la Renaissance à partir des murs des édifices romains anciens qui étaient des « grottes » souterraines à l'époque.

HELLÉNISTIQUE Période de l'art et de la politique grecs entre la mort d'Alexandre le Grand (323 av. J.-C.) et l'établissement d'un gouvernement romain en Grèce et en Asie Mineure au Ier siècle apr. J.-C.

HIPPODROME Espace aménagé en Grèce pour les courses de chars ; l'équivalent latin est le Cirque.

IMPASTO Poterie grisâtre épaisse faite par de nombreuses communautés de l'âge du fer en Italie.

IMPLUVIUM Petit bassin qui recueille l'eau de pluie entrant par l'ouverture dans le toit, au milieu de l'atrium dans une maison romaine.

INSULA « Îlot » d'habitations dans une ville romaine. Le mot signifie littéralement « île ».

IONIQUE Voir ill. 3.8, p. 92, « Les cinq ordres d'architecture ».

KOUROS Type de statue grecque du VIe siècle av. J.-C. représentant un jeune homme debout, généralement nu.

LAMBRIS Revêtement d'un mur, parfois jusqu'à hauteur de ceinture, souvent orné de motifs imitant différents types de pierre.

LATIUM Région au sud et à l'est de Rome. Patrie des tribus latines.

MAPPA Serviette servant à donner le départ de courses.

MÉNADE Prêtresse de Dionysos, souvent représentée jouant des cymbales ou des castagnettes dans des danses extatiques.

MUNICIPIUM Ville dont les habitants avaient la citoyenneté romaine, mais qui suivaient générale-ment leurs propres lois.

NÉOCLASSIQUE Désigne généralement un mouve-ment artistique des XVIIIe et XIXe siècles qui imite l'art grec et romain.

NÉOPLATONISME Doctrine née d'un regain d'in-térêt pour la philosophie de Platon au IIIe siècle apr. J.-C.

NÉRÉIDE L'une des filles de Nérée. C'est également un terme générique pour désigner les nymphes marines.

NYMPHÉE Grotte naturelle ou artificielle d'où jaillis-sait une fontaine, dans l'architecture romaine.

OBÉLISQUE Colonne en forme d'aiguille de section carrée, avec une pointe au sommet, érigée par les Égyptiens anciens, mais souvent emportée par les Romains.

OCULUS Ouverture circulaire dans une voûte laissant passer la lumière. Littéralement, le mot signifie « petit œil ».

OPUS INCERTUM Technique de maçonnerie utilisant des petites pierres de taille et de forme irrégulière pour retenir le cœur en béton d'un mur.

ORCHESTRE Espace semi-circulaire à l'avant-scène dans un théâtre.

PALESTRE Lieu où l'on pratiquait la lutte et la gym-nastique.

PAPYRUS Roseau qui pousse dans le delta du Nil. La tige sert à fabriquer un matériau ressemblant au papier, et qu'on appelle également papyrus.

PARTHES Nation qui couvrait une grande partie de la région à l'est de l'Euphrate au IIe siècle av. J.-C., et qui était une constante menace pour les provinces romaines orientales.

PATÈRE Coupe plate servant pour les libations.

PATRICIEN Membre de l'aristocratie.

PÉRISTYLE Cour ou jardin rectangulaire d'une mai-son grecque ou romaine.

PERSONNIFICATION Processus consistant à donner une forme humaine à des idées abstraites comme la Justice, ou à des cours d'eau et des lieux, tels le Danube ou l'Afrique.

PERSPECTIVE AÉRIENNE Procédé permettant de créer l'illusion de distance en rendant les objets éloi-gnés plus flous que ceux du premier plan.

PIED ROMAIN Unité de mesure d'environ 30 centi-mètres.

PIERRE D'ANGLE Pierre équarrie posée à l'angle extérieur des murs en *opus incertum*, dans le but de renforcer les extrémités et d'obtenir un tracé plus net.

PILE Pilier de maçonnerie soutenant un arc.

PLÉBÉIEN Citoyen romain « ordinaire », qui ne fai-sait pas partie de l'aristocratie.

PORPHYRE Pierre volcanique rouge et dense prove-nant d'Égypte. Les Romains s'en servaient pour la décoration architecturale, mais la famille impériale la réserva à ses propres statues et sarcophages.

PORTIQUE Galerie formée par deux rangées de colonnes.

POUZZOLANE Terre volcanique de la région de Pouzzoles, près de Naples, qui durcit comme du ciment lorsqu'elle est mélangée à de l'eau. Servait à fabriquer le béton romain.

PRONAOS Porche avant d'un temple grec.

PROVINCE Région confiée à la responsabilité d'un magistrat, et correspondant généralement à une région géographique.

RACCOURCI Procédé illusionniste qui réduit la lon-gueur d'objets vus obliquement, afin de donner une impression de profondeur sur une surface plane.

REGISTRE Division horizontale d'une œuvre sculptée ou peinte, sous forme de bande.

RINCEAU Arabesque de feuillage et de tiges de plantes.

ROSTRES Éperons pris aux navires ennemis et qui décoraient la tribune aux harengues sur le Forum romain

SARCOPHAGE Cercueil de pierre, le plus souvent, mais parfois de terre cuite ou de métal.

SESTERCE À l'origine, petite pièce d'argent valant un quart de denier. À l'époque impériale, c'est une grande pièce en laiton d'environ 3,5 centimètres de diamètre.

STRIGILE Racloir en bronze qu'utilisaient les athlètes pour retirer la poussière et la sueur de leur corps après les exercices. Désigne aussi une cannelure courbe en forme de *S*.

STUC Enduit à base de plâtre utilisé sur les murs et les plafonds. Désigne souvent les ornements tridimen-sionnels en plâtre.

TEPIDARIUM Bain tiède dans les thermes romains.

TESSELLE Morceau de verre ou de pierre plus ou moins carré servant à faire une mosaïque.

TESTUDO Littéralement, « tortue ». Nom donné à une formation militaire utilisée par les Romains pour atta-quer une ville, et dans laquelle chacun mettait son bouclier sur sa tête pour se protéger des défenseurs ennemis postés sur les murs.

TETRAPYLON Arc de triomphe ou arc commémoratif à quatre voies, situé à un carrefour.

TÉTRARQUES Groupe de quatre souverains qui se partageaient le pouvoir à la fin de l'Empire, chacun ayant sa propre sphère d'influence à l'est ou à l'ouest. Deux d'entre eux avaient un rôle subalterne, mais étaient choisis pour succéder aux deux autres occupant les fonctions suprêmes.

TOGE Vêtement de base des hommes romains. C'était un morceau d'étoffe de laine demi-circulaire, de près de cinq mètres de long, drapé autour d'une des épaules et tombant jusqu'aux pieds.

TOIT CONTREVENTÉ Système de charpente utilisant des renforts triangulaires et permettant d'avoir une plus grande portée que s'il était supporté par une poutre unique.

TORQUE Collier fait d'une tige de métal tordu – souvent de l'or – et porté par les Barbares.

TOSCAN Voir ill. 3.8, p. 92, « Les cinq ordres d'architecture ».

TRAVERTIN Calcaire de couleur claire qui servit souvent aux bâtiments construits dans la région autour de Rome.

TRICLINIUM Salle à manger.

TRITON Créature marine, contrepartie masculine de la Néréide.

TROPHÉE Monument de victoire érigé sur le champ de bataille et composé des armures des ennemis battus.

TUF Pierre tendre composée de cendre volcanique compactée.

TUMULUS Type de sépulture surmontée d'un amas arrondi – de pierres ou de terre –, en usage chez les Étrusques.

TYMPAN Espace triangulaire entre la naissance et le sommet d'un arc, généralement occupé par une Victoire.

URNE CANOPE Urne destinée à recevoir les cendres des défunts. Le couvercle a souvent la forme d'une tête humaine, et parfois des éléments schématiques de la figure humaine sont ajoutés au corps de l'urne.

VESTALE Prêtresse de la déesse Vesta, qui faisait vœu de chasteté.

VICOMAGISTRI Dignitaires ou magistrats locaux ; souvent des affranchis.

VILLANOVIENS Nom général donné aux habitants de l'Italie à l'âge du fer.

VIRTUS Mot latin désignant le courage et la force.

VOÛTES Une voûte en berceau est une simple couverture cintrée.

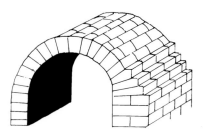

Une voûte d'arêtes est l'intersection de deux voûtes en berceau.

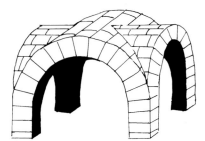

Bibliographie sélective

La bibliographie qui suit est limitée aux livres en anglais (ou à ceux qui ont été traduits en français), mais elle devrait permettre au lecteur de se diriger vers une bibliographie plus détaillée. Bon nombre des livres cités sous la rubrique « généralités » seront également utiles pour tel ou tel chapitre, et certains des livres figurant sous un chapitre pourront également servir pour les suivants.

Généralités

Andreae, Bernard, *L'Art romain*, Paris, Citadelles, 1998.

Bianchi-Bandinelli, Ranuccio, *Rome : le centre du pouvoir*, Paris, Gallimard, 1969.

Bianchi-Bandinelli, Ranuccio, *La Fin de l'art antique*, Paris, Gallimard, 1970.

Boëthius, Axel & John B. Ward-Perkins, *Etruscan and Roman Architecture*. Baltimore, MD, Penguin, 1970.

Brendel, Otto J., *Prolegomena to the Study of Roman Art*. New Haven, CT, Yale University Press, 1979.

Brilliant, Richard, *Roman Art from the Republic to Constantine*. Londres, Phaidon, 1974.

D'Ambra, Eve, *Roman Art in Context: An Anthology*. Englewood Cliffs, NJ, Prentice Hall, 1993.

Gazda, Elaine K., éd., *Roman Art in the Private Sphere*. Ann Arbor, MI, University of Michigan Press, 1991.

Hanfmann, George M.A., *Roman Art*. Greenwich, CT, New York Graphic Society, 1964.

Henig, Martin, éd., *Handbook of Roman Art*. Ithaca, NY, Cornell University Press, 1983.

Kähler, Heinz, *The Art of Rome and her Empire*. New York, Crown, Inc., 1965.

Kent, J.P.C., *Roman Coins*. New York, Harry N. Abrams, Inc., 1978.

Kleiner, Diana E.E., *Roman Sculpture*. New Haven, Yale University Press, 1992.

Ling, Roger, *Roman Painting*. Cambridge, Cambridge University Press, 1991.

McKay, A.G., *Houses, Villas, and Palaces in the Roman World*. Ithaca, NY, Cornell University Press, 1975.

MacKendrick, Paul, *The Mute Stones Speak: The Story of Archaeology in Italy*. New York, St. Martin's Press, 1960.

Nash, Ernest, *Pictorial Dictionary of Ancient Rome I* and *II*. Londres, Thames and Hudson, 1968 (éd. rév.).

Platner, S.B. & T. Ashby, *A Topographical Dictionary of Ancient Rome*. Londres, Oxford University Press, 1929.

Pollitt, J.J., *Art in the Hellenistic Age*. New York, Cambridge University Press, 1986.

Pollitt, J.J., *The Art of Rome c. 753 BC-AD 337 Sources and Documents*. Cambridge, Cambridge University Press, 1983.

Potter, Timothy, *Roman Italy*. Berkeley, CA, University of California Press, 1987.

Richardson, L., jr., *A New Topographical Dictionary of Ancient Rome*. Baltimore, Johns Hopkins University Press, 1992.

Rockwell, Peter, *The Art of Stoneworking*. Cambridge, Cambridge University Press, 1993.

Sear, Frank, *Roman Architecture*. Ithaca, NY, Cornell University Press, 1982.

Strong, Donald, *Greek and Roman Gold and Silver Plate*. Londres, Methuen, 1966.

Strong, Donald, *Roman Art*. New York, Penguin, 1980.

Strong, Donald, *Roman Imperial Sculpture: an introduction to the commemorative and decorative sculpture of the Roman Empire down to the Death of Constantine*. Londres, Tiranti, 1961.

Toynbee, J.M.C., *Death and Burial in the Roman World*. Londres, Thames and Hudson, 1971.

Toynbee, J.M.C., *The Art of the Romans*. Londres, Praeger, 1965.

Van Deman, Esther, *The Building of the Roman Aqueducts*. Washington, DC, Carnegie Institution, 1934.

Vermeule, Cornelius C., III, *Greek Sculpture and Roman Taste: The Purpose and Setting of Graeco-Roman Art in Italy and the Greek Imperial East*. Ann Arbor, MI, University of Michigan Press, 1977.

Walker, Susan, *Roman Art*. Londres, British Museum, 1991.

Ward-Perkins, John Bryan, *Architecture romaine*. Paris, Gallimard-Electa, 1994.

Wheeler, R.E.M., *L'Art romain*, Paris, Thames and Hudson, 1992.

Woodford, S., *The Art of Greece and Rome*. New York et Londres, Cambridge University Press, 1982.

Yegül, Fikret K., *Baths and Bathing in Classical Antiquity*. Cambridge, MA, MIT Press, 1992.

1 Les précurseurs villanoviens et étrusques

Bonfante, Larissa, éd., *Etruscan Life and Afterlife: A Handbook of Etruscan Studies*. Détroit, MI, Wayne State University Press, 1986.

Breckenridge, J.D., *Likeness: a Conceptual History of Ancient Portraiture*. Evanston, IL, Northwestern University Press, 1968.

Brendel, Otto J., *Etruscan Art*. New York, Penguin, 1978.

Buranelli, Francesco, *The Etruscans: Legacy of a Lost Civilization*. Introduction et traduction par N.T. de Grummond. Memphis, TN, Wonders, 1992.

de Grummond, Nancy T., éd., *A Guide to Etruscan Mirrors*. Tallahassee, FL, Archaeological News, Inc., 1982.

Dennis, George, *The Cities and Cemeteries of Etruria*. Londres, John Murray, 1883 (3ᵉ éd.).

De Puma, Richard, et Penny Small, Jocelyn, éd., *Murlo and the Etruscans: Art and Society in Ancient Etruria*. Madison, WI, University of Wisconsin Press, 1994.

Frederiksen, Martin, *Campania*. Londres, British School at Rome, 1984.

Hencken, Hugh, *Tarquinia and Etruscan Origins*. New York, Praeger, 1968.

Macnamara, Ellen, *The Etruscans*. Cambridge, MA, Harvard University Press, 1991.

Pallottino, Massimo, *Etruscan Painting*. Genève, Skira, 1953.

Pallottino, Massimo, *The Etruscans*. New York, Penguin, 1975.

Potter, Timothy, *The Changing Landscape of South Etruria*. New York, St. Martin's Press, 1979.

Richardson, Emeline, *The Etruscans: Their Art and Civilization*. Chicago, IL, University of Chicago Press, 1964.

Ridgway, David et Ridgway, Francesca, éd., *Italy Before the Romans: The Iron Age, Orientalizing, and Etruscan Periods*. New York, Academic Press, 1979.

Scullard, H.H., *Etruscan Cities and Rome*. Londres, Thames and Hudson, 1967.

Steingraber, S., éd., *Etruscan Painting* (édité en Grande-Bretagne par D. et F. Ridgway). New York, Johnson Reprint Corporation, 1986.

2 La République romaine

Andreae, Bernard, *Das Alexandermosaik aus Pompeii*, Recklinghausen, Bongers, 1977.

Brown, Frank E., *Cosa: the Making of a Roman Town*. Ann Arbor, MI, University of Michigan Press, 1980.

Crawford, Michael H., *Roman Republican Coinage*. Londres, Cambridge University Press, 1974.

Kleiner, Diana E.E., *Roman Group Portraiture: the Funerary Reliefs of the Late Republic and Early Empire*. New York et Londres, Garland Publishing, Inc., 1977.

McDonald, A.H., *Republican Rome*. New York, Praeger, 1966.

Richter, Gisela M.A., *Roman Portraits*. New York, Metropolitan Museum of Art, 1948.

Salmon, E.T., *The Making of Roman Italy*. Ithaca, NY, Cornell University Press, 1982.

Stambaugh, J.E., *The Ancient Roman City*. Baltimore, MD, Johns Hopkins Press, 1988.

3 Auguste et l'idée impériale et
4 Les Julio-Claudiens

Anderson, Maxwell L., « Pompeian Frescoes in the Metropolitan Museum of Art », in *Metropolitan Museum of Art Bulletin* (Winter 1987/1988). New York, Metropolitan Museum of Art, 1987.

Boëthius, Axel, *The Golden House of Nero*. Ann Arbor, MI, University of Michigan Press, 1960.

Castriota, David, *The Ara Pacis Augustae and the Imagery of Abundance in Later Greek and Early Roman Imperial Art*. Princeton, NJ, Princeton University Press, 1995.

Hannestad, N., *Roman Art and Imperial Policy*. Aarhus, Jutland Archaeological Society, distrib. Aarhus University Press, 1986.

MacDonald, William L., *The Architecture of the Roman Empire I: Introductory Study*. New Haven, CT, Yale University Press, 1982 (2ᵉ éd.).

Maiuri, Amedeo, *Roman Painting*. Genève, Skira, 1953.

Ryberg, Inez Scott, *Rites of the State Religion in Roman Art*. Rome, American Academy in Rome, 1955.

Simon, Erika, *Ara Pacis Augustae*. Greenwich, CT, New York Graphic Society, 1967.

Torelli, Mario, *Typology and Structure of Roman Historical Reliefs*. Ann Arbor, MI, University of Michigan Press, 1982.

Von Blanckenhagen, Peter, et Alexander, Christine, « The Paintings from Boscotrecase », *Romische Mitteilungen* Suppl. Vol. 6, Deutsches Archaologisches Institut, Heidelberg, F.H. Kerle, 1962.

Zanker, Paul, *The Power of Images in the Age of Augustus*. Ann Arbor, MI, University of Michigan Press, 1988.

5 Les Flaviens du sauveur au despote

Grant, Michael, *Cities of Vesuvius: Pompeii and Herculaneum*. Harmondsworth, Middlesex, Penguin, 1976.

Jashemski, Wilhelmina F., *The Gardens of Pompeii*. New York, Caratzas, 1978.

Mau, August, *Pompeii: its Life and Art*. New York, Macmillan, 1899.

Ward-Perkins, John B. et Claridge, Amanda, *Pompeii AD 79*, Londres, Imperial Tobacco Co., 1976.

6 Trajan, *Optimus Princeps*

Hamberg, P.G., *Studies in Roman Imperial Art*. Uppsala, Almqvist & Wiksells, 1945.

Lepper, F.A. & Frere, S.S., *Trajan's Column: a New Edition of the Cichorius Plates.* Wolfboro, NH, Alan Sutton Publishing, Inc., 1988.

MacDonald, William L., *The Architecture of the Roman Empire II: an Urban Appraisal.* New Haven, CT, Yale University Press, 1987.

MacKendrick, Paul, *The Dacian Stones Speak.* Chapel Hill, NC, University of North Carolina Press, 1975.

Rossi, L., trad. Toynbee, J.M.C., *Trajan's Column and the Dacian Wars.* Ithaca, NY, Cornell University Press, 1971.

7 Hadrien et la renaissance classique

Birley, Robin, *On Hadrian's Wall: Vindolanda: Roman Fort and Settlement.* Londres, Thames and Hudson, 1977.

Boatwright, Mary T., *Hadrian and the City of Rome.* Princeton, NJ, Princeton University Press, 1987.

McCann, Anna Marguerite, *Roman Sarcophagi in the Metropolitan Museum of Art.* New York, Metropolitan Museum of Art, 1978.

MacDonald, William L., *The Pantheon: Design, Meaning, and Progeny.* Cambridge, MA, Harvard University Press, 1976.

Toynbee, J.M.C., *TheHadrianic School.* Cambridge, Cambridge University Press, 1934.

8 Les Antonins

L'Orange, H.P., *Apotheosis in Ancient Portraiture.* Oslo, H. Aschehoug & Co. Pour l'Institutett for Sammenlingnende Kulturforskning, Series B Skrifter XIV, 1947. Réimpr. New Rochelle, NY, Caratzas, 1982.

Morey, Charles Rufus, *Sardis V Part I: The Sarcophagus of Claudia Antonia Sabina,* Princeton, NJ, The American Society for the Excavation of Sardis, 1924.

Vermeule, Cornelius C., III, *Roman Imperial Art in Greece and Asia Minor.* Cambridge, MA, Harvard University Press, 1968.

Vogel, Lisa, *The Column of Antoninus Pius.* Cambridge, MA, Harvard University Press, 1973.

9 Les Sévères

Brilliant, Richard, *The Arch of Septimius Severus in the Roman Forum.* Rome, Memoirs of the American Academy in Rome XXIX, 1967.

Colledge, M.A.R., *The Art of Palmyra.* Boulder, CO, Westview Press, Inc., 1976.

Hanfmann, George M.A., *The Season Sarcophagus in Dumbarton Oaks.* Cambridge, MA, Harvard University Press, 1951.

McCann, Anna Marguerite, *The Portraits of Septimius Severus.* Rome, Memoirs of the American Academy in Rome XXX, 1968.

Yegül, Fikret K., *The Bath-Gymnasium Complex at Sardis.* Cambridge, MA, Harvard University Press, 1986.

10 Les empereurs-soldats

Richmond, I.A., *The City Wall of Imperial Rome.* Londres, Oxford University Press, 1930.

Todd, M., *The Walls of Rome.* Totowa, NJ, Rowman and Littlefield, 1978.

Wood, Susan, *Roman Portrait Sculpture AD 217-260.* Leiden, E.J. Brill, 1986.

11 Les Tétrarques

Dorigo, Wladimiro, *Late Roman Painting.* New York, Praeger, 1971.

Gentili, G.V., *Mosaics of Piazza Armerina.* Milan, Ricordi, 1964.

L'Orange, H.P., *Art Forms and Civic Life in the Late Roman Empire.* Princeton, NJ, Princeton University Press, 1965.

Wightman, Edith Mary, *Roman Trier and the Treveri.* New York, Praeger, 1971.

Wilson, R.J.A., *Piazza Armerina.* Austin, TX, University of Texas Press, 1983.

12 Constantin et son héritage

Beckwith, J., *The Art of Constantinople: An Introduction to Byzantine Art 330-1453.* Londres, Phaidon, 1961.

Brown, Peter, *Genèse de l'Antiquité tardive.* Paris, Galimard, 1983.

Dahl, Roald, « The Mildenhall Treasure », in *The Wonderful Story of Henry Sugar and Six More.* New York, Bantam Books, 1977.

Grabar, André, *Le Premier Art chrétien.* Paris, Gallimard, 1966.

Kitzinger, Ernst, *Byzantine Art in the Making.* Cambridge, MA, Harvard University Press, 1977.

Krautheimer, Richard, *Early Christian and Byzantine Architecture.* Baltimore, MD, Penguin, 1975 (éd. rév.).

MacCormack, S.G., *Art and Ceremony in Late Antiquity.* Berkeley, CA, University of California Press, 1981.

Painter, Kenneth S., *The Mildenhall Treasure.* Londres, British Museum Publications, 1977.

Weitzmann, Kurt, éd., *The Age of Spirituality: A Symposium.* New York, Metropolitan Museum of Art, 1980.

Crédits photographiques

Calmann & King Ltd., les auteurs et les documentalistes tiennent à remercier les institutions qui ont aimablement fourni des documents photographiques pour cet ouvrage et, en particulier, Dr Helmut Jung du Deutsches Archäologisches Institut et Mary Jane Bright de la Fototeca Unione de l'American Academy in Rome pour leur précieuse aide. Les musées et les galeries sont cités dans les légendes ; les autres sources sont mentionnées ci-dessous.

Archivi Alinari, Florence/Art Resource, New York, Faux-titre, frontispice, 0.5, 1.1, 1.3, 1.4, 1.10, 1.13, 1.14, 1.22, 1.24, 1.29, 1.30, 1.31, 1.32, 1.38, 1.40, 1.41, 2A, 2.4, 2.14, 2.17, 2.26, 2.36, 2.43, 3.7, 3.9, 3.10, 3.14, 3.16, 3.22, 3.23, 3.24, 3.27, 3.28, 3.40, 4.6, 4.10, 4.20, 4.24, 5A, 5.2, 5.5, 5.7, 5.9, 5.10, 5.16, 5.20, 5.21, 5.32, 5.35, 5.36, 5.41, 6.2, 6.8, 7.8, 7.9, 7.15, 7.28, 7.29, 7.32, 7.33, 7.35, 7.36, 7.39, 8A, 8.4, 8.17, 8.20, 8.23, 8.36, 9.6, 9.11, 9.28, 10A, 10.5, 10.13, 10.14, 12.4, 12.5, 12.11, 12.20, 12.26, 12.27
Ancient Art and Architecture Collection, Londres 7.27
Barnaby's Picture Library, Londres 3.12, 5.28, 7.23, 7.25
Bodleian Library, Oxford 3.8, 9.17
British Museum, Londres 7.30
Ludovico Canali, Rome 1.7, 2.39, 3.34, 10.11
avec l'aimable autorisation du directeur des Antiquités, Nicosie, Chypre 9.3
Deutsches Archäologisches Institut, Rome 0.4, (41.1336), 0.6, (81.3546), 1.9, (73.1438), 1.11 (35.2079), 1.20 (57896), 1.37 (63.970), 2.7 (55.639), 2.9 (58.1169), 2.10 (67.615), 2.25 (63.1899), 2.33 (72.2079), 3.2 (72.2922), 3.5 (68.2677), 3.18 (78.1929), 3.19 (66.103), 4.4 (71.1867), 4.5 (65.93), 4.14 (79.3930), 4.22 (68.667), 5.17 (4258), 5.19 (77.1715), 5.24 (66.1462), 5.29 (67.616), 6.10 (73.1799), 6.11 (31.255), 6.12 (31.254), 6.13 (31.270),6.14 (41.1448), 6,15 (89.15),6.16 (41.1479), 6.19 (37.329), 6.20 (68.2784), 7.3 (76.2900),7.4 (59.1409),7.24 (3129),7.41 (34.648),8.5 (84.6), 8.15 (69.2362), 8.23 (59.53), 8.24 (55.1164), 8.25 (89.344),8.26 (36.628),8.27 (55.427),8.28 (61.1399),8.31 (58.36), 8.33 (59.318), 9.7 (33.51), 9.12 (61.1699), 9.15 (58.273), 9.16 (61.2086), 9.33 (68.3495), 10.2 (72.482), 10.3 (38.667), 10.15 (57.1461), 10.16 (59.20), 11.15 (36.1089), 12.2 (36.619), 12.7 (32.8), 12.8 (32.14), 12.10 (59.1720) 12.14 (7271)
Douglas Dickins, Londres 9.13
Ali Dögenci, Ankara 4.17 (avec l'aimable autorisation de Kenan T. Erim) Éditions Citadelles Edito S.A., Paris 12.12
Université d'Evansville, Indiana 1.18
Alfredo Foglia, Naples 5.37, 5.40
Fototeca Unione of the American Academy in Rome 1.23 (11299), 2.5 (4350F), 2.6 (4348F), 2.11 (923), 2.17 (5046), 2.20 (1918), 2.21 (10560F), 3.4 (1076), 3.6 (9094F), 3.20 (1049), 3.26 (3247F), 3.31 (1446F), 4A & 4.15 (4365F), 4.21 (1254), 4.23 (5939F), 4.26 (3513F), 5.4 (6002), 5.15 (5254F), 6.5 (4750F), 6A & 6.9 (5990F), 6.18 (19271), 7.17 (1102), 8.3 (151), 8.22 (5992F), 9.19 (4361F), 11.7 (5021), 11.11 (6235), 11.16 (5235F), 11.20 (10858), 12.1 (733), 12.3 (4218F), 12.22 (9079F)
École française d'Archéologie, Athènes 2.22
Gabinetto Fotografico Nazionale, Rome 11.1
Gallimard, Paris (L'Univers des Formes [La Photothèque]) 4.27
Alinari/Giraudon, Paris 5.31
Lauros/Giraudon, Paris 2.23
Sonia Halliday Photos, Buckinghamshire, Grande-Bretagne 11.14
Harvard University Art Museums, Cambridge, MA 9.4, 9.22 (avec l'aimable autorisation de l'Archaeological Exploration of Sardis)
Hirmer Verlag Fotoarchiv, Munich 1.39, 12.9, 12.19
Istituto Nazionale per la Grafica, Rome 5.3, 5.8, 7.2, 8.21, 11.5
A. F. Kersting, Londres 9.20
Balthazar Korab, Michigan 7.10
Landesmuseum, Trèves 9.23, 12.16, 12.17
Aaron M. Levin, Baltimore 1.16
Mansell Collection, Londres 2.18, 4.12, 5.1, 5.6, 11.18 (41 les photos Alinari ont été aimablement prêtées par la Mansell Collection)
Bildarchiv Foto Marburg 4.18, 4.19, 11.4
Leonard von Matt 7A & 7.14
Marina Mueller, Rome 1.15
New York Historical Society (Photo © McKim, Mead & White, 1916) 9.30
Österreichisches Archäologisches Institut, Vienne 12.23 (© Nancy Ramage), 12.24, 12.25
Popperfoto, Londres 4.3,9.1
Nancy Ramage, Ithaca, NY 4.2, 5.18, 8.16, 8.18, 9.9, 9.14, 9.24, 11.12
Royal Academy, Londres/Collection privée 7.20
Oscar Savio, Rome 6.17
Scala Fotografico, Florence 1.33, 1.34, 1.35, 1.36, 2.37, 2.38, 2.44, 2.45, 2.46 & 2.47, 3.36, 3.37, 3.39, 5.33, 5.34, 5.38, 5.39,11.13, 12.6
Raymond V. Schoder, Chicago, IL 2.8 (© 1989 Loyola University of Chicago)
Julius Shulman 2.2
Soprintendenza alle Antichità d'Etruria 1.19, 1.27, 10.8
Soprintendenza Archeologica di Milano 8.29
Soprintendenza Archeologica di Roma 3.32, 3.35, 4.13
Foto Tanjug, Belgrade 11.3
Werner Forman Archive, Londres 2.13, 4.27, 5.27, 5.30, 7.5, 7. 6
Warburg Institute, Londres 5.22, 10.12 (© Dr Elisabeth Alfoldi)
Sara Waterson, Londres 5.12, 5.23

Index